献给北京大学建校一百二十周年

申　丹　总主编

"北京大学人文学科文库"编委会

顾问：袁行霈

主任：申　丹

副主任：阎步克　张旭东　李四龙

编委：（以姓氏拼音为序）

曹文轩　褚　敏　丁宏为　付志明　韩水法　李道新　李四龙
刘元满　彭　锋　彭小瑜　漆永祥　秦海鹰　荣新江　申　丹
孙　华　孙庆伟　王一丹　王中江　阎步克　袁毓林　张旭东

方李邦琴北京大学人文学科文库出版基金赞助　　　北大世界史研究丛书
　　　　　　　　　　　　　　　　　　　　　　　　高毅 主编

欧洲合众国

库登霍夫-卡莱基"泛欧"思想研究

李维 著

图书在版编目(CIP)数据

欧洲合众国：库登霍夫-卡莱基"泛欧"思想研究/李维著. —北京：北京大学出版社，2017.1

（北京大学人文学科文库·北大世界史研究丛书）

ISBN 978-7-301-27965-6

Ⅰ.①欧… Ⅱ.①李… Ⅲ.①卡莱基-政治思想-研究 Ⅳ.①D095.215

中国版本图书馆CIP数据核字(2017)第005061号

书　　　名	欧洲合众国——库登霍夫-卡莱基"泛欧"思想研究 OUZHOU HEZHONGGUO
著作责任者	李　维　著
责任编辑	初艳红
标准书号	ISBN 978-7-301-27965-6
出版发行	北京大学出版社
地　　　址	北京市海淀区成府路205号　100871
网　　　址	http://www.pup.cn　　新浪微博：@北京大学出版社
电子信箱	alicechu2008@126.com
电　　　话	邮购部 62752015　发行部 62750672　编辑部 62759634
印　刷　者	北京大学印刷厂
经　销　者	新华书店
	650毫米×980毫米　16开本　16.75印张　插页2　242千字 2017年1月第1版　2017年1月第1次印刷
定　　　价	52.00元

未经许可，不得以任何方式复制或抄袭本书之部分或全部内容。
版权所有，侵权必究
举报电话：010-62752024　电子信箱：fd@pup.pku.edu.cn
图书如有印装质量问题，请与出版部联系，电话：010-62756370

图1 里夏德·尼古拉斯·库登霍夫-卡莱基

图2 父亲海因里希·库登霍夫-卡莱基

图3 母亲青山光子

图4 隆斯贝格宫

图5 青年卡莱基

图6 1926年10月,维也纳,第一次"泛欧"大会

图7　1927年5月,"泛欧"中央委员会拜访白里安,前排左二为卡莱基,前排左三为白里安

图8　1929年10月,赫里欧在柏林的"泛欧"集会上讲演,左侧为卡莱基

图9　1930年5月,柏林,第二次"泛欧"大会,3号人物是托马斯·曼,4号卡莱基,5号约瑟夫·维尔特,6号埃默里

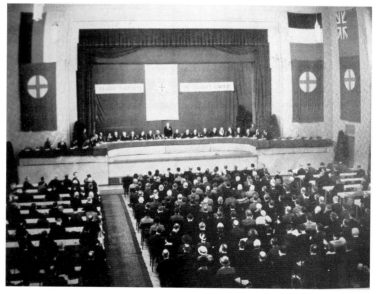

图10　1932年10月,巴塞尔,第三次"泛欧"大会

总 序

袁行霈

人文学科是北京大学的传统优势学科。早在京师大学堂建立之初，就设立了经学科、文学科，预科学生必须在五种外语中选修一种。京师大学堂于1912年改为现名，1917年，蔡元培先生出任北京大学校长，他"循思想自由原则，取兼容并包主义"，促进了思想解放和学术繁荣。1921年北大成立了四个全校性的研究所，下设自然科学、社会科学、国学和外国文学四门，人文学科仍然居于重要地位，广受社会的关注。这个传统一直沿袭下来，中华人民共和国成立后，1952年北京大学与清华大学、燕京大学三校的文、理科合并为现在的北京大学，大师云集，人文荟萃，成果斐然。改革开放后，北京大学的历史翻开了新的一页。

近十几年来，人文学科在学科建设、人才培养、师资队伍建设、教学科研等各方面改善了条件，取得了显著成绩。北大的人文学科门类齐全，在国内整体上居于优势地位，在世界上也占有引人瞩目的地位，相继出版了《中华文明史》《世界文明史》《世界现代化历程》《中国儒学史》《中国美学通史》《欧洲文学史》等高水平的著作，并主持了许多重大的考古项目，这些成果发挥着引领学术前进的作用。目前北大还承担着《儒藏》《中华文明探源》《北京大学藏西汉竹书》的整理与研究工作，以及《新编新注十三经》等重要项目。

与此同时,我们也清醒地看到,北大人文学科整体的绝对优势正在减弱,有的学科只具备相对优势了;有的成果规模优势明显,高度优势还有待提升。北大出了许多成果,但还要出思想,要产生影响人类命运和前途的思想理论。我们距离理想的目标还有相当长的距离,需要人文学科的老师和同学们加倍努力。

我曾经说过:与自然科学或社会科学相比,人文学科的成果,难以直接转化为生产力,给社会带来财富,人们或以为无用。其实,人文学科力求揭示人生的意义和价值、塑造理想的人格,指点人生趋向完美的境地。它能丰富人的精神,美化人的心灵,提升人的品德,协调人和自然的关系以及人和人的关系,促使人把自己掌握的知识和技术用到造福于人类的正道上来,这是人文无用之大用!试想,如果我们的心灵中没有诗意,我们的记忆中没有历史,我们的思考中没有哲理,我们的生活将成为什么样子?国家的强盛与否,将来不仅要看经济实力、国防实力,也要看国民的精神世界是否丰富,活得充实不充实,愉快不愉快,自在不自在,美不美。

一个民族,如果从根本上丧失了对人文学科的热情,丧失了对人文精神的追求和坚守,这个民族就丧失了进步的精神源泉。文化是一个民族的标志,是一个民族的根,在经济全球化的大趋势中,拥有几千年文化传统的中华民族,必须自觉维护自己的根,并以开放的态度吸取世界上其他民族的优秀文化,以跟上世界的潮流。站在这样的高度看待人文学科,我们深感责任之重大与紧迫。

北大人文学科的老师们蕴藏着巨大的潜力和创造性。我相信,只要使老师们的潜力充分发挥出来,北大人文学科便能克服种种障碍,在国内外开辟出一片新天地。

人文学科的研究主要是著书立说,以个体撰写著作为一大特点。除了需要协同研究的集体大项目外,我们还希望为教师独立探索,撰写、出版专著搭建平台,形成既具个体思想,又汇聚集体智慧的系列研究成果。为此,北京大学人文学部决定编辑出版"北京大学人文学科文库",旨在汇集新时代北大人文学科的优秀成果,弘扬北大人文学科的学术传统,展示北大人文学科的整体实力和研究特色,为推动北大世界一流大学建设、促进入人文学术发展做出贡献。

我们需要努力营造宽松的学术环境、浓厚的研究气氛。既要提倡教师根据国家的需要选择研究课题,集中人力物力进行研究,也鼓励教师按照自己的兴趣自由地选择课题。鼓励自由选题是"北京大学人文学科文库"的一个特点。

我们不可满足于泛泛的议论,也不可追求热闹,而应沉潜下来,认真钻研,将切实的成果贡献给社会。学术质量是"北京大学人文学科文库"的一大追求。文库的撰稿者会力求通过自己潜心研究、多年积累而成的优秀成果,来展示自己的学术水平。

我们要保持优良的学风,进一步突出北大的个性与特色。北大人要有大志气、大眼光、大手笔、大格局、大气象,做一些符合北大地位的事,做一些开风气之先的事。北大不能随波逐流,不能甘于平庸,不能跟在别人后面小打小闹。北大的学者要有与北大相称的气质、气节、气派、气势、气宇、气度、气韵和气象。北大的学者要致力于弘扬民族精神和时代精神,以提升国民的人文素质为己任。而承担这样的使命,首先要有谦逊的态度,向人民群众学习,向兄弟院校学习。切不可妄自尊大,目空一切。这也是"北京大学人文学科文库"力求展现的北大的人文素质。

这个文库第一批包括:
"北大中国文学研究丛书"(陈平原 主编)
"北大中国语言学研究丛书"(王洪君 郭锐 主编)
"北大比较文学与世界文学研究丛书"(陈跃红 张辉 主编)
"北大批评理论研究丛书"(张旭东 主编)
"北大中国史研究丛书"(荣新江 张帆 主编)
"北大世界史研究丛书"(高毅 主编)
"北大考古学研究丛书"(赵辉 主编)
"北大马克思主义哲学研究丛书"(丰子义 主编)
"北大中国哲学研究丛书"(王博 主编)
"北大外国哲学研究丛书"(韩水法 主编)
"北大东方文学研究丛书"(王邦维 主编)

"北大欧美文学研究丛书"(申丹 主编)
"北大外国语言学研究丛书"(宁琦 高一虹 主编)
"北大艺术学研究丛书"(王一川 主编)
"北大对外汉语研究丛书"(赵杨 主编)

这15套丛书仅收入学术新作,涵盖了北大人文学科的多个领域,它们的推出有利于读者整体了解当下北大人文学者的科研动态、学术实力和研究特色。这一文库将持续编辑出版,我们相信通过老中青年学者的不断努力,其影响会越来越大,并将对北大人文学科的建设和北大创建世界一流大学起到积极作用,进而引起国际学术界的瞩目。

2016年4月

丛书序言

我们中国人,心中似乎常有这样一种"集体无意识":中国是中国,世界是世界,两者即使不至于风马牛不相及或老死不相往来,那也是从来就可以独立存在的两个东西。所以我们总是在说"中国与世界""中国面向世界""中国走向世界",而不大习惯于把中国看作世界的内在组成部分。

我们的历史学科至今还遵循着惯常的"中国史"和"世界史"两分法,便是这种心态的一个突出表征。

这一心态的形成有很多缘由:比如中国地大物博、人口众多、历史悠久、文化灿烂,作为世上硕果仅存的一个未曾被其他文明征服过的古老文明,本身就是一个自立自足的"世界";又比如中华民族天资聪慧、勤劳勇敢、治国有方、富甲天下,直到18世纪都还是令西人钦羡不已的文明楷模;再有就是明朝的屡屡海禁和清朝的长期闭关锁国,以及近代以来在反帝反殖斗争中形成的中西对抗关系;等等。总之,国人特有的"中国—世界"二元对立观成因复杂,其中交织着孤傲不群的文化自信、经典农耕文明的制度无奈,以及饱受近代列强欺凌之后挥之不去的政治忧思等许多元素。

于是我们所惯用的"世界史"这个概念也就有了一种"中国特色",那就是它不止是源自西学的那种本来意义上的"全世界的历史",同时还是不包括中国史在内的所有国别史和地区史,以及像"文艺复兴""宗教改革""西方史学史"这类与中国史无涉或关系不大的专题史或专门史。而且,这个中国式的"世界史"学科也不像西方史学中的同名学科那样一开始就有,而是迟至20世纪初年才生成的,其具体标志便是1904年京师大学堂中与"中国史学门"并立的"万国史学门"的设置。

其实当时的这个"万国史",连总体意义上的"外国史"都说不上,因为它关注的基本上只是西方国家的历史,以至于自1912年京师大学堂更名北京大学后,它干脆就被称作"西洋史"了。① 只是尽管如此,它被正式纳入京师大学堂的学科序列,却不啻一次悄无声息的文化革命:因为这是"西夷"的历史破天荒第一次登上中国史学的神圣殿堂。

传说一向夜郎自大的中国人在鸦片战争之后就愿意"睁眼看世界"了。但事实上在很长的一个时期里,我们的眼睛只是很不情愿地微微睁开了一条缝,结果看来看去我们只看到了西方的"船坚炮利",而几乎完全没有看到(或根本不屑于去看)西方的"历史"。于是我们后来又不得不一个接一个地吞下甲午惨败、洋务破产和《辛丑条约》等等许多苦果,直至亡国灭种的危险迫在眉睫了,我们才幡然醒悟:原来救国的真正法宝并不是"西夷"的军事长技,而恰恰是他们的那种最让我们瞧不上眼的"历史"——因为唯有这种历史,才能告诉我们西方崛起的全部奥秘! 所以,直到这个以"西洋史"为基本内容的"万国史学门"在京师大学堂的出现,我们才算向世界真正睁开了眼睛,而这种开放新姿的呈现,难道不正是"百年中国"抖落屈辱、重铸辉煌的历史起点吗?

当然,当时北大设立的这种以"西洋史"为基本内容的"万国史"还是相当偏狭的,所幸那只是中国"世界史"的一个带时代局限的早期样貌;随着时代的演进,它的观照面会不断拓宽,直欲涵盖中国之外的整个世界——我们知道,这正是在"文革"之前的那段毛泽东时代前期发生的一个伟大进程。尽管这个进程至今也没能最终完成,而且由于种种主客观

---

① 参见拙文《不懂世界史,何来现代化?》,载《河北学刊》2011年第1期。

条件的限制,具体的学术研究也多有缺陷,但由京师大学堂"万国史学门"的设置所体现的那种重视域外历史文化的开放意识,终究得到了继承和发扬,并实际表现为一套学科建制和人员规模大体平衡的"中国史—世界史"二元结构的确立①。倒是在后来改革开放的年代里,却不期而然地出现了一次不良的异动:经过1997年的学科调整,世界史相对于中国史的学科比重由先前的3:4下滑到了1:2,跟着便是世界史教学与科研人员编制及经费的减少和整个学科规模的大幅度缩水②。尽管经过多方努力,世界史终于又在2011年2月被重新确认为与中国史并列的所谓"一级学科",但要重新恢复资源配置的大致均衡,要让我们的世界史学科真正适应已全面深入地走进了"世界"的当下中国的需要,似乎仍遥遥无期。

其实今天的中国比以往任何时候都更需要世界史。目前该学科的这种远不如毛泽东时代的萎缩状态,不仅和当下中国的大国地位根本不相称,而且势将迟滞中华民族伟大复兴的历史脚步。所以有关决策部门实应注意加强这方面的投入。当然,中国的广大世界史学人,尤其是身处中国世界史发祥地的北大世界史学人,同时也得加把劲,努力做出自己无愧于新时代的优秀研究成果:事实上,也只有当我们的作品能在国内外学界产生广泛影响的时候,域外历史的研究价值和人文魅力才能充分彰显,中国世界史学术推动国家进步的现实功能才能真正发挥,而我们的世界史学科目前所处的尴尬地位,也才有可能切实改观。

无需赘言,我们编这套"北大世界史研究丛书"的初衷,全都在这里了。任重而道远,道友当自强。

高毅

2017年元旦

---

① 参见郭小凌:《中国世界史学科的前世今生》,载《河北学刊》2011年第1期。
② 同上。

导　言

2001年,我还在德国柏林洪堡大学攻读博士学位。在联邦档案馆(Bundesarchiv Berlin-Lichterfelde)研究纳粹档案之余,曾随手调阅过"泛欧"(Paneuropa)运动的案卷。从那时起,库登霍夫-卡莱基(Coudenhove-Kalergi)的"泛欧"联合思想就引起了我的兴趣和关注。2003年,我在洪堡大学参加了卡莱基学术研讨会,对国际上的研究动态有了初步的了解。2009年起,开始赴德奥系统地搜集相关原始材料,准备申请课题。2010年,"库登霍夫-卡莱基'泛欧'思想研究"正式立项,成为国家社会科学基金项目。① 此后我便开始了较为集中的研究工作。

第一次世界大战以后,出现了众多欧洲联合的鼓吹者和推动者。其中,以奥地利人库登霍夫-卡莱基倡导的"泛欧"思想最具有代表性,他领导的"泛欧"运动也最具影响力。里夏德·尼古拉斯·库登霍夫-卡莱基(Richard Nikolaus Coudenhove-Kalergi),奥地利政治家、政论家。1894年11月16日,生于日本东京。1972年7月27日,卒于奥地利福拉尔贝格州的施伦斯。卡莱基在波希米亚成长,在维也纳大学学习哲学和历史,1917年获博士学位。1919年,奥匈帝国战败、解体后,他成为捷克斯洛伐克公民。1923年,出版《泛欧》一书,由此发起"泛欧"

---

① 国家社会科学基金项目批准号:10BSS014。

运动,其目标是建立联邦制的"欧洲合众国"(Vereinigte Staaten von Europa)。1926年,他在维也纳主持召开第一届"泛欧"大会,任"泛欧联盟"(Paneuropa-Union)主席。纳粹德国吞并奥地利后,卡莱基于1939年移民法国。1940年移居美国,1942年任纽约大学历史学教授,在美国继续宣传欧洲联合思想。1943年建立"泛欧"联盟流亡机构,1944年成立"自由、统一欧洲委员会"。第二次世界大战结束后,卡莱基返回欧洲。1947年建立"欧洲议员同盟"。1950年,卡莱基荣获德国亚琛市卡尔国际奖。1952年当选为欧洲运动主席。他还被授予广岛荣誉市民、东京大学荣誉博士称号。其代表作有《泛欧》等。[1] 库登霍夫-卡莱基是20世纪最重要的欧洲联合思想家之一,被西方学者称为"现代欧洲思想之父"。[2]

卡莱基"泛欧"思想研究,是欧洲一体化历史(Europäische Integration)研究中的新课题。无论在国内还是在国际上,它都居于学科研究的前沿。上个世纪60、70年代,西方学者认为,二战后西欧联合运动中的欧洲观念(Europa Idee)是欧洲一体化的思想基础。[3] 80年代中期,学者们认为,二战期间欧洲抵抗运动中的欧洲观念是战后一体化的思想起源。[4] 90年代,随着欧盟东扩和欧洲一体化影响的不断增强,国际上的欧洲一体化史研究进一步向纵深发展,学者们逐步将两战间"泛欧"运动

---

[1] Vgl. Walther Killy (Hg.), *Deutsche Biographische Enzyklopädie*, Bd. 2, München: Saur, 2001, S. 385.

[2] Jürgen Elvert, *Mitteleuropa! Deutsche Pläne zur europäischen Neuordnung (1918—1945)*, Stuttgart: Steiner 1999, S. 7. 在联邦德国的官方档案中,卡莱基也被称为"欧洲思想之父"。Karl Holl, Europapolitik im Vorfeld der deutschen Regierungspolitik. Zur Tätigkeit proeuropäischer Organisation in der Weimarer Republik, in: *Historische Zeitschrift* 219, 1974, S. 33.

[3] Walter Lipgens, *Die Anfänge der europäischen Einigungspolitik*, Bd. 1: 1945—1947, Stuttgart: Klett, 1977; Walter Lipgens, *Die Anfänge der europäischen Einigungspolitik*, 1945—1950, Stuttgart: Klett, 1977.

[4] Walter Lipgens, ed., *Documents on the history of European Integration*, Vol. 1, *Continental plans for European Union: 1939—1945*, Berlin: de Gruyter 1985; Walter Lipgens, ed., *Documents on the History of European Integration*, Vol. 2, *Plans for European Union in Great Britain and in Exile: 1939—1945*, Berlin: de Gruyter, 1986.

中的"泛欧"观念纳入研究视野。德国基尔学者于尔根·埃尔维特(Jürgen Elvert)称,卡莱基的"泛欧"观念是欧洲一体化的"现代精神起源"。① 2003年,德国图林根学者瓦内萨·康策(Vanessa Conze)出版了第一部有关卡莱基的历史传记。② 该书没有发掘新材料,主要参考、使用了卡莱基本人撰写的自传、回忆录,对"泛欧"运动及其"泛欧"思想进行了一般性的介绍。第一部有关卡莱基的实证研究,是由奥地利格拉茨大学学者阿尼塔·齐格霍夫-普雷腾哈勒(Anita Ziegerhofer-Prettenthaler)于2004年完成的。③ 她系统地调研了现存莫斯科国家档案馆的"泛欧同盟"档案材料,用它们恢复了"泛欧"运动的组织结构、经费来源、主要政治活动等历史原貌。但西方学者至今未对卡莱基的"泛欧"思想进行专题研究。特别值得注意的是,在20世纪80年代,我国学者陈乐民对卡莱基的"泛欧"思想进行了初步的介绍。④ 他当时主要参考了卡莱基在美国流亡期间撰写的英文自传。⑤ 由于语言和材料的限制,在此后的二三十年中,国内未能对此展开深入、细致的探讨,没有取得突破性的进展。⑥

无论对国内,还是对国外学界来说,这一研究领域仍存在着不少亟待解决的难点问题。困难的形成源于两个方面:一是卡莱基为了开展政治运动的需要,经常随着形势改变自己的说法,让人难以把握他的真实思

---

① Jürgen Elvert, *Mitteleuropa! Deutsche Pläne zur europäischen Neuordnung (1918—1945)*, S. 7.
② Vanessa Conze, *Richard Coudenhove-Kalergi: Umstrittener Visionär Europas*, Zürich: Muster-Schmidt Verlag Gleichen, 2004.
③ Anita Ziegerhofer-Prettenthaler, *Botschafter Europas: Richard Nikolaus Coudenhove-Kalergi und die Paneuropa-Bewegung in den zwanziger und dreißiger Jahren*, Wien: Bölau, 2004.
④ 陈乐民:《"欧洲观念"的历史哲学》,北京:东方出版社,1988年,第197—206页。
⑤ R. N. Coudenhove-Kalergi, *Grusade for Pan-Europe*, New York: Putman, 1943.
⑥ 在此期间,国内的一体化史研究取得了一系列令人瞩目的成果,它们多对"泛欧"思想进行了简要的论述。参见郭华榕、徐天新主编:《欧洲的分与合》,北京:京华出版社,1999年,第299—300页;洪邮生:《欧洲的梦想与现实:欧洲统一的历程与前景》,南京:南京大学出版社,2000年,第39—40页;胡瑾、郇庆治、宋全成:《欧洲早期一体化思想与实践研究》,济南:山东人民出版社,2000年,第21—25页;等等。

想。二是他一生著述颇丰,政论书籍近 30 种,还有数以百计的文章,散落在当时的杂志、报纸中。我们还未系统地搜集、整理和分析这些材料,也就无从掌握其思想的主要脉络。因此,目前研究"泛欧"思想的重点首先在于澄清史实方面,具体包括以下几个重要问题:第一,"泛欧"联合的终极目标是什么?卡莱基时而主张建立欧洲邦联①,时而又说要建立欧洲联邦。② 对此,学者们干脆采用模糊的办法,说他要成立欧洲邦联(Staatenbund)或联邦(Bundesstaat)。③ 我们将通过研究卡莱基对美国及瑞士联邦的论述,来彻底解决这个问题。第二,"泛欧"思想的政治价值观是怎样的? 一战后,欧洲经历了民主化浪潮,大部分国家建立了西方议会民主制度。卡莱基曾多次表示,要联合所有的欧洲民主国家成立"欧洲合众国"。④ 因此,有些学者认为"泛欧"思想属于西方的自由民主观念。⑤ 我们将考察卡莱基的政治哲学思想,对此做出完全不同的解释。第三,"泛欧"联合的东西方边界在哪里? 在这个问题上,卡莱基的说法变化多端,他一会儿说"泛欧"联合排斥英国⑥,一会儿又说欢迎它加入。⑦ 对俄国的态度也是如此,一会儿说要警惕苏联的红色革命,联合苏联就等于引进了红色恐怖。⑧ 一会儿又说,苏联社会主义的优越性是欧洲资本主义无法比拟的,应该与苏联友好。⑨ 我们将从卡莱基的众多不同表达中,梳

---

① R. N. Coudenhove-Kalergi, *Paneuropa*, Wien: Paneuropa Verlag, 1924, S. 27.
② R. N. Coudenhove-Kalergi, Das Pan-Europa-Programm, in: *Paneuropa*, 1924, Heft 2, S. 3.
③ Anita Ziegerhofer-Prettenthaler, Botschafter Europas: *Richard Nikolaus Coudenhove-Kalergi und die Paneuropa-Bewegung in den zwanziger und dreißiger Jahren*, S. 512; Vanessa Conze: *Richard Coudenhove-Kalergi: Umstrittener Visionär Europas*, S. 17—18.
④ R. N. Coudenhove-Kalergi, Das Pan-Europa-Programm, in: *Paneuropa*, 1924, Heft 2, S. 3.
⑤ 陈乐民:《"欧洲观念"的历史哲学》,第 204 页。
⑥ R. N. Coudenhove-Kalergi, England, Europa und Garantiepakt, in: *Vossische Zeitung*, 1924. 9. 8.
⑦ R. N. Coudenhove-Kalergi, England und der Friede, in: *Paneuropa*, 1929, Heft 6, S. 8.
⑧ R. N. Coudenhove-Kalergi, Europäische Parteien, in: *Paneuropa*, 1927, Heft 3, S. 6.
⑨ R. N. Coudenhove-Kalergi, Stalin & Co, in: *Paneuropa*, 1931, Heft7/8, S. 215.

理出一条线索,用以确定其核心思想和基本观点。第四,"泛欧"联合的主张是否脱离实际?学者们多认为"泛欧"思想过于理想主义,未能洞察、影响、改造两战间欧洲的现实。我们将研究卡莱基的法德联合观念,重新认识它与欧洲现实政治的关系。研究"泛欧"思想,对于我们深入了解欧洲联合的现代思想起源、全面理解今日欧洲一体化的历史进程、准确把握欧盟的未来发展趋势,具有极其重要的理论价值和现实意义。

本书的首要任务是恢复卡莱基"泛欧"思想的历史原貌,其次是结合时代背景给予一定的评价,研究涉及以下四个基本范畴:第一,"泛欧"思想的起源。主要包括:家庭教育为卡莱基形成"泛欧"思想奠定了怎样的基础?时代变迁为他提出"泛欧"思想创造了怎样的前提?卡莱基继承了哪些历史上的欧洲联合思想,"泛欧"思想与德国的"大空间"(Großraum)思想有哪些区别和联系?第二,"泛欧"思想的主要内容。具体包括:"泛欧"思想具有哪些基本内容?它们是如何随着时代的变迁而演变的?"泛欧"运动内部发生过哪些争论?第三,"泛欧"思想的历史影响及作用。主要包括:"泛欧"思想在多大程度上反映了一战后欧洲政治经济的现实?"泛欧"思想如何促进了两战间的欧洲联合事业?它在多大程度上预见了二战后欧洲一体化的进程?第四,"泛欧"思想对当代中国的启示和启迪。具体包括:如何看待世界经济体系?如何认识区域化与世界经济的关系?如何理解东亚在多极化世界中的地位与作用?如何看待欧、俄、东亚三者间的区域互动关系?等等。作为当时最具影响力的欧洲联合主张,"泛欧"思想具有显著的自身特点。卡莱基从未局限在欧洲内部,就欧洲论"欧洲",而是放眼世界,在多极化的世界体系中考察了欧洲统一问题。他通过对其他区域及域内核心大国的观察、思考与判断,阐明了欧洲联合的必要性和紧迫性,说明了"泛欧"的地理范围,并勾勒了"欧洲"未来的政治、经济蓝图。我们的研究将探寻这样的精神轨迹,书中的章节布局也反映了这样的思想特点。

第一章介绍"泛欧"思想提出的历史背景。第一次世界大战刺激了欧洲联合思潮的产生,并带动了"泛欧"运动的兴起和发展,正是在时代浪潮的推动下,"泛欧"联合思想孕育而生。第二章论述"泛欧"思想的政治价值观。通过考察卡莱基的贵族家庭背景、早期政治哲学思想及对未来"欧洲合众国"的憧憬,说明"泛欧"思想保守的、反民主的政治实质。第三章讲述"泛欧"思想中的英国观。卡莱基认为英帝国是海上的区域联合体,英国的重心在帝国,因此英国不在欧洲大陆联合范围之内,从而廓清了"泛欧"的西部边界。第四章论述"泛欧"思想中的美国观。通过研究卡莱基对美国的认识和看法,表明"泛欧"经济联合的榜样是北美大市场,政治联合的样板不是基于民族大融合的"美利坚合众国",而是体现"多元一体"特色的瑞士联邦制。第五章考察"泛欧"思想中的俄国观,卡莱基强调俄罗斯拥有洲际规模,且在人种和文化上不属于传统意义上的欧洲,所以它不包括在欧洲联合范围内,这样也就廓清了"泛欧"的东部边界。最后一章论述"泛欧"联合思想中的法德联合观念。卡莱基对一战后欧洲现实的看法是辩证、深刻的,他对欧洲不联合就会走向下一场大战的预言是准确的。在"泛欧"思想的激励、鼓舞下,欧洲大国首次提出了联合的外交方案,欧洲联合的历史进程实现了前所未有的质的飞跃。

本书研究使用了大量的原始材料。2009年秋至2012年秋,我主要利用暑假的时间,在德、奥进行了共15个月的材料调研,具体包括以下时段和工作:2009年9月至2010年3月,利用校际交流的机会,出访柏林自由大学欧洲比较史研究所。在此期间,梳理了德国柏林外交部档案(Das Politische Archiv des Auswärtigen Amts),及自由大学中央图书馆(Universitätsbibliothek der Freien Universität Berlin)所藏1924—1932年间出版的《泛欧》杂志。2010年6月至9月,由德国阿登纳基金会资助,访问柏林洪堡大学历史系。检索、整理了柏林国家图书馆在西港的报纸材料(Staatsbibliothek zu Berlin/Zeitungsabteilung-Westhafen)。2011年6至8月,受德意志学术交流中心资助,出访柏林自由大学历史系,根据已开展的研究,对上述材料做进一步的查对和补充。2012年6月到8月,访问奥地利维也纳大学奥地利史研究所,调研了大学档案馆(Archiv der Universität Wien)藏卡莱基的学籍登记卡及博士论文等材料,在奥地利国家档案馆(Österreiches Staatsarchiv)查阅了有关"泛欧"运动的材料,特别是系统地梳理了维也纳大学中央图书馆(Hauptbibliothek der Universität Wien)所藏 1933—1937 年间出版的《泛欧》杂志。档案调研是个战严寒、斗酷暑的力气活。2009 年冬,柏林连降大雪,道路变得异常泥泞难走。记得自己经常趟着没脚面的雪水,一步一滑地走到市中心的外交部档案馆工作。2010 年夏,又遇柏林酷热,气温罕见地高达 37、38 度。每次去西港调研报纸材料,都要头顶烈日,穿过毫无遮挡、炙烤得让人窒息的港口码头。① 每次通过前,都先要在阴凉处歇脚,然后运足了气,快速走过这个令人窒息的炙烤地段。当然,档案调研也苦中有乐,当我在《福斯报》(Vossische Zeitung)中发现了大量有关"泛欧"思想的文章后,那种兴奋喜悦之情,就像历尽千辛万苦后发现了宝藏一般。我坚信,这种从原始材料出发的研究是有意义的,是世界史创新不可或缺的基础和前提。

感谢国内同行学者。经常参加一体化史及其他各种学术会议,是对课题进度的监督和阶段性成果的检阅。与学界的师长、朋友们济济一堂,每次都给我坚持创新研究的信心和勇气。感谢德国洪堡大学历史系的 Clemens A. Wurm 教授、慕尼黑大学历史系的 Gerhard A. Ritter 教授、弗莱堡大学历史系的 Wolfgang Reinhard 教授、奥地利维也纳大学历史系 Karl Vocelka 教授,与他们就课题的研究进行了广泛、深入的交谈,得到了不少启发和灵感。最后,我要感谢妻子范鸿。她是本书的第一读者,经常提出批评和建议,还承担了部分的编辑工作。没有她的理解和支持,是无法顺利完成这项研究工作的。

---

① 柏林国家图书馆的报纸部位于柏林西港码头仓库内。

目 录

第一章 "泛欧"思想的产生 ········· 1
　　一、一战与欧洲联合思潮 ········· 2
　　二、"泛欧"思想的提出 ········· 6
　　三、"泛欧"运动的兴起 ········· 10

第二章 "泛欧"思想的政治价值观 ········· 16
　　一、贵族家世 ········· 17
　　二、贵族的家庭、社会成长环境与
　　　　"泛欧"思想的萌发 ········· 20
　　三、"新贵族"的政治价值观及其影响 ········· 28

第三章 "泛欧"思想中的英国观 ········· 38
　　一、"大国"时代的英帝国 ········· 38
　　二、排除英国的"小欧洲"联合 ········· 46
　　三、"小欧洲"方案的正确性和灵活性 ········· 55

第四章 "泛欧"思想中的美国观 ········· 63
　　一、"大国"时代的美国 ········· 64
　　二、拒绝美利坚联邦的模式 ········· 68
　　三、美国支持"泛欧"联合 ········· 75

第五章 "泛欧"思想中的俄国观 ············ 83
一、"大国"时代的俄罗斯 ············ 84
二、亚洲文化背景及社会主义 ············ 91
三、俄罗斯的欧亚双重战略 ············ 102

第六章 "泛欧"思想中的法德联合观 ············ 117
一、《凡尔赛条约》与法德世仇 ············ 118
二、《洛迦诺公约》与法德和解 ············ 135
三、《白里安计划》与欧洲联邦 ············ 150

结 论 ············ 171

附 录 ············ 179
一、联合或毁灭 ············ 179
二、世界大国取代欧洲列强体系 ············ 180
三、泛欧纲领 ············ 181
四、通向泛欧的几个阶段 ············ 183
五、泛欧宣传 ············ 184
六、新贵族的欧洲 ············ 187
七、学习瑞士的榜样 ············ 193
八、排除英国的欧洲 ············ 195
九、排除俄国的欧洲 ············ 197
十、法德和解与欧洲联合 ············ 198

参考文献 ············ 200
一、原始档案 ············ 200
二、已发表的文献材料 ············ 201
三、卡莱基专著 ············ 203

四、卡莱基文章(《泛欧》杂志部分) ………………………… 204
五、报刊材料 ……………………………………………………… 216
六、二战前的著作 ………………………………………………… 230
七、二战后的研究(论文部分) …………………………………… 232
八、二战后的研究(专著部分) …………………………………… 237
九、中文参考书目 ………………………………………………… 243

第一章

"泛欧"思想的产生

  "泛欧"思想不是孤立产生的,而是与第一次世界大战及战后"欧洲"思潮、运动的出现,密切地联系在一起的。早在 20 世纪 80、90 年代,国内学者就对此进行了初步的介绍。① 但由于语言和材料的限制,一系列具体而重要的问题,尚未得到很好的解答。一战是如何刺激、推动欧洲联合思潮的形成与发展的?卡莱基是如何反思战争的?"泛欧"联合纲领有哪些主要内容?"泛欧联盟"的组织结构是怎样的?"泛欧"组织经历了哪几次活动的高潮?"泛欧"运动做出了怎样的历史贡献?本章将对上述问题进行实证探讨。

---

  ① 陈乐民:《"欧洲观念"的历史哲学》,第 197—206 页;郭华榕、徐天新主编:《欧洲的分与合》,第 299—300 页;等等。国外研究多限于一般性介绍。英语研究:Peter M. R. Stirk, *A History of European Integration since 1914*, New York: Pinter, 1996, pp. 26 – 28; Carl Hamilton Pegg, *Evolution of the European Idea: 1914—1932*, Chapel Hill, NC: the University of North Carolina Press, 1983, pp. 8 – 49; Derek Heater, *The Idea of European Unity*, Leicester: Leicester University Press, 1992, pp. 116 – 130. 德语研究:Anita Ziegerhofer-Prettenthaler, *Botschafter Europas: Richard Nikolaus Coudenhove-Kalergi und die Paneuropa-Bewegung in den zwanziger und dreißiger Jahren*, S. 67 – 85; Vanessa Conze: *Richard Coudenhove-Kalergi: Umstrittener Visionär Europas*, S. 17—25.

一、一战与欧洲联合思潮

第一次世界大战是人类社会进入大工业时代以来的第一次大规模战争,它以空前的血腥和残酷著称于世。一战的主战场在欧洲,早在战争期间,不少有识之士就开始积极思考、寻找保证欧洲长久和平的方案,提出了包括欧洲联合在内的种种和平构想。一战结束后,世界格局发生了根本性的改变,美苏崛起,欧洲衰落。战后的新形势、新危机、新挑战大大激发、强化了欧洲人的区域联合意识。在一战的刺激、推动下,近代以来的"欧洲"观念终于得以冲出个别学者、教士、官员的象牙塔,发展壮大成为一股强劲有力的政治思潮。

1914年6月28日,在波斯尼亚首府萨拉热窝,奥匈帝国皇储斐迪南大公(Erzherzog Ferdinand)及妻子索菲(Sophie)被塞尔维亚族青年普林西普(Princip)刺杀。此事迅速引发了一系列的连锁反应。仅仅一个多月后,欧洲各大列强就卷入了一场史无前例的大战之中,第一次世界大战爆发了。一战是帝国主义列强间长期矛盾的总爆发。19世纪下半叶以来,欧美资本主义国家纷纷进入帝国主义阶段,他们在经济上恶性竞争,在政治上逐步结成对立的军事同盟体系,而对殖民地的争夺大大加剧、加深了列强之间的固有矛盾,引起了一系列的政治危机和军事冲突。[①] 在这一过程中,德国扮演了一个特殊的角色。作为后来居上的工业大国和后起的殖民列强,德国国力的快速提升和咄咄逼人的扩张态势,对列强既有的利益格局带来了强大的冲击和震撼,给世纪之交的世界带来了搅动和不安。[②] 因此,不少学者认为,德国对一战的爆发负有更多的历史责任。

与近代欧洲的历次战争不同,一战的规模、血腥程度及造成的损失,

[①] 斯塔夫里阿诺斯:《全球通史》,吴象婴、梁赤民译,上海:上海社会科学出版社,1995年,第579—582页。

[②] 弗里茨·费舍尔:《争雄世界——德意志帝国1914—1918年的战争政策目标》,何江、李世隆等译,北京:商务印书馆,1987年,上册,第1—3页。

都达到了旷古空前的程度,远远超乎当时人们的想象。开战之初,大家普遍认为,这次战争就像 19 世纪的普法战争一样,经过一两个大的战役,最多用几个月的时间,就可以见分晓。但谁也没有料到,战争一打就是四年多。特别是在战争后期,对那些精疲力竭、苦苦支撑的欧洲列强来说,战争成了一种永无休止的煎熬和折磨。在战争中,大工业催生出的新发明、新武器得以广泛地试验和应用。飞机、坦克相继亮相,毒气、潜艇轮番登场。在壕沟、铁丝网、机枪、巨炮构筑的现代化阵地面前,成千上万风华正茂的年轻生命顿作灰飞烟灭。1916 年爆发的凡尔登战役,因其空前的血腥、残酷,在历史上素有"地狱"和"绞肉机"之称,德法双方各伤亡三十多万。在同年的索姆河战役中,英军第一天的伤亡人数竟高达六万,其中包括一半以上的参战军官,如此惨烈的牺牲,即便是后来的第二次世界大战也无法与之相比。① 一战共造成一千多万人死亡,直接经济损失高达一千八百亿美元②,是人类历史上前所未有的大浩劫、大灾难。

  巨大的战争灾难迫使欧洲人进行深刻的反思,更促使他们积极探寻保证欧洲持久和平的具体方案。早在战争期间,欧洲就流行着三种和平观点。第一种观点认为,只要成立和平协会、召开和平会议、缔结和平条约,就可以制止并最终消灭欧洲及世界的战争。第二种观点主张建立世界性的国家联盟机构,用来调解、仲裁国家间的纠纷矛盾,进而达到减少冲突、避免战争的目的。就像美国总统威尔逊(Wilson)于 1918 年 1 月在其"十四点"计划中提到的:"必须根据专门的公约,成立一个普遍的国际联合组织……"③第三种是欧洲联合的思想,即欧洲国家通过出让主权,合并利益,建立超国家的联邦机构,从而彻底地、永久地消灭彼此间的战争。例如,在战争刚刚爆发之际,英国《观察家评论》就刊发了文章,认为

---

  ① 斯塔夫里阿诺斯:《全球通史》,第 590 页。
  ② 同上书,第 608 页。
  ③ President Woodrow Wilson's fourteen points speech, 8 January 1918, in: David Welch, *Modern European history, 1871—2000: a Documentary Reader*, New York: Routledge, 1999, p.85.

"欧洲合众国"是结束战争的唯一出路。① 又如,在战争末期,意大利热那亚大学教授阿提利欧·卡比亚蒂(Attilio Cabiati)和工业家吉奥瓦尼·阿涅利(Giovanni Agnelli)认为,要想消灭欧洲的战争,就必须成立拥有统一的立法权及行政权、像美国那样的联邦制国家。② 与前两种观点相比,战时的欧洲联合主张尚处于破土发芽的阶段,并不具有特殊的地位和特别的影响。

真正让"欧洲"思想得到蓬勃发展的,是一战带来的世界格局的结构性转变和欧洲人的危机意识。一战以前,特别是19世纪以来,欧洲成为世界的中心、重心,欧洲统治着世界。在政治上,美国、拉美、英国的自治领均已欧化,欧洲列强还在亚洲和非洲大部分地区建立起殖民地。在经济上,欧洲扮演着世界工厂、世界银行的角色,它的资本技术输出带来了全球经济一体化。在文化方面,欧洲不仅影响了人们的生活方式,还影响了人们的思维方式。然而这一切,在一战后完全地改变了。

首先,第一次世界大战大大削弱了欧洲帝国主义国家的力量,促进了亚非殖民地半殖民地民族独立意识的发展。在这些地区相继成立了共产主义性质和民族主义的政党。新政党的诞生使民族解放运动有了新生的领导力量,有力地推动了亚非地区的反帝爱国革命浪潮,极大地撼动了西方列强的反动殖民统治。其次,美国和苏联的崛起。早在一战前,美国就已经悄然崛起,在一战中,美国进一步确立了它的领先地位,到20世纪20年代末期,美国的工业产量至少占世界工业总量的42.2%,高于包括苏联在内的所有欧洲国家的产量。③ 同样具有冲击力的是,一战后期,在帝国主义的薄弱环节俄国爆发了无产阶级革命,诞生了世界历史上第一个社会主义国家。最后,欧洲自身的分裂与衰落。随着奥匈帝国、俄罗斯

---

① Carl Hamilton Pegg, *Evolution of the European Idea: 1914—1932*, p.9.
② Giovanni Agnelli and Attilio Cabiati, European federation or league of nations, 1918, in: Peter M. R. Stirk and David Weigall ed., *The Origins and Development of European Integration*, New York: Pinter, 1999, pp.14—15.
③ 斯塔夫里阿诺斯:《全球通史》,第614—615页。

帝国、奥斯曼土耳其帝国在战争中瓦解,德意志帝国在战后被削弱,在它们原有的土地上,成立了一系列新的民族国家。然而光鲜的"民族自决"旗帜难以掩盖欧洲政治、经济碎片化的不争事实。在国际政治、经济大舞台上,作为整体的欧洲的竞争力大幅下滑。一战后,欧洲丧失了世界范围的霸权,丧失了世界中心的地位。

鉴于上述危机情况,欧洲的大批有识之士迫切地认识到,要想阻止下滑衰落的趋势,欧洲就必须联合起来。例如,德国记者路德维希·奎塞尔(Ludwig Quessel)和阿尔弗雷德·卡普斯(Alfred Capus)写道:"战争损害了欧洲经济,使欧洲的各民族,不管是胜者,还是负者,都处于受两个强大的盎格鲁-撒克逊世界大国奴役的危险之中……"[①]又如,法国的青年文学家德利律·拉·罗歇尔(Drieu la Rochelle)认为,未来的世界大国是美国和俄罗斯,欧洲的政治、经济支离破碎,很难与这些大国竞争,只有结成联邦,欧洲才有前途,才不会被这些大国吞噬掉。[②] 再如,1925年1月28日,法国总理赫里欧(Herriot)在议会发表演说,他宣称:"我衷心希望看到欧洲合众国成为现实。"他还就此补充说明道:"如果我现在全力支持国联,那是因为我把这个机构看成是通往欧洲合众国的第一步。"[③]对于赫里欧来说,松散的、国际化的国际联盟,并非解决欧洲问题的最终之道。只有超国家的欧洲联邦组织,才是欧洲和平、繁荣、强大的根本保证。两战间大量出现的"欧洲"思想、理想、设想清楚地表明,此时的"欧洲"观念早已冲出近代以来个别学者、教士及官员的象牙塔,发展、壮大成为一股强劲有力的政治思潮,形成了相当的社会舆论基础。在这股"欧洲"思想大潮中,以奥地利贵族里夏德·库登霍夫-卡莱基的"泛欧"联合思想最具代表性,也最具影响力。

[①] Carl Hamilton Pegg, *Evolution of the European Idea: 1914—1932*, p.17.
[②] Ibid., p.24.
[③] Ibid., p.40.

二、"泛欧"思想的提出

不同于一战后众多零散、表面化的"欧洲"认识和看法,卡莱基的"泛欧"联合思想是一个完备、深刻的理论体系。这主要表现在以下三个方面:卡莱基通过反思战争,阐释了"泛欧"联合的必然性和正确性;通过预见战后区域化时代的来临,强调了"泛欧"联合的必要性和急迫性;通过展示目的、路线、策略,说明了"泛欧"联合的实践性和可操作性。卡莱基的"泛欧"思想在德语区乃至欧洲大部分地区得到了广泛的关注,取得了巨大的成功。在两战间"欧洲"思想的星空中,"泛欧"思想无疑是最为璀璨闪耀的一颗。

第一,卡莱基从文化比较的广度和哲学的高度,深刻地反思了战争的原因,从而说明民族主义、民族国家是落后过时的政治形态,随着科学技术和时代的发展,欧洲国家必须要跟上形势,走超国家联合的道路。早在一战中,欧洲的知识精英们就开始思考这场战争的原因和性质。在德语区,这种思考在一定程度上是围绕着文化冲突论展开的。德国国民经济学家、社会学家桑巴特(Sombart)早就看到,一战是肤浅的、功利的、商人气质的西欧文化和深邃的、理想主义的、英雄气质的德意志文化间的冲突。① 而在德国哲学家施宾格勒(Spengler)看来,西欧的商人社会无疑是一种被物质文明过度侵袭的、走向衰亡的文化形态。② 在他那里,一战不再是像西方宣传的那样,是西欧文明和野蛮的德意志军国主义之间的战斗,而是德意志文化形态和没落的西欧文化形态间的斗争。与上述思想不同,卡莱基没有强调文化间的冲突,他从世界不同文化的比较以及人与技术关系的角度,阐释了战争与欧洲联合的问题。卡莱基认为,亚洲文化的特点是和谐,欧洲文化的特征是能量,他把这种能量进一步解释为能

---

① 参见:Werner Sombart, *Händler und Helden*, München: Duncker & Humblot, 1915.
② 奥斯瓦尔德·斯宾格勒:《西方的没落》,吴琼译,上海:上海三联书店,2006年,第一卷,第25—28,528—547页。

动、尚武和好战的。欧洲的战争多,就和欧洲人的这种民族性有很大关系。① 在对待技术进步的问题上,卡莱基认为,技术本身没有错,而是滥用它的人犯了错误。② 日新月异的技术,给现代人带来了天涯若比邻的新的时空感觉。在过去,巴黎和柏林两地遥不可及,而现在,由于火车特别是飞机的出现,两座城市成为了近邻。③ 技术在创造新生活的同时,也带来了新的威胁和挑战。国家间的距离拉近了,彼此间的矛盾和冲突也就增多、加剧了。因此,欧洲人必须跟上技术发展的步伐,发明新的政治"大空间"(Groβraum),千万不能龟缩、固守在民族国家的老观念、老套路之中,否则,新技术带给欧洲人的将不是福祉,而是灾难,欧洲会在铺天盖地的毒气弹中走向灭亡。④

第二,卡莱基预见了战后世界的发展趋势,指出世界正在进入以"世界大国"为标志的区域化时代。如果欧洲想阻止进一步的衰落,挽救自己的命运,就一定要迅速联合起来。同当时的大部分社会精英一样,卡莱基也看到了美国和苏联的崛起,欧洲丧失了世界霸权,但他并不认为世界将进入美苏对立的两极时代,而是鼓吹多极的区域化时代的来临。卡莱基的判断在德语区是有着一定的思想背景的。一战后,以地缘政治家卡尔·豪斯霍费尔(Karl Haushofer)为代表的一批德意志社会精英认为,世界上的国家正以大陆地缘的原则聚合起来,形成了若干个"泛区域"国家集团组织。在上述地缘政治理论的基础上,卡莱基对战后的区域化时代做了更为大胆的预言和更为清晰的描述,他认为,世界上将会形成五个所谓的"世界大国"(Weltmacht),即俄罗斯帝国、英帝国、美利坚、东亚、欧洲。这些"世界大国"的政治本质是国家的联合体,它既可以是联邦的,也可以是邦联的。⑤ 而且他还进一步指出,前四个"大国"有的已经形成,

---

① R. N. Coudenhove-Kalergi, *Revolution durch Technik*, Wien: Paneuropa Verlag, 1932, S. 27.
② Ebenda, S. 77.
③ R. N. Coudenhove-Kalergi, *Pan-Europa*, S. 19.
④ Ebenda, S. 20.
⑤ Ebenda, S. 22.

有的正在形成演化之中,唯有"欧洲"处于一片分裂、混乱的状态。如果听任这种局面发展下去,在未来"世界大国"的竞争挤压下,弱小的欧洲会失去一切,包括自身的独立、殖民地、文化和未来。①

第三,卡莱基的"泛欧"联合思想不仅包括了哲学的反思及对世界形势的预见,更具备了明确的政治宣言和具体的行动纲领。在"泛欧"思想的光照指引下,两战间的欧洲联合事业一下子变得清晰、可行起来。"泛欧"联合的最高目标是非常清晰的,即"联合欧洲大陆上的所有民主国家,建设一个强大的、有生命力的联邦制国家"②。"泛欧"联合的根本目的是非常明确的,即"阻止、消灭欧洲内部周期性的战争,增强欧洲在国际上的竞争力,发展欧洲文化"③。"泛欧"联合的政治基础也是极具号召力的,即欧洲各民族的平等和自由。④ 在卡莱基看来,"泛欧"联合是一项伟大的事业,欧洲联邦的大厦不会一日建成,但也绝不能以此为借口,只说不做,裹足不前。为此,卡莱基提出了循序渐进的七步走战略。一、宣传"泛欧"思想。二、建立"泛欧"组织机构。三、召开"泛欧"大会。四、在国联内部组成"泛欧"国家集团。五、建立"泛欧"国家组织,按照"泛美"的模式定期召开会议。六、签订仲裁、联盟、担保条约。七、颁布"泛欧"宪法,成立"泛欧联邦"。⑤ 就联合的方针而言,卡莱基主张排除苏联和英国。在他看来,无论是从苏联地跨亚欧的地缘政治特性上来讲,还是从其社会主义制度来说,苏联都已经不属于"欧洲"。⑥ 而英国虽然在文化和地理上属于欧洲,但其政治重心在英联邦,对欧洲大陆联合必然三心二意,所以也

---

① Ebenda, S.34. 卡莱基的"泛欧"思想带有深深的殖民主义烙印,他设想的"泛欧"区域包括了欧洲列强在非洲的广大殖民地。也只有这样,"泛欧"才能以4亿人口和约2千5百万平方公里的土地,雄踞诸"世界大国"之首,即便是美国加上全部的拉美,也无法超越,而东亚、苏联及英帝国只能依次排列其后了。

② R. N. Coudenhove-Kalergi, Das Pan-Europa-Programm, in: *Paneuropa*, April 1924, S. 3.

③ Ebenda.

④ Ebenda.

⑤ Ebenda, S. 4.

⑥ R. N. Coudenhove-Kalergi, *Pan-Europa*, S. 36.

应该被排除在外。与大而全的"欧洲"相比,这样的"小欧洲"联合更容易建成,更容易实现。① 上述政治纲领对两战间的"泛欧"联合运动,起到了重要的推动和指导作用。

卡莱基"大量地、巧妙地、卓有成效地宣传了'泛欧'思想"②,在德语区乃至欧洲范围内制造了广泛的影响,获得了极大的成功。在德国,从社民党的机关报《前进报》(Vorwärts),到天主教会的《日耳曼妮娅报》(Germania),从民族保守派的《德意志汇报》(Deutsche Allgemeine Zeitung),再到自由派的《法兰克福报》(Frankfurter Zeitung),都发表了介绍、评论"泛欧"思想的文章。③ 其中,德国最具自由主义传统的《福斯报》(Vossische Zeitung),从1922年到1933年间,共刊发了300余篇与"泛欧"思想及"泛欧"运动有关的文章,力挺卡莱基的欧洲联合主张,成为传播"泛欧"思想的最重要的舆论阵地。早在1924年,该报文章就认为"在欧洲大陆上,泛欧思想取得了明显的进步"④。在法国,从左翼社会主义的报纸《意志》(La Volonté),到右翼保守派的《费加罗报》(Figaro),再到法国最大的报纸《小巴黎人报》(Petit Parisien),都不同程度地报道、介绍了卡莱基的"泛欧"思想和活动。⑤ 在英国,像右翼保守派的《泰晤士报》(Times)和左翼的《卫报》(Guardian)等最具影响力的报纸,也都发表了评介"泛欧"思想、运动的文章。⑥ "泛欧"思想无疑在欧洲范围内获得了广泛的关注。尽管在一些情况下,关注并不等于认同,更不等于欧洲各

---

① 参见李维:《库登霍夫-卡莱基"泛欧"联合思想中的英国观》,见《史学集刊》2013年第1期,第79—89页。

② Aufzeichnung zur Tagung der paneuropäischen Union in Berlin in der Zeit vom 17—19. Mai, Berlin, den 5. Mai 1930, in: AA R96462, Bl. 1.

③ Verena Schöberl, „Es gibt ein großes und herrliches Land, das sich selbst nicht kennt...Es heißt Europa." Die Diskussion um die Paneuropaidee in Deutschland, Frankreich und Grossbritannien 1922—1933, Berlin: Lit, 2008, S. 76.

④ Stern-Rubarth, Außenpolitische Ausblicke, in: Vossische Zeitung, 14.11.1924.

⑤ Verena Schöberl, Die Diskussion um die Paneuropaidee in Deutschland, Frankreich und Grossbritannien 1922—1933, S. 79.

⑥ Ebenda, S. 81.

国政府准备践行联合的理想,有时关注甚至还意味着反对。但它说明,"泛欧"主张已经受到了欧洲社会的重视和热议,已经进入了欧洲公众的视野,并逐步形成了强大的舆论声势,这无疑为"泛欧"运动的出现和发展打下了坚实的思想基础。

三、"泛欧"运动的兴起

"泛欧"联合绝非仅限于思想、纲领,在两战期间,它已经发展成为声势浩大的政治运动。卡莱基建立了运动的组织机构——"泛欧联盟",从奥地利维也纳的联盟总部,到欧洲各国的联盟分支机构,形成了一套上下联动、左右呼应的完整的组织体系。卡莱基积极回应战后欧洲发展的时代主题,多次发起了具有准政府性质的"泛欧"会议,将两战间的欧洲联合事业不断推向高潮。在"泛欧"运动的积极促动、影响下,欧洲联合的主张已经发展成为两战间欧洲政治的新因素、新话语、新境界,欧洲联合的历史进程实现了前所未有的质的突破和飞跃。

1923年10月1日,卡莱基出版了《泛欧》一书,该书的出版发行标志着"泛欧"联盟的成立和"泛欧"运动的开始。在每一册新书中,卡莱基都附上了宣传卡片,呼吁人们支持"泛欧"思想,鼓励人们参加"泛欧"联盟,号召人们积极地投入到"泛欧"运动中去。[①] 1924年4月,卡莱基又出版了"泛欧"联盟的机关刊物《泛欧》,该杂志是月刊,主要宣传"泛欧"联合思想,报道"泛欧"运动的发展,同时关注欧洲的重大现实问题。[②] 卡莱基还为"泛欧"运动设计了徽标,即以金太阳为背景的红十字。红十字和金太阳具有多种寓意:"它象征着欧洲两种古老的文化,象征着基督教道德和

---

① R. N. Coudenhove-Kalergi, *Ein Leben für Europa*, Köln: Kiepenheuer & Witsch, 1966, S.124.
② R. N. Coudenhove-Kalergi, Die Zeitschrift Paneuropa, in: *Paneuropa*, April 1924, S.19.

非宗教的美,象征着普遍的人性和近代的启蒙,象征着心与精神、人与宇宙。"①在卡莱基的亲力亲为下,"泛欧"运动具备了一定的组织形态和规模。

作为"泛欧"运动的组织机构,"泛欧"联盟是一个组织较为完备、具有相当独立性和一定核心领导力的政治协会。"泛欧"联盟总部设立在维也纳皇宫区,由主席团、中央委员会、执委会三个部门构成。主席团由主席、名誉主席和财务主管组成。中央委员会是"泛欧"联盟的最高权力机关,由三人主席团和来自各国分部的负责人组成。执委会由四人组成。② 按照联盟章程,主席不准兼任民族国家内部政府和政党的职务③,彰显了"泛欧"组织既超越于民族国家政治之上,也超然于党派纷争之外。在组织内部,主席拥有较大的权力。主席一任 7 年,拥有确认、改变"泛欧"纲领的权力。如果执行委员会不能达成一致,则由主席来裁决。主席对执委会的决议拥有否决权。只有经主席同意,才能在其他国家建立"泛欧"联盟的分部。④ 而且联盟章程明确规定,只有总部才能在国际上代表"泛欧"联盟组织,才能使用"泛欧"联盟字样。⑤ 在联盟总部的领导、监督下,各国分部设有总秘书处、秘书处和地方团体三重机构。到 1926 年底,在比利时、英国、法国、卢森堡、德国、奥地利、匈牙利、捷克、立陶宛等国首都设立了总秘书处。到 1929 年,在保加利亚、荷兰、南斯拉夫、波兰、西班牙、瑞典等国也设立了"泛欧"联盟的分支机构。截止到 1928 年,"泛欧"联盟在欧洲范围内拥有 6000 至 8000 名成员。⑥ 他们大多属于社会精英阶层,"泛欧"并没有像卡莱基一开始所期望的那样,发展成为千百万人的

---

① R. N. Coudenhove-Kalergi, Das Pan-Europa-Zeichen, in: *Paneuropa*, April 1924, S. 20.

② Anita Ziegerhofer-Prettenthaler, *Botschafter Europas: Richard Nikolaus Coudenhove-Kalergi und die Paneuropa-Bewegung in den zwanziger und dreißiger Jahren*, S. 100.

③ Ebenda.

④ Ebenda, S. 101.

⑤ Ebenda, S. 102. 包括奥地利在内的其他各国分部,都必须标注成"奥地利泛欧联盟""德国泛欧联盟"等字样,以显示各国分部处于维也纳"泛欧联盟"总部的领导之下。

⑥ Ebenda, S. 104.

大众运动。

作为一项政治运动,"泛欧"联盟在卡莱基的领导下开展了一系列的出版、演说、集会、研究等活动,其中最重要的是召开了五次"泛欧"会议,具体包括:1926年10月在维也纳召开的第一届"泛欧"会议,1930年5月在德国柏林召开的第二届"泛欧"会议,1932年10月在瑞士巴塞尔召开的第三届"泛欧"会议,1935年5月在奥地利维也纳召开的第四届"泛欧"会议,以及1943年3月在美国纽约召开的第五届"泛欧"会议。这五次会议规模大、规格高,回应了时代发展的主旋律,它们代表着"泛欧"运动的历次高潮,是"泛欧"运动史上的重要里程碑。

"泛欧"会议的场面宏大,气氛热烈,其规模和影响远远超过了一般私人注册协会举办的政治活动。1926年10月3日,第一届"泛欧"会议在维也纳的音乐大厅举行了开幕式。① 在主席台的背景中央悬挂着"泛欧"运动的旗帜,淡蓝色的旗底上,印制着红十字压金太阳的标识,太阳放出的28条金光,象征着当时欧洲的28个主权国家。旗帜两侧悬挂着康德(Kant)、尼采(Nietzsche)、圣-皮埃尔(St. Pierre)、马志尼(Mazzini)、雨果(Hugo)等"欧洲"思想先驱们的巨幅画像。② 共有2000多人参加了这次会议,其中有500多人是专程从国外赶来的。③ 众多媒体记者追踪报道了这次盛况空前的大会,造成了广泛而积极的社会影响。此后,随着历届"泛欧"会议的召开,大会在欧洲的影响与日俱增。不仅如此,二战期间,卡莱基流亡美国,他仍坚持在纽约召开了第五次"泛欧"会议,引起了美国媒体的关注和兴趣,《纽约时报》(*New York Times*)、《纽约先驱论坛报》(*New York Herald Tribune*)、《华盛顿邮报》(*New York Post*)等各大报刊对卡莱基的活动和思想给予了介绍和宣传④,"泛欧"会议的主张和影响也得以冲出欧洲,走向了世界。

---

① I. Paneuropakongress, in: *Paneuropa*, 1926, Doppelheft 13/14, S. 7.
② Ebenda, S. 8.
③ Ebenda, S. 4.
④ R. N. Coudenhove-Kalergi, *Ein Leben für Europa*, S. 266.

"泛欧"会议绝不是普通的、非官方的、自说自话的民间集会。欧洲各国政府都给予了不同程度的关心和支持。不少欧洲国家和国际联盟组织都派出了正式代表,如第一届"泛欧"会议,奥地利的首相伊格纳茨·赛佩尔(Ignaz Seipel)、德国议会主席保罗·勒贝(Paul Loebe)及意大利参议员卡罗·斯福尔扎(Carlo Sforza)伯爵参会并讲话。① 法国外长白里安(Briand)派驻奥使节代表参会。捷克外长爱德华·贝纳斯(Edvard Benes)、捷克总统托马斯·马萨里克(Thomas Masaryk)、德国总理马克斯(Marx)、丹麦总理斯汤宁(Stauning)、法国国防部长潘勒韦(Painlevé)和英国殖民大臣埃默里(Amery)都发来了贺电。② 此后的各届"泛欧"会议延续了这种半官方的模式,继续邀请欧洲各国的政界领袖、精英参会。如在第二届"泛欧"会议上,德国内政部长、前首相约瑟夫·维尔特(Josef Wirth)代表德国政府参会并致开幕词。会议结束后,德国首相布吕宁(Brüning)和外长库尔提乌斯(Curtius),以早餐会的方式宴请了卡莱基及其他主要与会代表。③ 在第三届"泛欧"会议上,巴塞尔市长卡尔·路德维希(Carl Ludwig)代表瑞士联邦政府参会并致欢迎词,德国、捷克、波兰、匈牙利、南斯拉夫多国政界精英参会。④ 在第四届"泛欧"会议上,奥首相库尔特·舒士尼格(Kurt Schuschnigg)、议会主席鲁道夫·霍约斯(Rudolf Hoyos)参会并致开幕词。⑤

历次"泛欧"会议之所以受到广泛的关注,是因为它们充分地迎合了时代发展潮流,有力地回应了时代发展的主题。1925年10月,法德等国签订了《洛迦诺公约》,就德国西部边界问题达成了和解,战后欧洲的紧张

---

① 赛佩尔强调了"欧洲"思想和"欧洲"情感的重要性,称之为"欧洲"政策的前提。Eröffnung des Ersten Paneuropakongresses, in: Neue Freie Presse, 4. Oktober, 1926, in: AA R70104.
② I. Paneuropakongress, in: *Paneuropa*, 1926, Doppelheft 13/14, S. 4—6.
③ Berliner Paneuropa-Tagung, in: *Paneuropa*, 1930, Doppelheft 6/7, S. 207.
④ Europa-Kongress 1932, in: *Paneuropa*, 1932, Heft 8/9, S. 224.
⑤ IV. Paneuropa-Kongress Wien, in: *Paneuropa*, 1935, Heft 6/8, S. 239—241.

局势开始走向缓和。① 卡莱基及时跟进,召开了第一次"泛欧"会议,呼吁欧洲各国"取消阻碍政治、经济发展的疆界,联合起来"②,为欧洲的政治和解与经济繁荣指明了新的发展方向。1930 年 5 月 17 日,时任法国外长、"泛欧"联盟名誉主席的白里安正式向欧洲各国递交备忘录,号召成立"欧洲联盟"③,就在同一天,卡莱基召开了第二届"泛欧"会议,庆祝这一"欧洲历史上的重大转折",有力地呼应、支持了白里安的"欧洲"计划,彰显了"欧洲精神和欧洲共同体意识的普遍存在"④。30 年代初,在经济危机的持续影响下,世界经济逐渐走向解体。即便是作为世界自由贸易领袖的英国,也开始将注意力转向了帝国内部的共同市场。⑤ 卡莱基趁此机会,召开了第三届"泛欧"会议,及时地提出了加强欧洲大陆区域建设的主张⑥,有力地推动了欧洲联合的进程。到了 30 年代中期,纳粹的侵略意图日益明显,欧洲各国普遍感到惴惴不安。卡莱基勇敢地召开了第四次"泛欧"会议。他在开幕式致辞中,称被奥地利纳粹分子杀害的前首相陶尔菲斯(Dollfuβ)是一个真正的"欧洲人",号召通过实现"泛欧"联合,消灭战争,彻底解决欧洲的安全问题。⑦ 会议的矛头直指纳粹的侵略扩张野心,因此赢得了奥地利等欧洲国家政府的支持。

这几次"泛欧"会议,不仅成功地宣传了"泛欧"联合思想,还探讨了具体、复杂、棘手的政治经济问题,诸如保护生活在他国的德意志少数民族问题,减少各国贸易保护、减免关税的问题,以及抵御纳粹侵略政策的

---

① C.E. 布莱克、E.C. 赫尔姆赖克:《二十世纪欧洲史》,山东大学外文系英语翻译组译,北京:人民出版社,1984 年,上册,第 216—219 页。
② Manifest des Kongresses, in: *Paneuropa*, 1925/1926, Doppelheft 13/14, S. 1.
③ Aristide Briand, Memorandum on the Organization of a Regime of European Federal Union, 17 Mai 1930, in: Peter M. R. Stirk and David Weigall, *The Origins and Development of European Integration*, pp. 18—19.
④ Begrüßungsrede, in: *Paneuropa*, 1930, Heft 6/7, S. 213.
⑤ L. S. Amery, Die Ottawa-Konferenz und Europa, in: *Paneuropa*, 1932, Heft 10, S. 247.
⑥ R. N. Coudenhove-Kalergi, Ottawa, in: *Vossische Zeitung*, 22.7.1932.
⑦ Die Eröffnungssitzung, in: *Paneuropa*, 1935, Heft 6/8, S. 241.

问题等,虽然没有取得实质性的成果,但这丝毫不能否定、弱化"泛欧"运动取得的历史性成就。在一战前,欧洲联合只是个别教士、学者、政治家的乌托邦幻想,对欧洲各国政府来说,只有国家利益、实力外交、军备竞赛才是沧桑正道,谈论欧洲联合无异于痴人说梦、痴心妄想,只会遭到人们耻笑。然而,一战后欧洲掀起了联合的思潮,在"泛欧"运动的积极影响下,欧洲联合成为更多社会精英的共识。在"泛欧"运动的大力推动下,欧洲联合的政治理想和精神追求,在一定程度上得到了各国政府的认同。这种观念上的转变和思想上的进步,为二战后欧洲一体化的正式启动打下了坚实的思想舆论基础,正是从这个意义上来讲,我们认为,"泛欧"思想和"泛欧"运动为欧洲联合的伟大事业做出了卓越的、不可磨灭的历史贡献。

第二章

"泛欧"思想的政治价值观

进入 21 世纪以来,随着欧洲一体化史研究的不断深入,卡莱基人物研究逐渐成为热点,国际上相继涌现出一批重要的学术成果。但迄今为止,国内外史学界对"泛欧"思想的政治价值观少有研究。① 一方面,该问题具有无可回避的重要性,它是客观评价卡莱基历史贡献、历史地位的标准之一。但另一方面,该领域一直缺乏展开深入研究的材料基础。而卡莱基在运动时期做出的空洞、含混、外交辞令式的解答,又极易引起学者们的误读、误解、误判。例如,有的学者据此认为,卡莱基的政治学思想

---

① 至上世纪 90 年代初,英语学界尚未关注到这个问题。Ralph T. White, The Europeanism of Coudenhove-Kalergi, in: Peter Stirk (ed.), *European Unity in Context: The Interwar Period*, London: Pinter Publisher, 1989, pp. 23—40; Patricia Wiedemer, The Idea behind Coudenhove-Kalergi's Pan-European Union, in: *History of European Ideas*, Vol. 16, 1993, pp. 827—832. 90 年代中期,英国学者 Stirk 在他的一体化史研究专著中提到,"泛欧"思想带有非民主的烙印。Peter M. R. Stirk, *A history of European Integration since 1914*, p. 26. 相比之下,德语学界早在上个世纪 70 年代,就注意到了"泛欧"观念的非民主色彩。Reinhard Frommelt, *Paneuropa oder Mitteleuropa. Einigungsbestrebungen im Kalkül deutscher Wirtschaft und Politik 1925—1933*, Stuttgart: Deutsche Verlags-Anstalt, 1977, S. 11—12. 在新世纪的研究中,德国学者 Conze 和奥地利学者 Prettenhaler 对此做了简单阐述。Vanessa Conze, *Richard Coudenhove-Kalergi: Umstrittener Visionär Europas*, S. 12—13; Anita Ziegerhofer-Prettenthaler, *Botschafter Europas: Richard Nikolaus Coudenhove-Kalergi und die Paneuropa-Bewegung in den zwanziger und dreißiger Jahren*, S. 61—62. 但上述研究均未全面、系统地论证"泛欧"思想的"新贵族"价值观。

属于欧美资产阶级民主主义的范畴。①

我们认为,不能无源头地、孤立地看待卡莱基的"泛欧"思想,而应该把它放到当时的社会历史背景中加以考察。尤其要注重考察卡莱基"泛欧"思想的萌发与其早期贵族生活之间的联系,这一时期,卡莱基受现实政治利益影响、左右、干扰较少,与尔后的运动时期相比,思想相对充实、直白、稳定,这一时期对于我们认识"泛欧"思想本来的、真实的政治面貌,具有无可替代的重要意义。本章将从卡莱基的家世、成长环境、早期政治哲学思想三重历史背景出发,依次展开、挖掘、揭示出"泛欧"思想的贵族的、保守的、反民主的政治价值观念。

一、贵族家世

卡莱基拥有显赫的贵族家世。卡莱基的姓氏全称是库登霍夫-卡莱基,库登霍夫和卡莱基分别是两个独立的姓氏,各自代表着欧洲的两大家族。无论是库登霍夫家族,还是卡莱基家族,都是欧洲的名门贵族。这一点不像有的学者认为的那样,卡莱基家族是平民自由斗士。② 此说之所以流传,皆因卡莱基出于政治需要,在自传中虚夸、篡改家族的历史,故而才有后来的谬传。如此显赫的家世对卡莱基产生了重要的影响,对其高贵门第、出身、血统、家世拥有的真实的、不可磨灭的记忆,筑成了卡莱基贵族世界观的牢不可破的思想基石,而由此升腾出的社会责任感和历史使命感,则为卡莱基日后提出"泛欧"联合思想、发起"泛欧"联合运动提供了强大的、不竭的精神动力。

库登霍夫家族是哈布斯堡王朝的支持者和追随者,世代称臣于哈布斯堡王朝统治下的荷兰、比利时和奥地利宫廷,属于政治上极为保守的贵族。库登霍夫家族早期是荷兰南部北布兰班特省的封建贵族,其家族的

---

① 陈乐民:《"欧洲观念"的历史哲学》,第204页。
② 同上书,第198页。

历史可以追溯到11世纪。当时，库登霍夫兄弟加入贵族骑士团，参加了第一次十字军东征。① 16世纪下半叶至17世纪上半叶，荷兰爆发了反对西班牙统治者的独立战争。在战争中，库登霍夫家族支持哈布斯堡王朝，维护西班牙对荷兰的统治。② 荷兰获得独立后，库登霍夫家族被迫迁入比利时的弗兰德尔地区，18世纪下半叶成为神圣罗马帝国的领主伯爵。③ 到18世纪晚期，法国革命的风暴席卷了比利时，哈布斯堡家族的势力被逐出比利时，库登霍夫家族也辗转来到了奥地利。④ 德国著名诗人歌德（Goethe）曾巧遇逃亡中的库登霍夫伯爵夫人。他在《法兰西战役》一书中，盛赞了伯爵夫人的才智与美丽。⑤ 库登霍夫伯爵夫人的儿子，也就是卡莱基的曾祖父，曾出任奥国皇储的侍卫副官、将军。卡莱基的祖父弗兰茨·库登霍夫（Franz Coudenhove）是奥外交官。⑥ 凭借其特殊身份，特别是几百年来与哈布斯堡王朝同呼吸、共命运的密切关系，库登霍夫家族一直是欧洲的名门贵族。

不少学者认为，与库登霍夫家族的保守贵族历史不同，卡莱基家族是平民革命家，是自由斗士，并由此加深、加强了对"泛欧"思想的自由、民主政治价值观的理解。这种史实上的误认和对价值观问题的误解，归咎于《泛欧的圣战》一书的误导。该书是卡莱基在美流亡期间用英文撰写的第一本回忆录，于二战期间出版。那时的欧洲正处在纳粹铁蹄的践踏之下，美国及其盟国人民正在为欧洲的解放事业流血牺牲。在当时的美国社会，为自由而战的大旗特别具有政治号召力，谁举起了这面旗帜，谁就能够赢得公众的关注和政府的支持。卡莱基充分地认识到了这一点，在书中，他着重回顾了"泛欧"运动反抗纳粹侵略的斗争史，他还特意把卡莱基

---

① R. N. Coudenhove-Kalergi, *Crusade for Pan-Europe*, New York: Putman, 1943, p. 11.
② R. N. Coudenhove-Kalergi, *Ein Leben für Europa*, S. 20.
③ R. N. Coudenhove-Kalergi, *Crusade for Pan-Europe*, p. 11.
④ R. N. Coudenhove-Kalergi, *Ein Leben für Europa*, S. 20.
⑤ Ebenda, S. 21.
⑥ Ebenda.

家族几百年的历史,打扮成一部为自由而战的平民斗争史。① 这部略带传奇色彩的回忆录的确为卡莱基赢得了社会声望,对他在美传播"泛欧"联合思想起到了积极的促动作用。但与此同时,该书部分史料参考价值有所下降。相比之下,卡莱基的另一部德文回忆录《一生为了欧洲》,对其家史的阐述更为平实、可信。此书在20世纪60年代后期出版,此时卡莱基业已远离了欧洲一体化的政治舞台中心。没有了往日政治的喧嚣、干扰,他反倒能够沉下心来,平静、客观地回顾自己的家世。在这部著作中,以往笼罩在卡莱基家族头顶上的革命光环消逝了,该家族的历史也是一部欧洲名门的浮沉史。

卡莱基家族系拜占庭帝国弗卡斯(Phokas)王朝的后裔,也是欧洲的名门望族。公元10世纪,拜占庭皇帝奈塞菲雷斯二世(Nikophoros II Phokas)从阿拉伯人手中夺得克里特岛,并派遣皇族到那里进行殖民统治。此后克里特岛的卡莱基家族分裂成为两支。一支到了威尼斯,成为那里的贵族。16世纪,威尼斯的卡莱基家族成员参加了抗击奥斯曼帝国的勒班陀海战,因作战英勇受到表彰,并得以与威尼斯最高统治者——威尼斯总督联姻。在水城威尼斯,至今还矗立着美丽的卡莱基宫,彰显着卡莱基家族在威尼斯历史中的贡献与地位。② 家族的另一支留在克里特岛,在随后的几百年中,成为抗击威尼斯、土耳其入侵的政治领袖。18世纪,克里特岛上的卡莱基家族成员因为密谋推翻土耳其人的统治被迫流亡俄国,成为沙皇叶卡捷琳娜二世(Katharina II)麾下的战将。通过与俄罗斯上流社会的通婚,卡莱基家族的地位不断加强。玛丽·卡莱基(Marie Kalergi)伯爵夫人是19世纪欧洲社交界的名人,她结交法兰西帝国皇帝拿破仑三世(Napoleon III.)、德意志帝国皇帝威廉一世(Wilhelm I.)和首相俾斯麦(Bismarck)等皇室权贵;她还资助身陷困境的艺术家,德国著名音乐家瓦格纳(Wagner)为她著文,匈牙利著名钢琴家李斯特

---

① R. N. Coudenhove-Kalergi, *Crusade for Pan-Europe*, p. 11—12.
② R. N. Coudenhove-Kalergi, *Ein Leben für Europa*, S. 22.

(Liszt)为她献曲。玛丽·卡莱基伯爵夫人膝下仅有一女,嫁与奥国外交官弗兰茨·库登霍夫。通过这次联姻,卡莱基家族的成员成为奥地利的贵族。由此,一个新的姓氏——库登霍夫-卡莱基诞生了。① 弗兰茨·库登霍夫的长子、海因里希·库登霍夫-卡莱基承袭了父亲的外交官职业。1892年,海因里希出任奥匈帝国驻日本东京公使。很快,他与日本女子青山光子相识、恋爱、结婚。1894年11月17日,他们的第二个儿子里夏德·库登霍夫-卡莱基出生了。②

上述显赫家世对卡莱基产生了不容忽视的影响,他从未对自己的贵族出身感到羞愧、耻辱、难堪,恰恰相反,从一开始,他就对此充满了骄傲、得意和自豪。他有时甚至是带着卖弄、夸耀的口吻,来谈论家族历史的。这种正面、肯定性的家世记忆,是卡莱基走向贵族精神世界的起点,是其贵族道德情感、贵族政治理念的发展基础。不仅如此,家族的荣耀、辉煌还激发了他积极向上、奋发有为的精神。每当谈起自己显赫的家世,卡莱基的言辞间总洋溢着道义感、责任感和使命感。对他而言,贵族的出身给予他更多的社会责任,鼓舞其思考有关欧洲前途的重大问题,豪门世家几百年生生不息的奋斗史赋予他巨大的政治勇气,激励其掀起一场广阔的社会运动,来挽救欧洲衰落的历史命运。与家世的影响相比,更重要的是直接源自家庭环境和社会环境的熏陶,它锚定在卡莱基的世界观深处,对其日后的思想、活动、政治价值观都产生了极其深远的影响。

二、贵族的家庭、社会成长环境与"泛欧"思想的萌发

"泛欧"联合思想出现在第一次世界大战后的"中欧"地区,此时皇帝贵族统治下的奥匈帝国已经崩溃、消失,专制的德意志帝国也遭到重创、部分肢解,奥地利、德国刚刚进行了民主制改革。但"泛欧"思想绝非脱胎

---

① R. N. Coudenhove-Kalergi, *Ein Leben für Europa*, S. 23.
② R. N. Coudenhove-Kalergi, *Eine Idee erobert Europa*, Wien: Desch, 1958, S. 25.

于当时的政治民主化进程,它不是当地新兴的自由、民主观念的产物。恰恰相反,"泛欧"思想萌发于奥匈帝国晚期的贵族家庭、贵族社会环境中,深深地植根于帝国贵族的政治文化土壤,从一开始,它就是和贵族的世界紧密地联系在一的,具体包括了以下四方面的内容:

首先,卡莱基自幼接受贵族家庭教育,受到欧亚双重文化的熏陶,正是在对欧亚文化的熟悉、比较过程中,卡莱基逐步意识到欧洲文化的独特性,进而认识到欧洲是一个文化共同体。这种大洲文化共同体意识使他能够从整体上观察、思考现代欧洲的问题,为日后提出"泛欧"联合主张奠定了思想基础。

作为弗兰茨·库登霍夫的长子,海因里希·库登霍夫-卡莱基承袭了父亲的外交官职业。1892年,海因里希出任奥匈帝国驻日本东京公使。他在这里结识了日本女子青山光子(Mitsuko Aoyama)①,即卡莱基的母亲。青山光子生于1874年。此时日本已经开始明治维新运动,一些特权阶层随之丧失了俸禄,有的大名、公卿、武士不得不靠变卖家产度日,所卖之物中不乏古玩珍宝。光子的父亲是个精明、富裕的商人,他从中看到了商机,便在奥国驻东京使馆附近开设了一家商店,专门营销此类古董。顾客多是来自欧美的外交官、商人等有钱人,海因里希便是其中的一员。他因经常光顾这家商店,结识了青山光子。两人进而坠入爱河,并很快谈婚论嫁。但由于社会上的世俗偏见,海因里希和光子不得不为这桩异国婚恋付出了巨大代价:为了爱情婚姻,海因里希牺牲了自己的事业,放弃了外交官的职业生涯。因为奥国政府无法想象,一位本国的白人公使带着异国的黄种人妻子出使国外;光子也丧失了家庭财产继承权。因为父亲极力反对女儿远嫁欧洲,甚至为此断绝了父女关系。即便如此,海因里希和光子夫妻恩爱,感情日笃。1894年11月16日,他们的第二个儿子里

---

① 德国柏林外交部档案将"青山光子"译为"Ayoma Mitsu",实为"Mitsuko Aoyama"。Aufzeichnung zur Tagung der paneuropäischen Union in Berlin in der Zeit vom 17—19. Mai, Berlin, den 5. Mai 1930, in: AA R96462, Bl. 2.

夏德·库登霍夫-卡莱基(Richard Coudenhove-Kalergi)出生了。①

1896年春,一周岁多的里夏德·库登霍夫-卡莱基与父母一起回到了小城隆斯贝格(Ronsperg)。该城位于西波希米亚(今捷克),多马日利采市以北不远,原属于波希米亚的德意志人地区。在这里,海因里希继承了一份家族遗留下来的祖产——隆斯贝格宫,过起了安逸、闲适的贵族地主生活。海因里希还拥有一座专门用来狩猎度假的迪安纳宫,就在德奥边界附近。他们一家人经常穿越边境,到对面的德国巴伐利亚森林里去散步。隆斯贝格城拥有约2000居民,大部分居民是说德语的德意志人。还有一少部分捷克人,也说带捷克口音的德语。尽管从隆斯贝格往南走5公里就是捷克语地区,但是小卡莱基很少去那里。② 他是在德语区成长起来的,他的母语是德语。③ 后来,卡莱基在德、奥完成大学学业,绝大部分著作、文章用德语发表,他的"泛欧"联合思想在德语区拥有广泛的社会影响。虽然卡莱基在一战后加入捷克国籍,后因纳粹吞并捷克逃到法国,又成为法国公民,再后流亡美国,但是他身上的德意志文化属性始终没有改变。

在家庭教育方面,卡莱基接受的主要是欧式教育。在卡莱基眼中,父亲海因里希代表着欧洲文化的影响。海因里希为奥国外交部服务了11年,虽婚后退职在家,但仍关注着欧洲的政治、哲学、宗教问题。他反对奥匈帝国的双元统治,主张建立一个多元帝国,给帝国内部其他斯拉夫民族平等的权力。他还非常爱学习,退职后在布拉格大学学习哲学和闪米特语言学,并最终获得博士学位。在教育子女的问题上,海因里希从一开始就明确要对孩子进行欧式教育,把他们培养成为好欧洲人、好奥地利人、好天主教徒。为了丰富孩子们的精神世界,海因里希聘请修女、牧师教授他们初级读写课程。这样,可以让孩子们在读写的基本训练中,自然而然

---

① R. N. Coudenhove-Kalergi, *Eine Idee erobert Europa*, S. 25.
② R. N. Coudenhove-Kalergi, *Ein Leben für Europa*, S. 39.
③ 在维也纳大学的档案馆里,至今仍保留着卡莱基的入学登记卡,在母语一栏中,有他亲笔填写的"德语"字样。Vgl. Archiv der Universität Wien, 379, 389, 398, 415, 419。

地接受基督教思想的熏陶。在上大学以前,卡莱基接受的是贵族私人教育。为了获取社会上必不可少的教育文凭,卡莱基曾到德国的高级中学参加认证考试。在家中,父亲为卡莱基营造了极具欧洲文化氛围的生活环境。在隆斯贝格宫的室内和走廊,随处可见苏格拉底(Sokrates)、柏拉图(Plato)、亚里斯多德(Aristoteles)、康德(Kant)、叔本华(Schopenhauer)等欧洲历史文化名人的塑像。父亲要让卡莱基认识到,他是一个欧洲人,一个热爱欧洲文化的、有教养的欧洲贵族。①

尽管如此,在卡莱基的家庭背景中,亚洲文化的因素不容忽视。在卡莱基眼中,母亲带来了日本和东方文化的影响。青山光子是个典型的、传统的日本妇女,遵守三从四德的儒家美德。她信佛教,穿和服,写汉字,使算盘,会演奏日本的传统乐器。在远嫁奥匈帝国后,青山光子尽力向欧洲文化靠拢。她皈依基督教,学习德语、英语,效仿欧洲人的生活习惯。为了子女的教育和顺利成长,她再也没有回过日本。但在卡莱基看来,这并没有改变她作为日本人的精神世界:"虽然她是个虔诚的基督徒,但是骨子里还是佛教的……她虽人在欧洲,但心却离这里很远。"②在母亲潜移默化的影响下,卡莱基对亚洲文化怀有一种发自内心的亲切感。在他眼中,亚洲是一个似曾相识的、充满着奇异色彩的世界。同样让卡莱基难忘的是,父亲对亚洲文化怀有浓厚的兴趣。父亲经常邀请日本、印度、阿拉伯的宗教、社会人士来家中做客,畅谈宗教、哲学、政治问题。其中,日本的佛教传说、五彩缤纷的印度神话,特别是泛伊斯兰运动的伟大理想,让青少年卡莱基看到了精神、信仰带来的巨大能量和无穷动力。这些来自东方的文明与智慧给他留下了不可磨灭的印象。

上述来自家庭的、东西方双重文化的影响,加深了卡莱基对欧洲文化整体性的认识。"从孩童时代起,……我们主要是从大洲文化的角度来看待问题的。也就是说,亚洲和欧洲文化是完全不同的,但具有同样重要的

---

① R. N. Coudenhove-Kalergi, *Eine Idee erobert Europa*, S. 35.
② R. N. Coudenhove-Kalergi, *Ein Leben für Europa*, S. 62.

价值。"①亚洲文化为青少年卡莱基提供了一个参照系,让他逐步认识到欧洲文化氛围的独特与不同。而青年卡莱基更加注重对欧、亚文化的比较思考。他认为,和谐是亚洲文化的主要特点,相比之下,希腊文明的个人主义和基督教社会主义构成欧洲文化的两极,它们的本质是能动的、追求理性的。他还认为:亚洲文化对世界的贡献在道德方面,欧洲文化对世界的贡献在技术方面;亚洲人善于控制自我,欧洲人善于控制自然;亚洲的伟大和美丽在于它的和谐,欧洲的伟大和美丽在于它的能量;亚洲文化的最高境界是与世界、与人、与己的和谐相处,欧洲文化的最高目标是与世界、与人、与己的不断斗争。② 正是在这种有意、无意的观察、比较和思考中,卡莱基加深了对欧洲文化同一性的认识。在他看来,欧洲拥有共同的文化价值观,特别是相对于印度、东亚及阿拉伯地区,欧洲是一个相对独立的文化共同体。而一个联合的欧洲无疑会巩固、加强欧洲的文化特性,使欧洲文化得到更好的发展。

其次,卡莱基深受贵族政治教育的影响,拥有"超民族"的、世界主义的帝国观念。作为封建贵族的后代,卡莱基缺乏市民阶层的成长经历,不具备资产阶级市民阶层特有的、强烈的单一民族国家意识。这种帝国化的、淡漠的民族国家观念,是卡莱基提出"泛欧"联合主张的思想前提。

卡莱基成长在多民族的奥匈帝国,从一开始,他就缺乏一种明确的、强烈的单一民族国家意识。"我们没有强烈的民族国家意识,……我觉得很难从民族国家的角度来看问题。"③1908年,卡莱基开始在维也纳的特蕾西娅专科学校(Theresianische Akademie)学习。该校专门教育贵族子女,把他们培养成为帝国的外交官、军官和政府官员。学校的氛围是很"国际化的",校方宣传的是热爱多民族的奥匈帝国,忠于弗兰茨·约瑟夫(Franz Joseph)皇帝,而不是单一的民族国家意识。④ 校内的小环境是校

---

① R. N. Coudenhove-Kalergi, *Ein Leben für Europa*, S. 37.
② R. N. Coudenhove-Kalergi, *Revolution durch Technik*, S. 25.
③ R. N. Coudenhove-Kalergi, *Ein Leben für Europa*, S. 37.
④ Ebenda, S. 66.

外大环境的缩影。当时的维也纳就是一座极具"国际化"氛围的大都市,宫廷贵族们来自东欧、西欧、南欧、北欧各个地区,操着多种语言。像库登霍夫家族一样,他们大多是欧洲各民族的混血儿。在维也纳的上层社会中,世界主义被尊为有教养的贵族的信仰,而民族主义则被贬为无知的小市民的主张。贵族们对帝国内部日益高涨的民族主义情绪视而不见,他们整日聚集在维也纳的大型歌舞剧院,沉迷于奢华的文化、艺术生活。而在市井街头的小咖啡馆里,来自各个民族的市民正狂热地谈论着民族主义。① 在这种教育、社会环境的影响下,贵族卡莱基自然在思想、感情上与市民阶层提倡的民族主义保持着距离。在他那里,不存在炙热的民族国家情感,也就不存在超越民族国家主权的政治情感障碍。

再次,卡莱基赞同改革派贵族提出的多元帝国设想,改奥匈双元帝国为多民族平等相处的多元的、联邦制帝国。在他看来,政治结构上的多元与一体是不矛盾的,是完全可以和谐共存的。这种认识为他日后提出的"泛欧"联合主张提供了具体的思想方案。

在奥匈帝国晚期改革派贵族的影响、启发下,卡莱基逐步形成了对多元联合政治方案的具体认识。1867年,中央集权的奥地利帝国改为双元帝国,奥地利帝国、匈牙利王国各自拥有独立的政府和议会。在此基础上,为了维护帝国的统一、完整,奥、匈拥戴奥皇领导下的中央政府。在中央政府的层面上,奥、匈进行了建设小共同体的尝试:当时双方共同建立了三个部门,在保留各自财政部门的基础上,建立了共同的财政部;在保留各自国防部门的基础上,建立了共同的国防部;双方还建立了共同的外交部。② 小共同体既保证了地方政府的高度自治,又强调了中央政府的权威,为维护帝国统治发挥了极其重要的作用。帝国晚期改革派贵族认为,双元体制提供了成功的历史经验,值得借鉴、发展,弗兰茨·约瑟夫皇帝应当顺应历史潮流,给予帝国内部各民族平等、自由的地位,承认他们

---

① R. N. Coudenhove-Kalergi, *Ein Leben für Europa*, S. 68.
② R. N. Coudenhove-Kalergi, Die Schweiz als Vorbild, in: *Paneuropa*, 1929, Heft 10, S. 4.

的自治权,改二元帝国为多元帝国。① 在卡莱基看来,既然二元帝国已经成为现实,那么多元帝国的梦想也一定不会遥远。部门共同体可以为二元政体服务,那么它也一定能够为多元政体建功。只要具备了共同财政、共同军事、共同外交这三根支柱,就可以保证多元政治的一体性。② 上述"多元一体"的帝国改革理想以及对政治共同体的认识,为卡莱基日后设想"欧洲合众国"(Vereinigte Staaten von Europa)提供了具体的解决方案。

最后,卡莱基对奥匈帝国的解体和贵族统治的崩溃深感彷徨不安。他不愿看到在前帝国的土地上成立了一系列新兴的民族国家,故将其称为"欧洲政治的分裂"。他想设计一种新的、超民族国家的政治方案,来阻止欧洲的进一步分裂、衰落,让联合的欧洲屹立于"世界大国"之林。这种想法成为卡莱基提出"泛欧联合"主张的思想动机。

第一次世界大战的爆发,加深了卡莱基对民族主义的负面认识。战争期间,卡莱基因患肺病未服军役。他住在德国的城市慕尼黑,专心研究历史和哲学。他认为,正是狂热的民族主义情绪导致了一战的爆发。在一片弥漫的硝烟中,卡莱基看不到欧洲的前途与未来。1918年初,美国总统威尔逊宣布了有关战后世界秩序的十四点计划。威尔逊的理想曾一时唤起了卡莱基的希望。在他的眼中,这些计划预示了"真正的、平等的和平,一个没有兼并和战争赔偿的和平,没有秘密外交没有民族压迫的和平,没有殖民地剥削的和平"③。他强调,威尔逊倡导的和平、和解精神无疑是医治欧洲极端民族主义疾病的良药。他甚至称一战是过去与未来的斗争,是欧洲的极端民族主义和美国的民族和解思想之间的斗争。④ 然而,局势并未向卡莱基期待的方向发展。令他失望的是,美国等协约国虽

---

① R. N. Coudenhove-Kalergi, *Ein Leben für Europa*, S. 44, S. 85.
② R. N. Coudenhove-Kalergi, Die Schweiz als Vorbild, in: *Paneuropa*, 1929, Heft 10, S. 4.
③ R. N. Coudenhove-Kalergi, *Ein Leben für Europa*, S. 91.
④ Ebenda.

赢得了战争的胜利,但未能从根本上去除欧洲的极端民族主义痼疾,未能给欧洲带来长治久安的局面。战后,法、英等战胜国依旧采取强烈的民族主义立场,对德国为首的战败国执行赤裸裸的帝国主义压迫政策。欧洲上空再次笼罩着复仇雪恨的战争乌云。更令他感到失落、彷徨的是,他一夜之间变成了一个没有祖国的人。一战结束后,奥匈帝国消失了。东欧成立了捷克斯洛伐克、匈牙利、南斯拉夫、波兰等一系列独立的民族国家。对此,卡莱基感到困惑不已:自己到底是德国人,还是奥地利人,抑或捷克人?尽管最后选择了家乡隆斯贝格所在的捷克,加入了捷克国籍,可他对这个新成立的民族国家缺乏根本的认同感和归属感。相反,他标榜自己是一个世界公民。卡莱基甚至说道,如果一定要谈什么归属感,那么他的心属于新诞生的国际联盟组织,他是国联的公民。①

为了消除狂热民族主义带来的战争灾难,彻底改变战后欧洲的衰落局面,卡莱基提出了"泛欧"联合的设想。他看到,一战不仅改变了欧洲的格局,更带来了世界格局的深刻变化。一战后亚洲爆发了民族革命的浪潮,反对欧洲的殖民统治。以美国为首的美洲地位迅速上升,大有超越欧洲之势。对此,他慨叹道:"在20世纪的最初25年,欧洲的世界霸权崩溃了。今天的欧洲已不再是世界的政治、经济、文化中心。世界已经从欧洲的统治下解放出来。欧洲的霸主地位一去不复返了。过去它令人敬畏,今天它让人同情。"②卡莱基进而发现,旧的欧洲列强体系让位于新的世界大国体系,国际格局已经发生了不可逆转的巨变。"英帝国、美利坚帝国、俄罗斯帝国和日本帝国四大帝国统治着今天的世界。新的多元化世界的中心是伦敦、纽约、莫斯科、东京,……今天,美利坚合众国是世界上最富有、最强大和最先进的帝国。"③与这些"世界大国"形成鲜明对比的是,战后的欧洲呈现出四分五裂的局面。在这里,民族主义仍大行其道:法国忙于巩固自己的大陆霸权,德国急于修正《凡尔赛条约》,东欧、东南

---

① R. N. Coudenhove-Kalergi, *Crusade for Pan-Europe*, S. 59, S. 63.
② R. N. Coudenhove-Kalergi, *Pan-Europa*, S. 6—7.
③ Ebenda, S. 15—16.

欧新成立的一系列民族国家都跃跃欲试,试图发出自己的声音。卡莱基焦虑地指出,欧洲的小国是无力对抗这些新兴的世界大国的。为此,他呼吁欧洲各国放弃彼此间的猜忌、仇恨,联合起来:在经济上,废除国家间关税,建立欧洲统一大市场;在政治上,成立联邦制的"欧洲合众国"。①

卡莱基提出了"泛欧"联合的主张,开创了"泛欧"运动,取得了广泛的社会影响,但他一直没有说明"泛欧"联合的政治前途问题。"欧洲合众国"一定就是资本主义民主共和国吗?或者还有什么其他的政治选择?特别是在"泛欧"运动蓬勃发展的时期,卡莱基对此更是讳莫如深。他担心对这个问题的解答,会引发意识形态上的激烈争论,并最终导致"泛欧"联合阵线的破裂。由于他的谨慎、回避态度,学界一直缺少对此进行深入研究的材料根据。我们认为,卡莱基的"泛欧"联合主张不是孤立存在的,它无法游离于思想者的精神世界之外。事实上,从卡莱基早期的哲学、政治思考中,我们就能对"泛欧"思想的政治实质窥见一二。

三、"新贵族"的政治价值观及其影响

卡莱基不仅提出现代欧洲联合的主张,他还对欧洲几百年来的历史命运做出了深入的哲学思考。他认为,启蒙运动在批判基督教神学体系的同时,也极大地撼动了欧洲的道德基础,造成了道德的衰败,而道德衰败是欧洲衰落的根本原因。在尼采哲学的影响下,卡莱基试图为现代欧洲寻找一种新的"超道德"解决方案。从"超道德"的哲学思想出发,卡莱基构建了反民主的"新贵族"(Neuer Adel)政治观念,从而为其"泛欧"联合主张打上了保守主义的政治烙印。

早在特蕾西娅专科学校学习的时候,卡莱基就对哲学问题产生了兴趣。他还尝试写了一本题为《客观是道德的基础》(Objektivität als

---

① R. N. Coudenhove-Kalergi, Etappe zu Pan-Europa, in: *Pan-Europa*, 1924, Heft 2, S. 6—7.

Grundprinzip der Moral)的哲学小册子。1914 年卡莱基开始在维也纳大学学习哲学和近代历史,他当时的理想是当一名大学哲学教授。1917 年卡莱基提交了博士论文《客观是道德的基础》,并通过了毕业学位答辩。① 这篇论文正是从他早年的那本哲学小册子中发展起来的。在此基础上,他接着发表了《道德与超道德》《贵族》等一系列哲学、政论作品。② 卡莱基的这些思想、观点是当时欧洲社会思潮的缩影。第一次世界大战爆发后,有相当一批欧洲知识精英反思战争的历史、文化原因。他们痛苦地认识到,启蒙运动以来的理性主义、科学主义给欧洲带来了物质繁荣,但同时也产生了精神空虚、道德沦落的社会弊端。世俗的理性主义并未提高欧洲人的道德标准,相反给各国带来了空前的战争灾难。对此,他们渴望回归旧有的文化传统,或是寻找一种新的思想道德体系,对欧洲的精神进行彻底救赎。正是在这种反思浪潮的推动下,卡莱基开始深入思考欧洲历史命运的问题。他指出,欧洲的衰落是有着深刻的思想道德原因的,"首先有欧洲人的堕落,才有欧洲的衰落"。他还认为,20 世纪初在欧洲上演的世界大战悲剧,正是欧洲人几百年来道德持续衰落的必然结果。③

卡莱基所说的道德衰落是指基督教道德的衰落,在他看来,基督教道德的衰落是基督教神学体系坍塌的伴生物。在中世纪,宗教、道德、科学是三位一体的,基督教道德是植根于基督教神学之中的。教会传扬的道德是上帝主宰下的世界秩序的有机组成部分,它不仅涉及人与人的关系,更涉及人与上帝的关系。因此,谁要是动摇了基督教的神学体系,谁就动摇了道德的基础,也就破坏了道德本身。④ 在这里,卡莱基强调了哥白尼日心说的划时代意义:因为它"动摇了基督教神学的绝对统治,从此,地球和人不再是宇宙的中心,人的命运从一种宇宙属性开始转化为一种社会

---

① Archiv der Universität Wien, Rigorosenakt, Nr. 4364.
② R. N. Coudenhove-Kalergi, *Adel*, Leipzig: Der neue Geist, 1922; R. N. Coudenhove-Kalergi, *Ethik und Hyperethik*, Leipzig: Der neue Geist, 1923.
③ R. N. Coudenhove-Kalergi, *Krise der Weltanschauung*, Wien: Paneuropa Verlag, 1923, S. 8.
④ Ebenda, S. 13.

属性。在公共生活中,人和政治逐渐走向前台,上帝和宗教退居二线"①。哥白尼开创的事业,在随后的几百年中被自然科学和历史科学发扬光大。康德颠覆了有神论,达尔文推翻了创世说,对圣经的批判和考古学的发展倾覆了对神灵的信仰。在科学之光的照耀下,基督教的神学体系成为迷信和伪造的历史。② 随着基督教神学基石的坍塌,建立在此之上的宗教道德大厦也开始崩溃了。在卡莱基眼中,这是一段长达四五百年的漫长历史过程。首先是15、16世纪的宗教改革,使人们脱离了教会的繁文缛节。然后是17、18世纪的启蒙阶段,让人们脱离了教会的神学体系。最后是19世纪唯物主义的大发展,让人们远离了宗教信仰,同时也抛弃了基督教的道德观念。③

在上述诸历史阶段中,卡莱基认为,是启蒙运动决定性地导致了基督教道德的衰落。他补充、解释道,启蒙思想家在挑战基督教神学信仰的同时,幻想着保留基督教道德伦理传统,这是根本不可能的,因为"对耶稣基督的信仰与建立在此基础上的道德是不可分割的"。卡莱基对此进行了形象的比喻:"这就像把地基毁了,房子拆了,却想保留屋顶一样。"④没有对神的信仰,也就没有一个价值体系,没有价值体系,也就没有道德。启蒙运动导致基督教神学的破产,随后必然是基督教理想主义价值体系的破灭,最后就是基督教道德的沦丧。卡莱基认为,启蒙思想家们试图用人的道德权威替代神的道德权威,企图把天堂地狱对人的管束转化为人的良心的自我约束,但他们最终发现,当人失去了和宇宙万物的联系,失去了和神的联系,就变得不爱神了,人们开始自爱,这也让人变得更加自私。上帝在欧洲人的信仰中死去了,在宗教上,他们成为怀疑论者,伦理道德上,他们成为玩世不恭者。对此,卡莱基评论道:"在对待道德的问题上,

---

① R. N. Coudenhove-Kalergi, *Krise der Weltanschauung*, Wien: Paneuropa Verlag, 1923, S. 14.
② R. N. Coudenhove-Kalergi, *Los vom Materialismus*, Wien: Paneuropa Verlag, 1931, S. 23.
③ R. N. Coudenhove-Kalergi, *Krise der Weltanschauung*, S. 8.
④ Ebenda, S. 16.

启蒙运动并不成功,启蒙运动消灭了旧有的基督教世界观,但没有建立起一种新的世界观。……客观上,启蒙运动为建立一种新的宗教、道德体系留下了空间。"①

在建立新的价值体系方面,卡莱基首推启蒙运动晚期的德国诗人歌德和19世纪德国哲学家尼采。"歌德是信奉宗教的,尽管他自己不是基督徒,但他相信价值。尽管他自己不是道德伦理学家,但他是一种新宗教、新道德的预言者。这个宗教是泛神论的,道德是美学的。"在卡莱基看来,歌德是个建设者,是"启蒙运动的正极"。因为"他用创新取代批判,用宗教战胜怀疑,用理性的启蒙战胜非理性的启蒙"。相比之下,法国启蒙思想家伏尔泰(Voltaire)是个破坏者,是"启蒙运动的负极"。虽然他抨击了天主教会的黑暗,但是未能建立起新的价值体系。② 在价值观创新方面,卡莱基盛赞哲学家尼采是"后基督教学说的创立者"。卡莱基认为,尼采从根本上改变了道德的价值基础,他把基督教道德的神学基础转换成活生生的、人的生命,在此基础上创建了美的价值体系。"尼采尊崇的不再是圣人,而是英雄;不是悲天悯人者,而是勇敢者;不是善良的人,而是高尚的人;不是好人,而是贵族。他用人的美学理想代替了人的道德理想。"因此,卡莱基盛赞尼采是"哲学上的哥白尼(Kopernikus der Philosophie),道德伦理学上的哥伦布(Kolumbus der Ethik)"③。在他心目当中,歌德和尼采是欧洲精神革命的领袖,他们为建立欧洲未来的宗教、思想价值体系奠定了基础,为拯救、更新欧洲的文化做出了杰出的贡献。

受到尼采哲学的启发和影响,卡莱基试图构建一种所谓"超道德"(Hyperethik)的思想价值体系。他认为,在基督教道德衰落后,应该有一种新的思想道德来替代它,新道德的价值体系和评判标准应当顺应时代进步的潮流,反映社会发展的要求。它应该是科学的,而非愚昧的,是理

---

① R. N. Coudenhove-Kalergi, *Krise der Weltanschauung*, S. 21.
② Ebenda, S. 24.
③ Ebenda, S. 26.

性的,而非感性的,这就是所谓的"超道德"。卡莱基进而解释道,"超道德"的目标是"美"(Schönheit),是向着"美"去"发展"。美是活力,是和谐,是支配宇宙万物的普遍规律。① 对"超道德"的认识是三重的:既是上帝的,也是自然和人的。受荷兰哲学家斯宾诺莎(Spinoza)的影响,他认为,上帝是不关心道德问题的。上帝创造世界的时候,没有考虑到善与恶、幸运与不幸的问题,否则世间就不会有野兽、疾病和可怕的灾难。事实上,上帝的原则是美的原则。大自然的盎然生机很好地说明了这一点:"自然只有一种指令,那就是美的指令。它命令鲜花,开放! 它命令树木,成长! 它命令动物,繁殖! 所有的生物,都要美,要强大,要发展。达到某种特定的美是所有生物的最高责任。"② 同样,卡莱基认为,作为宇宙和自然中的人,首先追求的是"超道德"的原则。特别是从人的本能来看,人追随的是宇宙万物生存、发展的法则,道德是第二位的。人类社会无处不体现着"超道德"的原则。历史上的伟人、英雄、天才、智者都是"超道德"的化身。古罗马的凯撒(Cäsar)、近代德国的歌德等都不是圣人,而是"超道德"的杰出代表。卡莱基还指出,民众都有自觉、不自觉地按照"美"的原则尊崇辉煌、奢华的倾向,他们被美的事物所鼓舞、所震撼,这种美学动力是王朝统治千百年来得以延续的主要原因之一。"超道德"的理想和精神,例如对荣誉、尊严、统治、权力的追求和向往,是世界历史发展的重要动力。③

"超道德"的思想反映了卡莱基对现代西方文化的失望和不满。他梦想着发明一种后基督教时代的道德价值体系,来阻止欧洲道德的衰落,挽救欧洲的命运。正是从这些哲学观念出发,卡莱基运用逻辑推理,逐步引申出"新贵族"的政治理念。他认为,既然"美"是自然、社会的基本法则,那么,在人类社会中,自然应该由少部分强者来统治大部分弱者,而且也只有这少部分强者才会真正信奉、拥有、遵循"超道德"的观念。就像古代

---

① R. N. Coudenhove-Kalergi, *Krise der Weltanschauung*, S. 37.
② Ebenda, S. 33.
③ Ebenda, S. 47.

的贵族和骑士,他们的理想是超道德的、浪漫的,追求的是唯美精神。①卡莱基还发现,现代市民社会是反其道而行之的:市民的理想则是道德的、现实的,追求物质利益的。② 在这样一个"道德"社会中,多数弱者统治着少数强者,完全违背了"美"的自然、社会法则。在他看来,非物质化的、少众的、专制的、唯美的古代社会,是与物质化的、大众的、民主的、唯利的现代社会相对立的。而前者无疑更能体现"美"的原则,更符合"超道德"的评价标准。因此他相信,如果欧洲想完成自我救赎,就必须摒弃现代的"唯物主义"和"玩世不恭",在精神上大力弘扬"超道德"。同时,在政治体制上用少数人的专制取代多数人的民主制。③ 卡莱基所说的少数人专制不是简单地复辟古代的贵族统治,而是对现代民主制的超越,属于后现代社会的政治体制。

对此,卡莱基解释道:"我们现在所处的时代是前后两个贵族时代的过渡期,前面的是封建武士贵族的时代,后面的是社会精神贵族的时代。封建贵族的时代正在走向消亡,精神贵族的时代正在形成之中,中间的这个过渡期叫民主时代。"④ 他称赞"贵族统治体现的是质量原则(Quantitätsprinzip)",贬低"民主体现的是数量原则(Qualitätsprinzip)"⑤。卡莱基还进一步批判道:民主选举产生不了真正的社会精英,恰恰相反,大众选出来的都是"被金钱支配的伪贵族"。"一群道德、智慧有限的大众去选择一个他们根本不认识的人。这种所谓的民主选举极易形成对大众的误导和收买,造成那些政治煽动家和大资本家当权。所谓的平等选举其实是不公正的,因为它给懒人和勤快人、给没文化的人和受到良好教育的人以同等的权力。所谓的直接选举只是让选民认识到候选人的口才,他们对候选人缺乏基本的了解。选一个人,不去

---

① R. N. Coudenhove-Kalergi, *Ethik und Hyperethik*, S. 152.
② Ebenda.
③ R. N. Coudenhove-Kalergi, *Krise der Weltanschauung*, S. 75.
④ R. N. Coudenhove-Kalergi, Neuer Adel, in: *Vossische Zeitung*, 28. 4. 1922.
⑤ R. N. Coudenhove-Kalergi, *Krise der Weltanschauung*, S. 66.

考察他的人品,却只听他的政见,这种选举会牺牲统治的质量。"为了彻底革除上述弊端,结束金钱和"伪贵族"的统治,欧洲社会"必须牺牲普遍的、平等的、直接的民主,用新贵族的统治来取代民主制"。①

对卡莱基来说,要进行新贵族统治,就必须解决以下根本问题:谁是新贵族?怎样选拔新贵族?他认为,"贵族是一少部分人。在精神和道德方面,他们是公民中的出类拔萃者,每个民族都有这样一批人"。"关键问题是,怎样找到、鉴别出这样一批精英人士。"②对此他总结道:在人类的历史上,共有四种方法可以解决这个问题:生育、革命、教育、选举。他首先摒弃了生育法,认为血统贵族的传统不值得留恋,因为"生育法是建立在这样一个认识前提下,即人通过遗传可以继承某种优良的品质。这显然是有悖于事实的"。对此,卡莱基举了一个典型的例子:"在世代相传的王朝统治中,很少看到一代又一代的君主遗传了什么优良的品质。"其次,他排除了用革命选拔贵族的可能性,因为"在革命年代……在精神、体力和行动上胜出的人成为贵族。尽管这个办法很有效,但无法让人接受,因为它的代价太大了"。最后,卡莱基设计了"教育"加"选举"的新贵族选拔方案。在教育方面,他力捧中国古代的科举考试制度,认为这是未来欧洲贵族制学习的榜样:"各个阶层的精英都可以通过考试进入国家的最高统治阶层。通过考试来挑选最有智慧的人,用学者和知识精英来进行统治。"他还告诫一战后的欧洲人,不要因为近代中国衰落了,就低估了科举考试的伟大作用,而应看到,"这样一种科考选拔制度,曾经造就了世界上最庞大、最幸福、最有文化的帝国,它的人民最正派、最知足、最和平"③。与此同时,卡莱基指出,考试制度是不完美的,它的弊端在于"忽视了品质、天资、能力等因素所起的作用。我们经常看到,学习好的人并非都是生活中的强者"。因此需要其他的方法来补充、完善选拔制度。在"选举"方面,卡莱基力荐"委员会制"。"要用一种间接选举制度代替直接

---

① R. N. Coudenhove-Kalergi, *Krise der Weltanschauung*, S. 67.
② Ebenda.
③ Ebenda, S. 69.

选举制度。领袖不是由大众直接选出的,而是由代理人间接选出,也就是委员会的体制。一开始,可以由村镇居民选举自己的领袖,这样可以保证大家对候选人是熟悉的。然后再由这些村镇领袖选举出省市的代表。最后,由省市代表选出中央委员会的代表。这种层层选举的办法可以把那些平庸的候选人排除在外。选出来的中央委员会应该代表全体人民的利益,无论其财产多少。"①卡莱基还梦想着,由选举产生的社会贵族组成上院,由考试选拔出来的精神贵族组成下院。有了两院制的互补优势,作为统治阶级的新贵族一定能够带领大众向着更高级的、更"美"的社会目标前进。②

　　卡莱基的"新贵族"政治思想,基本属于魏玛德国时期"保守革命"的思想范畴。这种思想既区别于极端保守派的王朝复辟梦想,也不同于列宁的激进革命主张。"保守"特指反对资产阶级自由思想和西方民主制的政治立场,"革命"特指与魏玛民主制决裂的激进态度。③ 一战中德国战败,德皇退位。战后在德意志的土地上建立了第一个西方意义上的议会民主制国家——魏玛共和国。魏玛共和国建立之初,国内共产党人的起义与君主派的复辟接踵而来。在国外,法、英等战胜国强迫德国履行惩罚性的凡尔赛和约。德国国内民怨沸腾,民族主义情绪高涨。面对这种内忧外患的危机局面,一批右翼社会精英纷纷发表言论,表示他们对西方文明前途的担忧,表达对西方民主制的不满。他们不相信舶来的议会民主制能够肩负起德意志民族复兴的伟大使命,梦想着建立由少数精英统治的专制社会,来挽救德国和欧洲的命运。像当时的哲学家施本格勒,就是"保守革命"思想的代表人物之一。他慨叹西方文明的衰落,对于德国和欧洲未来的政治制度,他认为,"一个民族迫切需要精英的领导"。他预

---

① R. N. Coudenhove-Kalergi, *Krise der Weltanschauung*, S. 70.
② Ebenda, S. 77.
③ Heinrich August Winkler, *Der lange Weg nach Westen*, Erster Band, München: Beck, 2000, S. 464.

言,欧洲社会专制主义的征兆很快就会更加清晰、更加自觉,而且一览无余。① 卡莱基的"新贵族"思想与这种"保守革命"的思想最为接近。这两种认识都崇拜权威,崇信精英领导,在反对君主制复辟的同时,怀疑西方的议会民主制。需要指出的是,卡莱基的政治观不具有"保守革命"思想中的民族主义内容,这一点与他后来倡导"泛欧"联合思想也是一致的。

卡莱基保守的"新贵族"政治观,对其"泛欧"联合的理论与实践都产生了影响。在理论方面,卡莱基对"泛欧"前途的认识是非民主的。早在"泛欧"运动伊始,卡莱基就号召:"欧洲大陆上的所有民主国家在政治、经济上统一起来,建立一个强大的、有生命力的联邦制国家。"②但这并不等于说,"泛欧"联合的政治内涵是西方自由主义、民主主义的。事实上,卡莱基对民主制仅仅采取了"合作"的态度。③ 在他看来,既然一战后欧洲大部分国家的民主派赢得了胜利,那么就只能承认现实,在此基础上先联合起来,因为总不能"在欧洲各国发动战争,推翻资本主义民主制度,然后再搞欧洲联合"。④ 对于"欧洲合众国"的未来,卡莱基从不认为是民主主义的。相反,他强调:"我对精神贵族的前途和必要性的看法没有改变。"⑤在"泛欧"联合的实践方面,卡莱基同样对联络欧洲的保守势力情有独钟。卡莱基标榜"泛欧"联合是"超党派"的⑥,"是一项外交方案,它不涉及党派利益"。⑦ 为了争取广泛的支持,卡莱基既与民主国家合作,又寻求法西斯独裁国家或其他专制国家的支援。他既结交法国外长白里安、英国首相丘吉尔(Churchill),又成为意大利"元首"墨索里尼

---

① 奥斯瓦尔德·斯宾格勒:《决定时刻——德国与世界历史的演变》,吴琼译,上海:上海人民出版社,2009年,第147页。

② R. N. Coudenhove-Kalergi, Das Pan-Europa-Programm, in: *Paneuropa*,1924,Heft 2, S. 3.

③ Kurter Hiller contra Coudenhove, Zwei offene Briefe, in: *Paneuropa*,1929,Heft 7, S. 18—19.

④ Ebenda.

⑤ Ebenda, S. 18.

⑥ R. N. Coudenhove-Kalergi, *Paneuropa ABC*, Wien: Paneuropaverlag, 1931, S. 30.

⑦ Ebenda, S. 24.

(Mussolini)和奥地利首相陶尔菲斯的座上客。① 无论是民主派,还是大独裁者,只要有利于"泛欧"联合的事业,卡莱基都积极联系。② 即便如此,卡莱基在"泛欧"联合的实践中,还是逐渐地、不可避免地暴露出自己的政治倾向。在政治上,他最终与欧洲的保守派意气相投,走到了一起。二战期间,卡莱基流亡美国,继续在美宣传"泛欧"联合思想。在这里,他与流亡中的奥地利正统派复辟分子打得火热。这些人一心梦想着在战后恢复奥地利的君主制,重建哈布斯堡王朝的统治。卡莱基与前皇储、奥匈帝国末代皇帝卡尔·哈布斯堡的长子奥托·冯·哈布斯堡(Otto von Habsburg)往来频繁,为他提供外交方面的咨询,两人的友谊一直持续到战后。50年代后期,在卡莱基的安排、支持下,奥托·哈布斯堡当选为"泛欧联盟"副主席。卡拉基又很快宣布他为主席的接班人。1972年卡莱基去世,奥托·哈布斯堡成为"泛欧联盟"主席。至此,"泛欧运动"的保守主义政治立场一览无余。

---

① 两战期间的奥地利是保守、专制的国家。
② R. N. Coudenhove-Kalergi, *Paneuropa ABC*, S. 25.

第三章

"泛欧"思想中的英国观

早在20世纪八九十年代,国内的一体化史通史研究就指出,所谓"泛欧"主义是指欧洲大陆联合,不包括英联邦,但是要同英联邦保持密切的联系。① 国外的一体化通史研究也提到,卡莱基认为,英国为了维护自身在帝国的利益,不会加入欧洲联合。② 但上述观点仅限于只言片语的粗略介绍,未能深入、全面、细致地阐释,卡莱基究竟为何要摒英国于"泛欧"联合之外。本章将对此问题展开进一步的探讨。

一、"大国"时代的英帝国

卡莱基的"泛欧"观念属于近现代欧洲联合思想范畴,是对

---

① 陈乐民:《"欧洲观念"的历史哲学》,第201页;郭华榕、徐天新主编:《欧洲的分与合》,第300页。

② 国外相关欧洲一体化通史研究,参见:Peter M. R. Stirk, *A History of European Integration since 1914*, pp. 27－28; Carl Hamilton Pegg, *Evolution of the European Idea: 1914—1932*, p. 28. 国外相关卡莱基人物研究,参见:Patricia Wiedemer, The Idea behind Coudenhove-Kalergi's Pan-European Union, in: *History of European Ideas*, Vol. 16, 1993, p. 828; Ralph T. White, The Europeanism of Coudenhove-Kalergi, in: Peter Stirk (ed.), *European Unity in Context: The Interwar Period*, p. 33; Vanessa Conze, *Richard Coudenhove-Kalergi, Umstrittener Visionär Europas*, S. 21; Anita Ziegerhofer-Prettenthaler, *Botschafter Europas: Richard Nikolaus Coudenhove-Kalergi und die Paneuropa-Bewegung in den zwanziger und dreißiger Jahren*, S. 77.

以民族国家为主体的近现代国际关系的反思与超越。它不像德意志的"中欧"(Mitteleuropa)思想,既没有争夺欧洲大陆霸权的阴谋,更没有憎恨、削弱乃至消灭英帝国的敌意。卡莱基对英欧关系的看法不是孤立、静止的,而是以国际关系的宏观认识为背景,是不断变化发展的。他认为,19世纪是欧洲主宰下的全球化时代,英国无疑是欧洲列强最有力的代表,是欧洲命运共同体的组成部分。第一次世界大战结束后,区域化时代来临,英帝国蜕变成为独立的、与大陆欧洲平行共存的区域联合体,英国与欧洲命运共同体渐行渐远。因此,英国不包括在"泛欧"联合之内。

在近现代欧洲思想的谱系中,卡莱基的"泛欧"观念属于欧洲联合思想范畴。从16、17世纪民族国家兴起以来,欧洲思想界就不断出现有关超越现行主权国家体系、建立某种超国家组织的思考。例如,在18世纪,法兰西科学院院士圣-皮埃尔提出,要想在欧洲实现永恒的和平,就必须建立欧洲联邦。德国哲学家康德对"以联邦求和平"的主张做出了系统的理论论证。① 又如,在19世纪,意大利统一运动的倡导者马志尼认为,应该建立一个欧洲共和联邦。② 法国作家雨果也呼吁建立"欧洲合众国"等。③ 这些思想都反对大国霸权,反对战争,提倡欧洲各国的联合,以期实现永久的和平,无疑具有历史的进步性。卡莱基继承了近代以来的欧洲联合思想,并使之在20世纪上半叶获得了空前的发展。

然而在德意志地区,还存在着另一种所谓的"欧洲"思想,即代表着德意志大陆霸权图谋的"中欧"观念。在现实政治中,它经常以"欧洲"的面目出现。在思想联系上,无论"中欧"还是"泛欧"观念,都与德国的"大空间"理论关系密切。一时间各种"欧洲"思想夹杂在一起,确实让人难以分辨,哪些是真正的欧洲联合主张,哪些是美化、粉饰帝国主义的宣传,这也是英国对德语区"欧洲"思想心怀疑虑、保持警惕的重要原因之一。

---

① 胡谨、郁庆治、宋全成:《欧洲早期一体化思想与实践研究》,第2—14页。
② 计秋枫、洪邮生、张志尧:《欧洲统一的历程与前景》,第34页。
③ 皮埃尔·热尔贝:《欧洲统一的历史与现实》,北京:中国社会科学出版社,1989年,第18页。

早在 19 世纪上半叶,德意志历史经济学派的先驱人物弗里德里希·李斯特(Friedrich List)就提出,德意志地区以及周边国家的经济、政治应联合起来,要充分利用"大空间"的区域优势,来对抗英国的海上优势。[①] 在李斯特生活的年代,德意志第二帝国尚未建立,其"大空间经济"说为促进德意志民族统一发挥了积极作用,因而具有历史的进步性。随着德意志帝国的建立、崛起,"大空间"思想的内容、本质发生了改变,逐步沦为德意志帝国主义"中欧"扩张论。一战中,德国政治家弗里德里希·瑙曼(Friedrich Naumann)呼吁,联合英国和俄罗斯之间广阔的欧洲区域,用"中欧"大陆经济对抗英国海军统治下的自由世界贸易体系。[②] 一战后,德国割让部分领土,丧失了全部海外殖民地,"生存空间"受到严重挤压。德国地缘政治学家豪斯霍费尔认为,为了保证德国的战时经济自给,德国应该开拓欧亚大陆"大空间"。[③] 纳粹时期,德国著名法学家卡尔·施密特(Carl Schmitt)表示,要效法美国的"门罗宣言",弘扬"欧洲人的欧洲"精神,制定"大空间区域"国际法。[④] 实际上,他是在利用"欧洲"的名义为纳粹的侵略扩张正名。而纳粹"大空间经济"说的奠基人维尔纳·戴茨(Werner Daitz)则赤裸裸地谈道,"大空间"时代意味着世界政治、经济结构的根本性转变,英国主宰下的海洋自由贸易体系解体,代之以纳粹统治下的"中欧"大陆经济。[⑤]

我们认为,"中欧"思想与"泛欧"观念存在着本质的不同。第一,前者

[①] 弗里德里希·李斯特:《政治经济学的国民体系》,北京:商务印书馆,1997 年,第 342—354 页。

[②] Friedrich Naumann, *Mitteleuropa*, Berlin: Reimer, 1915, S. 164—165.

[③] Karl Haushofer, *Der Kontinentalblock: Mitteleuropa-Euroasien-Japan*, München: Eher, 1941, S. 4.

[④] Carl Schmitt, *Völkerrechtliche Großraumordnung mit Interventionsrecht für raumfremde Mächte*, Berlin: Deutscher Rechtsverlag, 1941, S. 12—22.

[⑤] Werner Daitz, Denkschrift zur Errichtung eines Reichskommissariats für Großraumwirtschaft, 31. 5. 1940, in: Hans-Werner Neulen, *Europa und das 3. Reich: Einigungsbestrebungen im deutschen Machtbereich 1939—1945*, München: Universitas Verlag, 1987, S. 72.

的理论基础是国家,后者是"超国家"。第二,前者争夺欧洲乃至世界的霸权,具有明显的帝国主义和霸权主义性质。后者争取欧洲各民族的平等联合,具有反霸的性质。第三,前者热衷谈论战争手段、加强军备、保证军事经济安全等问题。后者反对战争,呼吁裁军,希望实现永久的和平。第四,前者认为,英帝国走向瓦解,英国形单影只,被迫向"新欧洲""新秩序"俯首称臣。后者认为,英帝国将长期存在,虽然英国属于帝国,不属于"欧洲",但它仍可与"欧洲"保持合作伙伴关系。

事实上,卡莱基并非从一开始就摒英国于欧洲命运共同体之外。当他谈论19世纪的历史时,英国是欧洲列强政治最重要的组成部分,是那一时期欧洲集团的霸主和领袖。卡莱基生于19世纪末、20世纪初,此时正是欧洲文明巨浪席卷全球的时代,更是西方殖民者在全世界掀起瓜分殖民地狂潮的时期。在欧洲列强的扩张下,亚洲古老的帝国分崩离析,丧失了独立自主的能力,不同程度地沦为欧洲的附庸,中国、土耳其、波斯沦为半殖民地,印度则完全沦为殖民地。非洲被瓜分,除了利比里亚和埃塞俄比亚之外,整个非洲大陆变成了欧洲列强的殖民地。欧洲列强对殖民地的影响不仅是政治压迫,还有经济剥削和文化侵略,欧洲的霸权、影响全方位地渗透到全球的每一个角落。因此,卡莱基的思想明显带有时代的烙印:每当他谈起19世纪的欧洲,都会不自觉地流露出自豪感,虽说不上是得意洋洋,却也情真意切,无法掩饰他对这段历史的留恋。毕竟,那时的欧洲处在辉煌的权力顶峰,"19世纪是欧洲统治世界的时代"①。

卡莱基的论断包括了他对19世纪世界格局及英欧关系的三重基本认识。第一,19世纪的世界是一统的、单级的、全球化的,而非分裂的、多极的、区域化的。卡莱基的认识基本反映了历史现实,19世纪全球化的本质就是欧化,尽管美国此时正在悄然崛起,并将美洲大陆划作自己的势力范围,却也无法撼动欧洲的世界霸权,19世纪的欧洲就是世界,世界就是欧洲。第二,欧洲列强是一体的。当前国际上的全球史研究愈发注意

---

① R. N. Coudenhove-Kalergi, *Pan-Europa*, S. 13.

到,殖民化是19世纪下半叶世界历史进程的重要特征之一,意义重大而深远。① 殖民化给国际关系带来了新变化、增添了新内容,除了原有的欧洲列强平行竞争的关系外,列强对殖民地的垂直统治关系是这一时期的显著特点。卡莱基显然认识到了这一变化,尤其注意到了宗主国与殖民地的巨大反差:殖民地的文化多样,政治、社会组织形态各异,经济贫穷落后;而欧洲宗主国拥有共同的基督教文化背景、相近的民族国家秩序、接近的工业化发展水平。殖民地国家处于被剥削、被压迫、被占领、被肢解、甚至被消灭的悲惨境地;而欧洲殖民列强则高高在上,处于统治、支配的地位。正是从近代化国家和殖民统治集团的意义出发,卡莱基把欧洲列强视为一个整体。第三,英国是欧洲列强集团的领导者。英国在19世纪的霸权是世界范围的,英国统治下的帝国包括亚洲、非洲、美洲和澳大利亚的大片地区,英国海军力量统治着各大洋,英国的贸易扩展到全世界,英国在长时间内被认为是世界金融和工业的中心。在19世纪的下半叶,英国在世界事务中都起着领导者的作用,它的文化、经济、政治和社会的制度被移植到全世界各个地区。② 在卡莱基眼中,英国是欧洲列强最典型的代表,英国的霸权是欧洲霸权最强有力的体现,正是因为不列颠"日不落"帝国的扩张,欧洲的列强政治才更具世界性,英国无疑是欧洲列强中最富有、最强大、最活跃、最有影响力的国家,因此卡莱基将它列于俄罗斯、德国、奥匈帝国、法国和意大利诸强之首。③

然而,一战彻底改变了19世纪以来的世界政治格局,"……今天的欧洲失去了世界霸权,它变得贫穷、软弱……"④在卡莱基看来,一战后,由欧洲主宰下的全球化时代结束了,世界开始步入区域化时代。事实上,这

---

① Jürgen Osthammer, *Die Verwanderung der Welt-eine Geschichte des 19. Jahrhunderts*, München: Beck, 2009, S. 565—570.

② F. H. 欣斯利编:《新编剑桥世界近代史》,中国社会科学院世界历史研究所组译,北京:中国社会科学出版社,1987年,第11卷,第531页。

③ R. N. Coudenhove-Kalergi, *Pan-Europa*, S. 13.

④ R. N. Coudenhove-Kalergi Amerika und Paneuropa, in: *Paneuropa*, 1925/1926, Heft 4, S. 6.

种新型的国际关系早在一战前就已经破土发芽了。1826年,在南美独立运动领袖玻利瓦尔(Bolivar)的推动下,一些拉丁美洲国家在巴拿马举行代表会议,它标志着"泛美"联合运动的开端。第一次真正意义上的"泛美"会议于1889年在华盛顿召开。① "泛美"组织是国际关系中一道崭新的风景线,它不像过去的军事同盟组织,不以战争为目的,不针对区域内部某些国家,该组织的目的是保证区域内部和平,促进合作关系。对此卡莱基称赞道,"泛美"组织开区域化时代之先河,具有里程碑式的重要意义。一战后,随着欧洲的衰落、殖民地的独立及美苏等大国的崛起,世界多极化趋势加强,卡莱基就此断言,世界上正在形成美利坚、不列颠、俄罗斯、东亚、欧洲五大国家联合体,区域化的时代到来了。② 同时期的地缘政治学家豪斯霍费尔也表示,按照大陆地缘政治的原则,小国纷纷与周边大国结成大陆国家集团,这是一战后国际关系的新特点。③ 受到这种思想的影响,卡莱基强调,新的区域联合体大多盘踞在各自的大陆上,显示出极强的大陆地缘特征,像"泛美"组织盘踞在美洲,俄罗斯帝国横跨欧亚,东亚区域联合体依靠中国大陆,而欧洲大陆也终将成为世界的一极。不过,与豪斯霍费尔相比,卡莱基更加关注区域联合体的组织结构。他认为,这种新型的国际关系主体具有以下特征:第一,它一般由多民族组成,比如苏联是一个多民族的国家联盟,它包括俄罗斯、白俄罗斯、乌克兰、格鲁吉亚、鞑靼、亚美尼亚等各民族。第二,其成员高度自治,且彼此平等。比如"泛美"组织由多个美洲大陆民族国家组成,组织内各民族独立、平等。第三,国家联合体的性质是邦联或者联邦。它可能从区域性的会议组织起步,然后经过邦联,最终发展成为联邦。④

卡莱基所说的不列颠国家联合体就是今天意义上的英联邦,它是由

---

① R. N. Coudenhove-Kalergi, Panamerika-Paneuropa, in: *Vossische Zeitung*, 25. 3. 1924.
② R. N. Coudenhove-Kalergi, *Pan-Europa*, S. 22.
③ Karl Haushofer, *Weltpolitik von heute*, Berlin: Zeitgeschichte-Verlag, 1934, S. 20.
④ R. N. Coudenhove-Kalergi, Drei Jahre Paneuropa, in: *Paneuropa*, 1926, Heft 10, S. 13.

19世纪的英帝国逐渐演变、发展而来的。在卡莱基看来,第一次世界大战后,不列颠帝国逐步丧失了世界帝国的特性,萎缩、蜕变成为一个与苏联、泛美、东亚、欧洲平行存在的区域。英帝国的地缘政治态势也随之发生了改变,英帝国不再是纯粹的海上世界帝国,而是表现出一定的大陆地缘特征。卡莱基对此解释道,一战后的英帝国已经从海上帝国转变为"大陆间帝国",它主要包括了非洲、阿拉伯世界、印度和澳大利亚等地,从开普敦经苏伊士,过加尔各答、新加坡,最后到悉尼,一条横跨非、亚、澳三大洲的地缘政治连线清晰可见。依据其"大陆间"殖民地形成的战略空间,英帝国与其他大陆区域形成对峙、共存的局面。①

对于英帝国成功转型的原因,卡莱基总结有以下两点:首先,英帝国是一个政治文化共同体,这是它大而不乱、变而不散的坚实基础。卡莱基对历史上英国殖民统治的有效性称赞有加。英帝国分散在世界五大洲,本身缺乏地理上的紧密联系和便利条件,但是英国靠着"国家智慧"的坚定领导,同时辅之以语言、文化、法律等多层面、多渠道的渗透和影响,把偌大的殖民地聚拢、统治在一起,形成了一种"既不是欧洲,也不是亚洲、澳大利亚、美国,甚至不是英国的"帝国政治文化统一体。② 而印度无疑是英殖民统治的样板,"在这里说的是英语,移植的是英国的法律"③。在卡莱基眼中,英国与各殖民地之间的关系,不是简单的占领与被占领、剥削与被剥削的关系,而是全方位、多层面地结合在一起,因而是密不可分的。

其次,英国顺应历史潮流,及时调整宗主国与殖民地的关系,承认殖民地的自治,这是不列颠帝国得以保全的重要原因。卡莱基的观点基本反映了客观事实。在历史上,英国的殖民统治确有显著的特点。与法国、西班牙等国的专制殖民统治相比,英国的殖民地拥有民选代议制机构,可以不同程度地参与公共事务。1839年,英国驻加拿大总督德拉姆公爵提

---

① R. N. Coudenhove-Kalergi, *Pan-Europa*, S. 22—23.
② R. N. Coudenhove-Kalergi, Paneuropa, in: *Vossische Zeitung*, 15. 11. 1922.
③ R. N. Coudenhove-Kalergi, Pan-Indien, in: *Paneuropa*, 1931, Heft 2, S. 54.

出报告,建议英国在一定程度上承认加拿大殖民地的既有权力,允许殖民地实行代议民主制,建立责任政府。按照这一精神,19世纪下半叶到20世纪初,加拿大、澳大利亚和南非等前英殖民地相继自治。第一次世界大战后,英国慑于日益高涨的殖民地民族解放运动,进一步调整了同英帝国成员之间的关系。1926年"英帝国会议"的帝国内部关系委员会提出,英国和已经成为自治共和国的加拿大、澳大利亚、新西兰和南非是"自由结合的英联邦成员","地位平等,在内政和外交的任何方面互不隶属,唯有依靠对英王的共同效忠精神统一在一起"。1931年,《威斯敏斯特法案》从法律上对此予以确认,英联邦正式成立。英联邦酝酿、形成的时期,恰恰是卡莱基提出"泛欧"联合思想、发起"泛欧"运动的时期,英国的适应、调整能力给他留下了深刻的印象。他亲眼目睹了那种属于近代的、垂直统治的殖民帝国模式,正在转变成为现代的、平行的国家联合体模式,英帝国充分顺应了"向内追求自治,向外追求联合统一"的区域化时代潮流,这是它在现代得以延续的根本原因。① 与卡莱基的上述观点不同,戴茨等人对英帝国前景的认识颇为敌对、极端。他们一厢情愿地认为,在"大空间"时代来临之际,英帝国的殖民地都将纷纷独立,并与周边国家结成新的大陆区域共同体,英国对此无力回天,海上帝国将遭受灭顶之灾。② 这种观点在一战后的德意志地区,特别是在右翼、极右翼政治势力中相当普遍。

相对于英帝国的成功调整,欧洲大陆的政治、经济却呈现出四分五裂的衰败局面。奥匈帝国在一战中消亡,德意志帝国在战后遭到部分肢解,在它们原有的土地上,成立了一系列独立的民族国家。一战后欧洲共有35个独立国家,其中16个人口不到1千万。欧洲大陆内部增添了7000

---

① R. N. Coudenhove-Kalergi, *Pan-Europa*, S. 21.
② Werner Daitz, Die europäische Großraumwirtschaft - Geschichtliche Grundlagen und natürliche Voraussetzungen, in: Sonderdruck aus Folge 22/1939 der Zeitschrift „der Vierjahresplan", in: BA R 43II/311, S. 23.

公里的新边界。① 不仅是战败国德、奥势微,就连战胜国法国、意大利,影响、势力也都在减小,"法国龟缩在莱茵河流域,意大利蜷缩在亚得里亚海"。尽管如此,欧洲国家仍不汲取战争的历史教训,依旧奉行强烈的民族主义政策。卡莱基焦虑地指出,欧洲大陆上星罗棋布的小国是无力对抗美、苏等区域化大国的。如果它们在短时间内不能改变现状,就会被崛起的"世界大国"分食掉。为此,他呼吁欧洲大陆国家放弃彼此间的猜忌和仇恨,联合起来。②

显然,卡莱基倡导的"泛欧"联合不包括英国,从近现代国际关系走势出发,他判断区域化的时代即将来临。英国及其帝国已蜕变、演化为区域共同体之一,英帝国与"欧洲"是两个独立存在的区域,它们之间互不隶属,是平行发展的关系,因而英国不在"泛欧"联合之内。然而仅仅凭借着对外部国际关系的认识,还不足以使卡莱基下定决心"排除英国",他还要回顾、总结欧洲的历史,观察、思考欧洲的现实,借助欧洲内部的经验和智慧,来佐证、强化"小欧洲"联合的结论,为"泛欧"联合指明道路。

二、排除英国的"小欧洲"联合

无论是"小德意志"统一的历史经验,还是一战后英欧关系的发展现实,都让卡莱基清醒地认识到,英国肯定不会主动退出历史舞台,放弃帝国统治,加入到"欧洲"大家庭当中来。相反,她随时准备为了英帝国去牺牲"欧洲"的利益。因此,必须排除英国,放弃"大欧洲"的幻想,坚定不移地走"小欧洲"联合的道路。与此同时,卡莱基反复强调"泛欧"的反霸性质,一再重申英欧互利合作的重要性。他的宣传表白具有很强的针对性,与英国对德意志地区"中欧"诉求的猜疑、警惕密切相关。

在近代欧洲的历史上,从来不乏欧洲和解、和平、联合的美好愿望,但

---

① „Aufbau der deutschen Wirtschaft", 9. Juli 1940, Bundesarchiv R 43II / 311, Bl. 44.
② R. N. Coudenhove-Kalergi: Paneuropa, in: *Vossische Zeitung*, 15. 11. 1922.

它们都无一例外地止步于乌托邦梦想,无法付诸实践,未能对欧洲的现实政治产生重要影响。正如卡莱基所言:"欧洲合众国的理想由来已久,但它一直停留在书本上,未能成为一项切合实际的政治主张。"①究其原因,一方面归于客观历史条件的限制:一战前,欧洲享有世界霸权,欧洲民族国家正处在发展上升阶段,这一时期,"超国家"的政治、经济联合缺乏现实动力。另一方面也有人的主观因素:近代欧洲联合思想的先驱们多从良好的愿望出发,以抽象的哲学思辨为基础,追求欧洲各国的大联合,甚至是世界联合,远远地脱离了实际。例如,18世纪法国圣-皮埃尔设想的"欧洲联邦"就包括了欧洲所有的大国。德国著名哲学家康德的"以联邦求和平"的思想,不仅涉及"欧洲各民族"的联邦,还泛指"世界联邦"的大同社会。再如,19世纪法国大文学家雨果曾预言,英、俄、法等欧洲国家将融合在一个整体中。② 这些美好的愿望、理想都没有根据现实的可能性,去考虑、界定一个具体的联合范围,因而不具备可操作性。卡莱基总结了前人的经验教训,他敏锐地认识到,要想实现欧洲联合的理想,就必须紧密联系实际,有所取舍,放弃追求大而全的欧洲。卡莱基的观点不仅体现了他的远见卓识,更展现了他的政治魄力。在他所处的时代,还没有哪个政府、团体或社会精英人物,敢于冒着招惹事端的风险,高谈阔论摒弃某些国家的欧洲联合。而卡莱基从"泛欧"运动伊始就力排众议,大胆、明确地提出,把英国排除在"泛欧"联合之外。

毫无疑问,无论是在地理、宗教,还是在政治、经济方面,英国都是欧洲天然组成部分。英国位于欧洲大陆西北侧的不列颠群岛,隔英吉利海峡与大陆遥遥相望,与欧陆的地理关系十分密切。从宗教上讲,英国是新教国家,属于欧洲基督教世界。从政治文化上来说,英国开近代议会民主制的先河,是西方议会民主制的开创者和传播者,在她的影响下,一战后德、奥等欧洲国家施行了议会民主制改革。英国还是最早的工业化国

---

① R. N. Coudenhove-Kalergi: *Pan-Europa*, S. 39.
② 胡瑾、郇庆治、宋全成:《欧洲早期一体化思想与实践研究》,第4、11、14页。

家,工业革命发轫于英国,而后扩展到整个欧洲。对很多"泛欧"运动的支持者来说,即便英帝国自成一体,英国还是可以摆脱帝国加入"欧洲"的,甚至连同整个帝国加入"欧洲"也未可知。总之,一个没有英国的"欧洲"联合是完全不可以想象的。对卡莱基而言,英欧关系的确是一个棘手的问题,它存在着太多的可能性、不确定性甚至危险性,充满着太多的政治诱惑、困惑乃至迷惑。在面临抉择的重要时刻,卡莱基将目光投向了哺育、培养自己成长的德意志地区,他要在德意志的文化土壤中汲取力量,要用德意志民族统一的历史来烛照"欧洲"的未来。事实上,在思考、认识欧洲是否会统一、欧洲统一发展阶段等重大理论问题时,卡莱基一直就非常倚重德意志民族统一的历史经验。1932年7月,他在给德国著名工业家、鲁尔好望钢铁厂(Gutehoffnungshütte)董事长及总经理保罗·罗伊施(Paul Reausch)的信中写道,欧洲统一之路与德意志民族统一的道路相仿。1815年,松散的德意志邦联成立,1871年,德意志帝国建立。德意志民族的统一经历了从松散的邦联到统一国家的不同发展阶段。据此卡莱基认为,两战间的欧洲正处在向邦联过渡的阶段,并会最终向着"欧洲合众国"的既定目标前进。①

同样,在英国是否参加欧洲联合的问题上,卡莱基用"小德意志"方案(Kleindeutsche Lösung)来加以对照、比较、思考,从中得出了清晰、具体的结论。在历史上,德意志地区在走向统一之前,是一个由38个主权邦国组成的松散联合体,它包括了自由市、王国、大公国、侯国及奥地利帝国的部分地区。这个所谓的"德意志邦联",根本没有统一的国家主权和意志,基本上延续了中世纪的封建割据分裂状态。② 1848年,在德意志地区爆发了资产阶级民族民主革命,资产阶级民主派在美茵河畔法兰克福的保罗教堂(Frankfurter Paulkirche)召开了首届国民议会,讨论立宪和统一的问题。就统一而言,当时存在着两派对立意见。一派拥护理想的"大

---

① R. N. Coudenhove-Kalergi an Herrn Paul Reusch, 12. Juli 1932, in: GHH 400 101 320/98, S. 4.

② 丁建弘:《德国通史》,上海:上海社会科学出版社,2003年,第167页。

德意志"方案(Großdeutsche Lösung),即建立一个包括奥地利在内的、统一的德意志民族国家。尽管奥地利的德意志人拥有自己的帝国,统治着匈牙利、捷克、斯洛伐克等东欧民族,并因此与德意志诸邦貌合神离,但"大德意志"派还是天真地、一厢情愿地认为,奥地利是德意志民族不可分割的组成部分,奥地利的德意志人应该抛弃帝国统治,加入统一的"大德意志"民族国家中来。另一派赞同务实的"小德意志"方案,即把奥地利排除在德意志统一的历史进程之外,同时保持和奥地利帝国的友好合作关系。① "小德意志"派清醒、理智地看到,光有民族感情、热情、豪情是不能成事的,奥地利绝对不肯放弃帝国统治,不会自愿加入到德意志民族大家庭当中来。历史证明了后者的远见卓识,德意志民族的统一正是沿着"小德意志"的道路前进发展的。

小德意志统一的历史经验,赋予了卡莱基以下几点重要启示:首先,不要对毗邻的帝国抱有幻想,帝国不会自行结束统治,主动加入到地区联合的进程中来。在历史上,法兰克福的国民议会向奥地利发出了问询,是否有可能放弃帝国,加入"大德意志"民族国家。奥首相施瓦岑贝格(Schwarzenberg)断然拒绝了所谓的"大德意志"方案,他认为,这是以肢解、消灭奥地利帝国作为前提的,是绝对不能令人接受的。② 其次,帝国难改霸权主义的本性,它不仅不会加入地区联合,还很可能会恶意阻挠、破坏这一进程。面对德意志民族统一的革命浪潮,奥首相施瓦岑贝格不得不"与时俱进",挖空心思地设计了一个"大奥地利"方案(Großösterreichische Lösung),即奥地利连带整个帝国加入德意志地区的联合,然后组成一个松散的邦联。这样,奥地利帝国的3千8百万人口多于德意志帝国的3千2百万人口,奥地利仍据优势、主动的地位。德意志的爱国者们当然无法接受这样的方案,他们要的是德意志民族国家的

---

① Thomas Nipperdey, *Deutsche Geschichte 1800—1866*, *Bürgerwelt und starker Staat*, München 1998, S. 656.

② Ebenda, S. 657.

主权,而不是奥地利帝国的霸权。① 最后,地区联合要与周边的帝国保持良好的合作关系。"小德意志"统一与奥地利霸权之间的矛盾,最终是通过军事斗争来彻底解决的。在1866年的普奥战争中,普鲁士打败奥地利,为"小德意志"统一扫除了障碍。战后,德皇听取了首相俾斯麦的建议,没有羞辱战败的奥地利,而是和它保持了合作关系②,这为后来德意志帝国在欧洲站稳脚跟奠定了不可缺少的政治基础。总而言之,卡莱基认识到,请毗邻的大帝国来参与地区联合的想法纯属痴心妄想,因为帝国总会为了自身的利益去牺牲地区联合的利益,就像奥地利帝国为了自己的王朝利益总想牺牲德意志的利益一样。③

在卡莱基看来,上述19世纪德意志民族统一的历史经验和政治智慧,是完全可以套用在20世纪欧洲联合的问题上的。他甚至自负地表示过,正如19世纪的德意志有俾斯麦的"小德意志"联合方案,20世纪的欧洲也有卡莱基的"小欧洲"联合方案(Kleineuropäische Lösung)。虽然卡莱基自比俾斯麦,对"小欧洲"联合的前景颇具信心,但他的这项主张在当时并非一呼百应。恰恰相反,不少知识精英、政府官员都是"大欧洲"联合(Großeuropäische Lösung)的拥护者,支持英国加入"欧洲"的呼声一度很高。例如,1927年12月,柏林政治学院的地缘政治系举行了"泛欧"系列讲座。魏玛政府前部长科赫·韦泽(Koch Weser)发表了讲演,他认为,现代交通技术把英国和欧洲大陆紧密地连接在一起,"泛欧"运动应该积极主动,努力促成"大欧洲"联合的实现。④ 卡莱基批判了这种观点,从"小德意志"统一的历史经验出发,他认为,让英国主动脱离帝国,加入到欧洲联合的进程中来,这纯属乌托邦式的幻想。因为"如果英国加入泛欧,加拿大也会加入泛美",英帝国就会分崩离析,并最终消亡。英国决不

---

① Thomas Nipperdey, *Deutsche Geschichte 1800—1866, Bürgerwelt und starker Staat*, München 1998, S. 657.
② 丁建弘:《德国通史》,第217页。
③ R. N. Coudenhove-Kalergi, *Pan-Europa*, S. 42.
④ England und Paneuropa, in: *Vossische Zeitung*, 9. 12. 1927.

会让这种情况发生,她决不会为了欧洲联合牺牲帝国的利益。针对上述批驳,"大欧洲"联合的拥趸们又出台了一个"两全其美"的方案,即整个英帝国加入欧洲联合,这样,英国既能加入"欧洲",又能同时保住帝国。在卡莱基看来,这哪里还是什么"大欧洲",分明就是一个超级大英帝国的阴谋:"一个包括澳大利亚、加拿大和南非的欧洲,那就不是欧洲了,而是跨大洲的世界帝国。"①这个超级复合体要么沦为英帝国的附庸,要么让它拖垮:"它在国际上根本没有一致行动的能力,直至自己完全崩溃。"②卡莱基坚信,只有抛弃种种不切实际的、自毁长城式的幻想,坚定"小欧洲"联合的信念,"泛欧"联合的道路才会越来越明朗,越走越宽广。

不仅"小德意志"统一的历史经验让卡莱基下决心,摒英国于欧洲联合之外,一战后英欧关系的现实发展也让他清醒地认识到,英国参加欧洲联合是不可能的,她的战略重心依旧在帝国。首先,英国一如既往地对欧洲大陆采取势力均衡政策。一方面,她牵制战胜国法国,防止其过度强大,阻止其谋取欧洲大陆霸权。另一方面,她同情、扶植战败国德国,不使其过度削弱,以致丧失抗衡法国的能力。在战后割地、赔款等重大政治问题上,英国都采取了这种做法,其用心昭然若揭:只有法德势均力敌、矛盾重重,英国才有统治、驾驭欧洲政治的可能,才能维护自身的霸权地位。对此,卡莱基见怪不怪、习以为常,称英国的做法是"一贯的"。③ 其次,英国始终对欧洲大陆保持着距离,保持着置身局外的超然姿态。这种距离感是由其岛国位置所决定的,英国似乎乐于盘踞在海岛之上,对欧陆保持着孤立、割据的状态。一战后,欧洲大陆国家曾热议修建英吉利海峡海底隧道,加强海峡两岸的政治、经济、社会联系,而英国却冷冰冰地拒绝了这项建议。对此,卡莱基评论道,这太容易理解了,英国的利益、兴趣根本就

---

① R. N. Coudenhove-Kalergi, *Pan-Europa*, S. 43.
② Ebenda.
③ Ebenda, S. 46.

不在欧洲,而是在帝国,她当然不愿与欧洲大陆发生过于密切的联系。①再次,出于对英帝国战略利益的考虑,英国反对大洲化的集体安全协定。20年代初,国联曾产生提议,每个大洲都制定自己的集体安全协定,一个国家发动侵略战争,大洲内的其他国家则群起而攻之。英国认为,英帝国成员分布在亚洲、非洲、美洲、澳洲等各地,如果她们都参加各自大洲的集体安全体系,势必对英帝国造成政治离心作用,因此英国断然否决了这项提议。英国的态度无疑巩固、加深了卡莱基对英欧关系的负面看法。最后,英苏争霸加大了欧洲大陆两翼的政治张力,加剧了欧洲内部的矛盾,使欧洲大陆内部难以聚合起联合、统一的力量。20年代末,英俄加剧在中亚地区的争夺,双方的矛盾日趋表面化。卡莱基看到,如果法国支持英国,德国帮助苏俄,就会引发欧洲进一步分裂,欧洲联合的进程会因此变得遥遥无期。为此,他向法、德等国发出号召:"在这个重要的历史时刻,既不执行亲英政策,也不执行亲俄政策,而要执行'泛欧'联合的政策。"②在这里,卡莱基显然是把英国排除在"泛欧"之外的。

虽然卡莱基力主摒英国于"泛欧"联合之外,但他明确表示:"每一个泛欧主义者都必须清楚,泛欧联合不与英国为敌。"他还进一步强调,"泛欧"要与英国发展友好关系,"就像美国与加拿大的睦邻关系一样"。③ 卡莱基深知,对于一战后蹒跚起步的"泛欧"运动来说,英国的态度是很重要的,任何来自英吉利海峡对岸的怀疑、恐惧、阻挠都会毒化、破坏"泛欧"联合的政治空气,阻碍欧洲联合的健康发展。卡莱基的担心绝非杞人忧天,在近代历史上,英国为了自身的安全和霸权,一贯反对大国强权主宰下的"欧洲统一",为此曾卷入反对拿破仑一世、尼古拉一世、威廉二世的大陆战争。因此,要想争取英国的理解、支持、合作,就必须让英国放心、宽心,

---

① R. N. Coudenhove-Kalergi, England, Europa und Garantiepakt, in: *Vossische Zeitung*, 8. 9. 1924.

② R. N. Coudenhove-Kalergi, Britisch-russischer Bruch, in: *Paneuropa*, 1927, Heft 6, S. 1.

③ R. N. Coudenhove-Kalergi, *Paneuropa ABC*, S. 10.

不仅要让她看到"泛欧"联合于英国无害,还要让她感到,"泛欧"事业对英国、英帝国是有益的。为此,卡莱基着重向英国宣传了以下四点内容:第一,"泛欧"是在各国平等的基础上,通过联合走向统一,它与大国霸权主导下的"欧洲统一"有着天壤之别,并且"泛欧"联合坚决反对大国霸权。第二,"泛欧"会向英国提供最可靠的安全保证。卡莱基指出,随着潜艇、飞机等一系列现代科技的发明和使用,英吉利海峡的天堑作用正在消失,英国不能再像以前那样,依靠岛国得天独厚的地理条件,偏安一隅。而一个和平、民主的"欧洲合众国",比任何天险都更可靠,都更能为英国提供永久性的安全保证。① 第三,"泛欧"会起到天然的屏障作用,避免英国遭受东方红色苏俄的入侵。② 在这里,卡莱基充分利用了一战后西方国家对社会主义革命的恐惧心理,故意夸大苏俄入侵的危险,向英国输出恐慌情绪,促使其接受"泛欧"联合。第四,"泛欧"向英帝国输出移民,有助于维护帝国的稳定。虽然英国拥有广袤的殖民地,但其本土上能向外移民的人口已近枯竭,相比之下,"泛欧"的人口资源要丰富得多,可以向澳大利亚、加拿大、南非等地大量输出移民。卡莱基认为,这样做可以保证一两代人以后,那里还是欧洲人的天下。如果是大批的亚洲人去了,人种就会彻底改变,英帝国统治的根基就会动摇。③ 这一点充分暴露了卡莱基的种族主义、殖民主义意识,暴露了"泛欧"思想的狭隘性和局限性。总之,卡莱基相信,只要满足、保证了英国的利益,她就没有理由反对"泛欧"联合,英欧合作的前景就会一片光明。

在英欧合作的形式上,卡莱基不满足于口头表态,他认为,未来的合作关系应该通过协约的方式巩固、确立下来。协约主要涉及裁军、殖民地等方面问题,如:"泛欧"国家应该裁减潜艇、飞机等军备,降低英国遭受侵略的风险,增加英国的安全系数;"泛欧"国家还应主动承担起保卫英国,使其免遭苏联侵略的责任;英国应该发挥海上强国的优势,协助"泛欧"维

---

① R. N. Coudenhove-Kalergi, *Pan-Europa*, S. 47.
② Ebenda, S. 46.
③ Ebenda.

护其在亚洲殖民地的利益;双方应该整合在非洲的利益,避免因争夺殖民地引发对立和冲突。① 在勾勒美好前景的同时,卡莱基不忘强调,英欧协定的本质是友好合作,而非军事同盟。"泛欧"不会卷入英帝国内部的冲突,英国也不要干涉欧洲大陆的事务。英欧合作的最终目的是彰显欧洲文化的优越性,维护欧洲的世界霸权:"泛欧和英国应该共同承担起发展欧洲文化的使命,英国的使命在于扩大欧洲文化——通过掠夺使世界欧化,泛欧的使命在于提升欧洲文化——通过欧洲各民族间的合作,使欧洲文化向更高水平发展。"②

卡莱基强调英欧合作的目的是显而易见的,他就是想让英国放心,"泛欧"不会谋取欧洲大陆的霸权,不会威胁到英国的国家安全,不会动摇其帝国统治。作为"泛欧"运动的领导者,卡莱基深知,英国对德意志地区的"欧洲"思想充满了怀疑和警惕,这种不信任绝非空穴来风,而是有着具体、敏感的现实原因的。一战后,德意志地区的不少政治势力都带着"欧洲"的面具粉墨登场,实质上在提出"中欧"的利益诉求。一战后,奥匈帝国消亡。奥地利临时国民议会做出决议,自愿加入德意志帝国,实现大德意志统一的梦想。最后由于英法等战胜国的反对,这项决议以流产告终。③ 但德奥两国并未就此罢休,而是在"中欧"联合的旗帜下,继续进行"合并"的努力。

早在 1923 年初,奥地利驻德国柏林大使里夏德·里德尔(Richard Riedl)提出了建立"中欧邦联"的计划,里德尔是德奥合并的积极推动者,也是"中欧"思想的大力倡导者。德国魏玛政府外交部谨慎地拒绝了这项提议,认为它是不合时宜的。④ 虽然政治联合的时机尚未成熟,但德奥双方均认为,在经济联合方面可以先行一步。1930 年 2 月,德奥开始商谈

---

① R. N. Coudenhove-Kalergi, *Pan-Europa*, S. 46.
② Ebenda, S. 48.
③ Karl Vocelka, *Österreichische Geschichte*, München: Beck, 2005, S. 97.
④ Verena Schöberl, „*Es gibt ein großes und herrliches Land, das sich selbst nicht kennt... Es heißt Europa.*" *Die Diskussion um die Paneuropaidee in Deutschland, Frankreich, Großbritannien 1922—1933*, S. 93—94.

"中欧关税同盟"事宜,经过一年多的秘密谈判,1931年3月,在国际上公布了该计划。以法国为首的协约国家表示了强烈的反对,在他们看来,"中欧关税同盟"(Mitteleuropäische Zollunion)的要害不在经济联合,而是直接指向了政治合并。① 这种关联在历史上是清晰可见的。当年"小德意志"在走向统一的时候,关税同盟就先行一步,在该地区率先形成了共同市场,为最后的政治统一夯实了牢固的经济、社会基础。两战间,德奥两国无非是想复制、放大这一历史过程,试图用"中欧关税同盟"来带动、促进"大德意志"的统一。对上述政治动向,法、捷等国洞若观火,他们将此视为大德意志霸权的阴谋,必须消灭在最初的萌芽状态。最后,由于协约国的反对,"中欧关税同盟"计划最终胎死腹中。②

无论是英、法反对德意志地区的"中欧联合",还是战后英国对欧洲大陆的现实主义态度,或是"小德意志"统一的历史经验,都只能为卡莱基思考"泛欧"联合提供辅助性的启发、旁证。这些因素虽然能够帮助他反思历史,认识现状,展望"小欧洲"联合的未来,但还不能直接有力地证明其判断、决断具有客观的真理性,是否真的应该排除英国,一切还有待于现实的进一步检验。

三、"小欧洲"方案的正确性和灵活性

英帝国贸易区的诞生与英国拒绝"欧洲"计划,都直接、充分地说明了,卡莱基对英帝国一体的判断是正确的、客观的,其排除英国的主张是明智的、实际的,这无疑加强了他对"小欧洲"联合的信心。卡莱基还敏锐地认识到,上述事件彻底粉碎了"大欧洲"联合派的幼稚梦,使"小欧洲"联合的政治前景豁然开朗,因而有益于欧洲联合事业。在领导"泛欧"联合运动的过程中,卡莱基也曾有过"欢迎英国加入欧洲联合"的表述,但多为

---

① Peter M. R. Stirk, *A History of European Integration since 1914*, S. 39.
② Ebenda.

做姿态的需要,并不代表其最初的、真实的看法。

1929年爆发了世界性的经济危机,美国及许多欧洲国家的经济崩溃。在持续性的"大萧条"的影响下,西方国家的物价、产量和贸易急剧下降,失业率上升到前所未有的水平,国际债务遭拒付。在这种情况下,大多数国家政府为了求存自保,纷纷采取贸易保护主义措施,世界经济开始解体。英国于1932年放弃了自由贸易和金本位。根据其进口税法,对某些制成品实行的保护关税高达33.3%。不仅如此,一些欧洲国家还考虑加强彼此间的经济联合,试图通过发挥区域经济的优势,减缓经济危机带来的冲击和影响。西欧的荷兰、卢森堡和比利时讨论了成立低关税区,中东欧的多瑙河国家也在酝酿成立关税同盟。① 英国自然不甘落后,准备向建设帝国区域市场迈出重要的一步。

英国有关区域经济的思想由来已久。早在19世纪末,由于美、德经济的高速发展,英国的世界经济领袖地位受到严重挑战。对此,保守党内部有呼声,要求英国放弃世界自由贸易,退后一步,先经营帝国经济圈,然后再图谋更高的发展。② 到了20世纪20年代,英国内阁殖民大臣埃默里丰富、发展了这项主张,他用"人、钱、市场"三个关键词,高度概括了帝国经济圈的思想。"人"是指促进向帝国区域移民。"钱"是指伦敦金融市场对帝国成员的贷款采取优先、优惠政策。③ 这样做的目的,是要加强英镑对帝国自治领和殖民地的辐射力度,铸造帝国区域经济的凝聚力。后来的发展表明,有关"钱"的做法,早已经超越了借贷的范围。1923年的帝国经济会议就已经提出,要稳定帝国内部货币汇率。世界经济危机爆发以后,帝国自治领国家"抱团取暖"、共度时艰的想法更加明确。在1933年的世界经济会议上,英联邦国家首脑对这一问题进行了深入的探

---

① C. L. 莫瓦特编:《新编剑桥世界近代史》,中国社会科学院世界历史研究所组译,北京:中国社会科学出版社,1988年,第12卷,第85页。

② Charles P. Kindleberger, *A Financial History of Western Europe*, Oxford: Oxford University Press, 1993, S. 377.

③ Ebenda.

讨,虽未达成正式协议,但在事实上已经形成了一个以英镑为中心的、多边的、稳定的自由贸易区。①

埃默里讲的"市场"是指英帝国内部实现关税互惠。1932年6月底,在加拿大首都渥太华召开了会议。英国及其帝国成员一致同意,彼此互惠关税。英国对帝国自治领的产品免征进口税,同时,自治领也对英国的产品实行广泛的最惠关税。这样做的实际结果是,英帝国内部流通的商品比从外部进口的商品少纳10%到20%的关税,从而增加了帝国市场的吸引力,巩固了帝国经济的向心力,为培养、形成帝国区域经济筑牢了基础。② 对于建设区域经济的重要意义,埃默里做出了深刻的解读:首先,单纯依靠世界贸易、世界市场的时代已经过去了。英国需要"一个更大的市场",它在扩大生产规模、降低生产成本、增强经济竞争力方面,具有无可替代的重要作用。在这方面,北美大市场就是最好的证明。其次,经济的发展不仅需要竞争,还需要秩序保障,而这种秩序感正是世界市场所缺乏的。帝国区域经济恰恰弥补了这方面的缺陷,帝国成员间有着"解决问题的经济、地理、情感基础",为形成、维持良好的经济秩序提供了有力的保证。最后,英国对区域经济持开放的态度。她不仅希望帝国区域经济繁荣、发展,还希望欧洲大陆国家能够破除关税壁垒,走向区域经济联合。"因为我们采取的就是这种政策,如果欧洲也这样做的话,我们不该有什么抱怨的。"③英帝国不会采取闭关自守的政策,而是在帝国区域经济的平台上,重返世界经济,与欧洲经济区在内的其他国家、地区开展自由贸易。

卡莱基是用兴奋、喜悦的目光注视着渥太华会议的召开的。此次会议标志着,他在20年代做出的区域化预言正在变为现实,无疑具有划时代的伟大意义:首先,渥太华会议创建了第一个现代经济联合体,开创了

---

① Charles P. Kindleberger, *Weltwirtschaftskrise*, München: Deutscher Taschenbuch-Verlag, 1984, S. 377.
② L. S. Amery, Die Ottawa-Konferenz und Europa, in: *Paneuropa*, 1932, Heft 10, 247.
③ R. N. Coudenhove-Kalergi, Ottawa, in: *Vossische Zeitung*, 22. 7. 1932.

区域经济的新时代。"渥太华会议是世界历史发展的里程碑,是自由贸易的墓志铭,是经济大洲化的奠基石。"①卡莱基坚信,在英帝国经济区诞生之后,还会有欧洲、东亚等一系列区域经济体相继登上历史舞台,自由世界经济时代已经谢幕,区域经济时代的大幕正在拉开。其次,渥太华会议加速了英帝国区域化的历史进程。卡莱基看到,经济联合充分发挥了纽带的连接作用,大大补充、加强了英国与自治领之间摇摇欲坠的政治关系,促进了英帝国向区域共同体的平稳过渡。最后,渥太华会议"不仅决定了经济的历史,还决定了欧洲的历史"②。卡莱基认为,会议对欧洲联合事业产生了积极、深远的影响。在此之前,人们对英国抱有幻想,等待英国加入,拖延了欧洲联合的进程,"就像奥匈帝国与德意志地区的关系一样,这个问题把德意志民族的统一拖后了半个多世纪"③。但此次会议的召开,向欧洲、向世界展示了英国与帝国间牢固的利益共同体关系,从而澄清了英国不属于"欧洲"的事实,扫清了欧洲联合前进道路上的障碍。乘着渥太华会议的东风,卡莱基于同年10月在瑞士巴塞尔及时召开了第三届"泛欧"大会,有力地推动了两战间的欧洲联合进程。

英帝国贸易区的发展无疑更加坚定了卡莱基的看法,英帝国是一个独立发展的区域共同体,英国是其不可分割的组成部分。而英国反对白里安的"欧洲"计划则直接验证了卡莱基的推测和判断:英国拒绝参加欧洲联合。

20世纪20年代中后期,欧洲局势逐渐缓和。1925年,法、德、英、比、意签订了《洛迦诺公约》(Locarnopakt),规定德、法、比相互保证现有边界不受侵犯,德国西部的边界问题就此尘埃落定。1927年,法国外长白里安和美国国务卿凯洛格(Kellogg)发起签订"巴黎非战公约"(Kriegsächtungspakt),美、英、法、德、意等国宣称,放弃战争作为推行国家政策的工具。1929年,"杨格计划"(Young-Plan)确定了德国的赔款总

---

① R. N. Coudenhove-Kalergi, Ottawa, in: *Vossische Zeitung*, 22. 7. 1932.
② Ebenda.
③ R. N. Coudenhove-Kalergi, Ottawa, in: *Paneuropa*, 1932, Heft 7, S. 302.

额,并撤销对德经济、财政的监督。在法德关系放缓的历史背景下,1929年9月5日,在日内瓦举行的第十届国际联盟会议上,法国总理兼外长白里安提出:"像欧洲国家间的这种地理关系,必须建立某种联邦关系。"①9月8日,27个欧洲国家的外长及政府代表首次举行非正式集会,一致同意在国联的框架下成立一个欧洲机构,并委托白里安起草相关备忘录。1930年5月,白里安向国联提交了"欧洲计划",提出建立"欧洲会议"(Europäische Konferenz)组织及常设政治委员会等。他特别强调,欧洲联盟(Bund)的基础是联合(Einigung),而不是统一(Einheit),因此必须保证成员国的独立和主权完整。② 在经济方面,白里安提出建立共同市场,促进欧洲各国商品、人员、资本的流通。③ "欧洲计划"最后虽以失败告终,但它标志着近代以来的欧洲联合设想,首次跃升为欧洲政府的外交方案,因此具有里程碑式的重要意义。

从很大程度上讲,英国的消极态度导致了"欧洲"计划的流产。④ 英国不鼓励欧洲政治联合,主要基于以下几点考虑:首先,所谓的"欧洲计划"是法国谋取欧洲大陆霸权的政治工具。在英国看来,没有什么完全脱离现实的、纯粹理想化的"欧洲"外交,白里安计划一定是和具体的政治问题、政治利益挂钩的。说穿了,就是法国想盗用"欧洲"的名义,制造一个"东方洛迦诺"公约,巩固、维持德国东部领土被分割、被肢解的现状,保持对德的包围、遏制态势,以此实现法国独霸欧洲大陆的政治阴谋,这是英

---

① Auszug aus der Rede Briands auf der X. Völkerbundsversammlung am 5. September 1929, in: Das Forschungsinstitut der deutschen Gesellschaft für Auswärtige Politik e. V. (Hg.), *Europa-Dokumente zur Frage der europäischen Einigung*, Bd 1., München: Oldenbourg, 1962, S. 28.

② Der Europaplan Briands vom 1. Mai 1930: Memorandum über die Organisation einer europäischen Bundesordnung, in: Europa-Archiv/5. September 1949, S. 214.

③ Ebenda.

④ Robert W. D. Boyce, Britain's First "No" to Europe: Britain and the Briand Plan, 1929—1930, in: *European Studies Review*, 1/1980, S. 39.

国绝对不能同意的。① 其次,该计划有挑战美国的嫌疑,未来的"欧洲合众国"可能会与"美利坚合众国"分庭抗礼。② 考虑到与美国的亲密伙伴关系,英国应该小心谨慎,避免陷入到反美联盟的泥塘中去。最后,英国清楚地看到,欧洲联合代表了大陆区域化的发展趋势,这将严重地削弱英帝国内部的政治凝聚力,甚至威胁到帝国的生存。如果英国支持、加入欧洲联合,将会给帝国成员发出极其错误的信号,那么加拿大就会效仿,加入"泛美"组织,南非等其他成员也会纷纷加入所属大陆的区域联盟,英帝国就会面临土崩瓦解的危险。③ 毫不夸张地讲,支持、加入欧洲政治联合,就等于自掘坟墓,英国当然不会做这样的蠢事。

卡莱基表示理解英国的立场,甚至对英国的否定态度表示了欢迎。在他看来,英国维护帝国的立场是坚定的,不加入、不支持欧洲联合的态度是明确的,这总比立场模糊、态度暧昧要好得多,会更有利于欧洲联合事业的发展。英国的表态足以使那些"大欧洲"联合派们猛醒,让他们抛弃不切实际的幻想,脚踏实地地开展"小欧洲"联合。卡莱基的看法确有辩证、独到之处,相比之下,欧洲大陆很多媒体都在抨击英国的"本位主义",称其严重地阻碍了欧洲联合的进程。例如,德国最具自由主义传统的《福斯报》早就批判道,自经济危机爆发以来,各国愈发自私自利,英国无疑是这方面的典型,它的帝国思想复活了,这将严重地威胁到欧洲联合事业。④ 上述汹汹言论恰恰反映出,人们对英国加入"欧洲"仍抱有希望。而卡莱基彻底认识到,即便有朝一日英帝国不复存在,英国也不会加入到欧洲大家庭当中来。从"英美阵线的牢固性和持久性"出发⑤,他判断,

---

① Memorandum on M. Briand's Proposal for a European Federal Union, in: Peter M. R. Stirk and David Weigall ed., *Origins and Development of European Integration*, New York, 1999, p. 21.

② Ebenda.

③ Walter Lipgens, Europäische Einigungsidee 1923—1930 und Briands Europaplan im Urteil der deutschen Akten, in: *Historische Zeitschrift*, 1966, Band 203, S. 355.

④ Hans Zehrer, Der Mythus vom Britisch Reich, in: *Vossische Zeitung*, 10. 1. 1930.

⑤ R. N. Coudenhove-Kalergi, Weltpolitische Umgruppierung, in: *Paneuropa*, 1930, Heft 5, S. 167.

"英国会跨过大西洋和美国联合,而不是越过英吉利海峡和欧洲联合"。①正因为卡莱基完全丢弃了英国这个政治包袱,力主"小欧洲"的联合方案,他才能够独具慧眼,敏锐地洞察、捕捉到英国拒绝"欧洲计划"的积极意义。

卡莱基对英欧关系的表述并非是一成不变的,他在坚持"小欧洲"原则的同时,也能根据形势发展的需要,调整甚至改变有关英欧关系的论调。这一灵活机动的特点,在他讨论、宣传"欧洲"计划期间,表现得最为明显。白里安在酝酿、提出"欧洲"计划时,极力主张把英国拉入在内。②对此,"泛欧"运动内部爆发了异常激烈的争论,一派拥护"大欧洲"联合,支持英国加入"欧洲";另一派拥护"小欧洲"联合,反对英国加入"欧洲"。卡莱基忧虑地看到,两派对立导致了"泛欧"运动内部的分裂,严重地妨碍了运动的健康发展。他意识到,必须尽快阻止大鸣大放,防止事态的恶化。为此,卡莱基对内着力强调:"到底是做'欧洲'的伙伴,还是成为其中一员,应由英国自己来决定。"③他的用意很清楚:如果英国能够放弃帝国,参加"欧洲"计划,这自然是再好不过了。如果英国选择帝国,不加入欧洲大家庭,也要由英国自己说出来,实在没有必要让"泛欧"运动越俎代庖,从而招致内争、内斗和内乱。对外,卡莱基则做足了表面文章。在英国对白里安计划正式表态前,他高调宣传欧英友好关系,甚至言不由衷地表示:"尽一切努力,让英国加入到欧洲联合中来!"④这样,卡莱基就把选择大小"欧洲"的难题抛给了英国,毕竟"参加欧洲联合的困难在英国那一边"⑤,从而避免了运动的进一步分裂和政治上的被动局面,这充分显示了卡莱基审时度势的灵活性。

---

① R. N. Coudenhove-Kalergi, *Pan-Europa*, S. 43.
② R. N. Coudenhove-Kalergi, Briands Vorschlag und Deutschland, in: *Paneuropa*, 1929, Heft 7, S. 5.
③ R. N. Coudenhove-Kalergi, England und der Friede, in: *Paneuropa*, 1929, Heft 6, S. 8.
④ Ebenda.
⑤ Ebenda.

卡莱基不仅有欢迎英国加入"欧洲"的策略性表述,在现实环境发生重大改变时,他还积极投身政治实践,力促以英法为轴心的欧洲联合。1933年1月纳粹上台,欧洲政局恶化。卡莱基认识到,反对纳粹德国霸权的斗争已经上升为主要矛盾,成为"泛欧"运动的当务之急。然而,仅靠法国的力量是不足以完成这项艰巨任务的。必须说服、鼓动英国站到"欧洲"的旗帜下,加入到大陆国家的反法西斯同盟中来。1938年2月,就在纳粹进军奥地利的前夜,卡莱基会晤了在野的英国政治家丘吉尔,在双方的努力推动下,成立了英国议会的"泛欧联盟议会委员会"(Parliamentary Committee of the Pan-Europe Union)。[①] 一直到1940年夏纳粹占领法国巴黎前,卡莱基都积极号呼奔走,宣传以英法为轴心的欧洲联合,力促反法西斯联合阵线的建立。这些努力虽未获得最后的成功,但对于宣传和平、平等、正义的欧洲联合思想、激发英法两国人民的斗志、反对纳粹的侵略战争发挥了积极的作用和影响。

---

① Vanessa Conze, *Richard Coudenhove-Kalergi: Umstrittener Visionär Europas*, S. 52.

第四章

"泛欧"思想中的美国观

早在20世纪80年代,我国学者就对卡莱基的"泛欧联邦"思想进行了初步介绍,并指出"泛欧联邦"的模式是美国。① 为什么卡莱基把美国作为"泛欧"联合的主要参照系?为什么他还提出学习"泛美"组织的榜样?"泛欧联邦"是美利坚联邦的翻版吗?这一系列具体而重要的问题,国内、国际史学界尚未很好地解答。② 为此,我们系统地梳理了德国柏林国家图书馆所藏20世纪20、30年代的《泛欧》《福斯报》等期刊报纸,从中发现了一批新材料。现主要以此为据,对上述问题进行实证探讨。

---

① 陈乐民:《"欧洲观念"的历史哲学》,第200—201页;胡瑾、郇庆治、宋全成:《欧洲早期一体化思想与实践研究》,第22—23页。
② 奥地利学者普雷腾哈勒认为,卡莱基欲按照美国的模式构建欧洲联邦。Anita Ziegerhofer-Prettenthaler, *Botschafter Europas: Richard Nikolaus Coudenhove-Kalergi und die Paneuropa-Bewegung in den zwanziger und dreißiger Jahren*, S. 93. 在使用英语的研究中,Wiedemer 认识到,卡莱基学习了美国的榜样,但仅限于经济方面。Patricia Wiedemer, The Idea behind Coudenhove-Kalergi's Pan-European Union, in: *History of European Ideas*, Vol. 16, 1993, p. 828. Stirk 和 White 则进一步指出了,卡莱基以"泛美"为榜样,憧憬了欧洲政治联合的进程。Peter M. R. Stirk, *A History of European Integration since 1914*, p. 27; Ralph T. White, The Europeanism of Coudenhove-Kalergi, in: Peter Stirk ed., *European Unity in Context: The Interwar Period*, p. 34. 上述观点仅被略微提及,均未开展深入细致的探讨。

一、"大国"时代的美国

第一次世界大战后,国际关系格局发生了巨大的改变。对此,卡莱基断言,新的"世界大国"体系取代了旧有的欧洲列强体系。在他看来,在诸个新兴的"世界大国"中,美国是最显著、最活跃、最积极的因素,是可供欧洲对比、学习和借鉴的参照系。他认为,欧洲必须效仿美利坚合众国,在政治、经济上统一起来,建立"欧洲合众国"。在经济联合方面,卡莱基建议欧洲不妨采取"拿来主义",仿照北美统一大市场的模式,建立欧洲统一大市场。

卡莱基的"泛欧"联合主张散发着一种强烈的危机意识,这种意识普遍存在于战后的欧洲社会,深深地根植在欧洲人的心中。从很大程度上讲,这种危机意识与美国崛起带来的挑战与压力密切相关。面对北美的崛起,再反观自己的衰落,欧洲人开始失去心理平衡,不自觉地拥有了失落感、自卑感和危机感。[①] 欧洲人明显地感到了美国政治、经济、文化的强势冲击:在政治上,美国已经发展成为具有世界影响力的大国,正在取代欧洲列强的世界霸主地位;在经济上,欧美关系发生了惊人的逆转,战后的欧洲人猛然发现:"欧洲成了负债人,对,成了前殖民地美国的负债人!"[②]欧洲人由曾经的债权人、殖民者沦为负债人和被殖民的对象。美国的殖民意味着美国资本对欧洲的奴役,更意味着美国的自由市场经济模式开始在欧洲深入人心。特别是经历了战败的德国及中欧地区,"美国对欧洲的殖民在那里表现得最为明显。这里的部分工人无产阶级受到美

[①] Hartmut Kaeble, *Europäer über Europa: Die Entstehung der europäischen Selbstverständisse im 19. und 20. Jahrhundert*, Frankfurt: Campus-Verlag, 2001, S. 128–129.

[②] Weltwirtschaftliche Entwicklungstendenzen, in: *Vossische Zeitung*, 8. 11. 1927.

国高工资、高生活水平的影响,开始表现出'反欧洲主义'的倾向"①;伴随着政治、经济关系的倒转,欧洲人的文化自信心也在减弱。一战前,欧洲人相信,美国文化无非是欧洲文化在北美的延伸。现在他们发现,美国的经济奇迹造就了一种新的生活方式,塑造了一种新的民族性格,形成了一种新的文化。不仅如此,美国精神正在欧洲蔓延开来,侵袭、溶蚀着欧洲的传统文化。这种文化上"被殖民"的前景让欧洲人感到忧虑、恐惧。对此他们惊呼:"这不是什么生活品位的问题,而是生存的问题。如果欧洲不想被美国挤垮的话,就没有人可以忽视这个问题。"②面对美国全方位的竞争和挑战,欧洲的有识之士开始注重总结、学习美国的经验,藉此展望欧洲的未来。

同样,卡莱基在提出"泛欧"联合设想时,美国成为主要的参照系。每当谈到大西洋彼岸的这个新大陆国家时,卡莱基总是充满了尊敬、畏惧和羡慕之情。卡莱基尊敬美国,因为她是世界上"最富有、最强大、最进步的国家";畏惧美国,因为她对欧洲形成了巨大的挑战;羡慕美国,因为从内战到一战结束,在她的土地上已经有半个多世纪没有爆发过战争。在长期的和平环境中,美国的工业、农业日益繁荣,精神、物质文化逐年增长。③ 与美国的蓬勃发展截然相反,欧洲却因为战争变得荒芜了,战后初期的欧洲百业萧条,精神、物质文化一蹶不振。这种巨大的反差迫使卡莱基去思考、去研究,为什么进入20世纪以来,欧美的命运是如此不同,美国蒸蒸日上,逐步成为世界的领导力量,而欧洲却江河日下,一战后彻底丧失了世界范围内的霸权。

其实,在卡莱基看来,就某些社会、自然条件而论,欧洲完全可以和美国比肩而立,甚至略胜一筹。"欧洲和美国的人种相同,政体也一样,一战后欧洲大部分国家实行了民主政体。"如果就人口、劳动力资源进行比较,欧洲甚至占据上风:"泛欧的人口是美国的三倍,在劳动力方面更数倍于

---

① Weltwirtschaftliche Entwicklungstendenzen, in: *Vossische Zeitung*, 8. 11. 1927.
② Die Entdeckung Amerikas, in: *Vossische Zeitung*, 4. 6. 1926.
③ R. N. Coudenhove-Kalergi, *Paneuropa*, S. 67.

美国。"他认为,美国的优势在于国土辽阔,她的面积是欧洲民主国家面积总和的两倍。但如果把"泛欧"的殖民地资源包括、计算在内,那么美国的土地优势也将不复存在。"假如把菲律宾算作美国殖民地的话,它的面积只有'泛欧'殖民地的六十分之一。"①基于上述条件的对比,卡莱基相信,欧洲完全具有成为"世界大国"的潜质,拥有与美国分庭抗礼的物质基础。他认为,之所以出现"美国日益繁荣,欧洲日益萧条"的巨大反差,原因是显而易见的:"美国的繁荣归功于它的统一,欧洲的衰落归咎于它的分裂。"②也就是说,北美在政治上组织、统一起来了,而欧洲还是小国林立、一盘散沙;美国的经济是一体的,具有规模效应,而欧洲的经济是分散的,无法形成规模。归结起来,就是欧洲的内乱、内耗导致了自身的衰败,使其丧失了与美国竞争的能力。"当北美的 48 个州组成一个统一的政治、经济联盟时,欧洲的 26 个民主国家坚持各自的政治、经济主权,他们在战争与和平时期奉行的政策,让他们在相互对抗中走向灭亡。"③

一战后,东欧、东南欧出现了一系列新诞生的民族国家。值得注意的是,卡莱基并没有从积极的意义上来审视、理解这股民族解放的历史潮流。相反,他指出,众多独立存在的民族经济体破坏了欧洲经济的整体优势,这集中表现在以下三个方面:首先,各国的军事经济建设挤压了欧洲和平经济发展的空间。一战后欧洲国家人心不定,大国相互猜忌、仇恨,小国忧心忡忡,担心自身不保,大家都担心和害怕下一场大战的爆发。为此,各国纷纷发展军事工业,增强国防能力。面对巨大的国防开支,政府只能提高税收,增加纳税人的负担。昂贵的军备经济挤占了大量的社会财富,造成和平经济发展资本不足,导致战后欧洲经济迟迟未能全面复兴。其次,各国设立的关税边界阻碍了欧洲经济的自由流通。建立新的民族国家等于增加新的关税边界,欧洲经济因此变得支离破碎。这些边界人为地割断了工厂与原料地、铁矿与煤矿、农业与工业间的有机联系,

---

① R. N. Coudenhove-Kalergi, *Paneuropa*, S. 68.
② Ebenda.
③ Ebenda, S. 67.

使得生产者无法按照经济理性实行配套生产。最后,独立的民族经济体系破坏了欧洲经济的区域分工。由于各国发展自己独立的国民经济,欧洲大陆区域市场内部无法形成分工和优势互补的局面,也就无法发挥欧洲经济的规模优势,进行专业化、大批量和廉价的生产。相比之下,"美国可以依靠其广阔的市场和分工协作来降低生产成本,美国的很多工厂都是为整个北美大市场集中生产某一种产品。这种区域化大生产在欧洲的小国经济中是不可能实现的"①。卡莱基总结道,上述因素导致了欧洲的生产成本要远远地高于美国,欧洲的产品在世界市场上缺乏竞争力。对此他还举了一个很典型的例子:欧洲不少国家都有自己的民族汽车工业,但哪国的汽车都竞争不过北美大市场催生出来的福特车。

  针对上述情况,卡莱基呼吁,欧洲国家必须在经济上联合起来,成立欧洲关税同盟,建立欧洲统一大市场。只有这样,欧洲经济才能全面复兴,才会具备全球竞争力。他坚信,这是挽救欧洲经济的唯一道路。如果欧洲经济继续分裂下去,欧洲小国就会沦为美国的"经济殖民地",因为小国经济不是美国经济的对手,根本无力应对北美大市场的挑战,"这就像小商小贩无法和庞大的商业托拉斯竞争一样"②。卡莱基还相信,欧洲经济联合是符合全体欧洲人民的利益的,欧洲各个国家的各阶层人民,无论是工人还是农民,企业家还是商人,都会从经济联合中受益。在憧憬美好前景的同时,卡莱基清醒地认识到,经济联合的问题不是孤立存在的,它必然牵引出政治联合的前提。事实上,如果欧洲国家不收敛狂热的民族主义情绪,不消除彼此间的猜忌和仇恨,不裁军,不实现政治联合,欧洲的经济联合也只能限于一纸空谈。正像卡莱基所强调的:"只有建立在欧洲国家政治联盟的基础上,这种经济联合才是可能的。"③那么,所谓的国家政治联盟将以何种面目出现?是不是欧洲在经济上效仿北美大市场的同时,在政治上也要照搬美利坚联邦的模式?对此,卡莱基给出了具体、明

---

① R. N. Coudenhove-Kalergi, *Paneuropa*, S. 69.
② Ebenda, S. 70.
③ Ebenda.

确的答案。

二、拒绝美利坚联邦的模式

卡莱基主张,在政治联合的初级阶段,"泛欧"应该学习美国领导下的"泛美"联合的经验,建立大陆区域国家间组织。在政治联合的高级阶段,"欧洲合众国"不应照搬美利坚联邦的模式,因为它无法满足欧洲各民族多元政治、文化的需求。他进一步指出,"欧洲合众国"应该是瑞士联邦的翻版和放大,因为这种联邦模式充分考虑、照顾到了境内各民族高度自治的愿望和权利平等的要求,它最贴近欧洲的实际,最能体现"多元一体"的联合发展精神,是欧洲政治联合的最终目标。

卡莱基号召:"要创造性地学习美国伟大的榜样。"[①]他认为,欧洲的政治联合不能照搬美利坚联邦的模式,而是要联系本地区的实际,照顾到本地区的特点。首先,欧洲是个多民族地区,拥有多种语言、文化,欧洲联合必须保护这些民族的语言、文化传统。其次,欧洲民族国家林立,欧洲联合必须尊重这些国家的主权。最后,欧洲现阶段各个民族国家间的不同感要大于认同感,分裂的企图要强于团结的愿望,因此,欧洲联合必须循序渐进,不能超越历史发展阶段。就阶段性目标而言,卡莱基建议,"泛欧"不妨先学习美国领导下的"泛美"联合的经验。"泛美"是美洲大陆的国家间组织,其成员国的民族国家属性保持不变。他认为,"泛欧"应该先追随这种模式,"形成一个民族国家的共同体,共同体不会消除历史上形成的民族国家,而是把他们联系在一起"[②]。在他看来,类似"泛美"的松散联合不涉及出让、转移国家主权的难题,它更贴近两战间欧洲的现实,更容易为欧洲国家所接受。另外,卡莱基还看到,"泛美"联合是泛区域联合运动的先锋,它把历史文化、经济形态、民族个性不尽相同的美洲国家

---

① R. N. Coudenhove-Kalergi, Amerika und Paneuropa, in: *Paneuropa*, 1925/1926, Heft 8/9, S. 6.

② Ebenda.

组织在一起,发展了半个多世纪,积累了大量的宝贵经验,值得后来者借鉴。因此他强调:"任何一个欧洲的政治家,只要他胸怀欧洲的未来,都应该系统地学习泛美运动的历史经验。"①

卡莱基有关"泛美"联合的历史知识,主要来自阿尔弗雷德·赫尔曼·弗里德(Alfred Hermann Fried)的《泛美》一书。弗里德是奥地利人,德国和平协会创始人,德国近代晚期和平运动的倡导者、领导者。② 在"泛美"运动的鼓舞下,弗里德于1910年出版了《泛美》一书,高度赞扬了"泛美"联合的历史成就。③ 从这本书中,卡莱基总结出"泛美"成功的若干历史经验:第一,"泛美"运动提出了美洲自治的政治口号。1823年12月3日,美国总统门罗(Monroe)在致国会咨文中提出:不允许在美洲建立新的殖民地;不允许欧洲列强干涉拉丁美洲国家的独立等。卡莱基把"门罗宣言"(Monroe Doctrine)的精神概括为"美洲人的美洲",即美洲的事情美洲人自己管,绝不允许外来势力插手干涉。他认为,这个口号明确而有力,营造了美洲大陆一致对外的政治气氛,激发了大陆内部国家的主人翁意识和共同体意识,起到了"泛美"联合催化剂的作用。第二,"泛美"运动定期召开了美洲国家间会议。1826年,在南美独立运动领袖玻利瓦尔的推动下,一些拉丁美洲国家在巴拿马举行代表会议。这次大会虽然没有取得实质性的进展,但是意义重大,它代表着"泛美"联合运动的开端。第一次真正意义上的"泛美"会议(Panamerican Conference)于1889年在华盛顿召开。这次大会做出了一系列重要的决议,如运用仲裁原则解决国际争端,各国减少关税壁垒,共同建设美洲大陆铁路等。大会还成立了"美洲共和国国际联盟"(The International Union of American Republics)。1901年在墨西哥召开了第二届"泛美"会议。大会决定"泛美"会议长期化、制度化,今后每五年召开一次。1906年在巴西的里约热

---

① R. N. Coudenhove-Kalergi, *Paneuropa*, S. 76.
② Walther Killy, *Deutsche Biographische Enzyklopädie*, München: Saur, 2001, Bd. 3, S. 446.
③ Vgl. Alfred Hermann Fried, *Pan-Amerika*, Zürich: Füssli, 1918.

内卢召开了第三次会议。大会制定了美洲国家仲裁法律，建立了仲裁制度。第四次会议于1911年在阿根廷的布宜诺斯艾利斯召开。这次大会将"美洲共和国国际联盟"改名为"美洲共和国联盟"(The Union of American Republics)，并做出了加强美洲国家间文化交流等决议。这几次"泛美"会议都起到了里程碑式的作用，大大加快了美洲国家联合的步伐，给卡莱基留下了深刻的印象："会议不仅取得了政治、经济的实际成果，而且获得了巨大的精神成就。会议深化了美洲大陆的联合意识，加深了'泛美'团结的情感，培养起广泛的'泛美'联合公众舆论。"①第三，"泛美"运动设立了"泛美联盟"机构及各国分支机构。第一届泛美会议就决定，设立"美洲共和国国际联盟"的代表机构"美洲共和国商务局"(The Commercial Bureau of the American Republics)。在初始阶段，"商务局"只有商务信息中心的职能，但很快就发展成为"泛美运动"的中心机构。1901年的"泛美"会议强化了"商务局"的外交职能，"商务局"的管理委员会由各成员国代表组成，美国国务卿任主席，该委员会每月会晤一次。第三次"泛美"会议扩大了"商务局"的规模，为了支持华盛顿总部的工作，在各成员国家设立了分支机构。第四次"泛美"会议进一步扩建"商务局"，并正式命名为"泛美联盟"(Panamerican Union)。卡莱基看到，该机构为落实"泛美"会议的决议提供了有力的保证，在"泛美"运动中发挥了重要作用。

卡莱基不仅善于总结上述历史经验，更善于把它们直接运用到"泛欧"联合的思想、实践活动中去。在"泛欧"运动伊始，他就确立了分阶段开展运动的战略。② 第一阶段是宣传阶段，卡莱基效仿"门罗宣言"，提出"欧洲人的欧洲"(Europa den Europäer)的口号。③ 该宣传主题对一战后

---

① R. N. Coudenhove-Kalergi, Panamerika-Paneuropa, in: *Vossische Zeitung*, 25. 3. 1924.

② R. N. Coudenhove-Kalergi, Etappen zu Pan-Europa, in: *Paneuropa*, 1924, Hefte 2, S. 6—7.

③ R. N. Coudenhove-Kalergi, Die Paneuropäische Propaganda, in: *Paneuropa*, 1924, Hefte 2, S. 12.

的欧洲人极具现实意义。随着一战后世界格局的改变,欧洲丧失了世界霸权。欧洲人生活在恐惧、不安、沮丧之中:他们担心欧洲随时会爆发下一场战争;美国、苏维埃俄国的崛起让他们感到紧张、焦虑;殖民地的纷纷独立让他们感到失落、悲哀;最令欧洲人无法容忍的是,一些前殖民地国家在加入国联后,竟然对"欧洲母国"的事务指指点点、评头论足。这一切让欧洲人感到,欧洲真的衰落了,真的是四面楚歌了,他们迫切需要一种力量,能够横扫欧洲的颓势,振作欧洲人的精神。而卡莱基的"泛欧门罗宣言"正好迎合了战后欧洲人的现实心理需要,这个口号在振奋欧洲人精神的同时,也为"泛欧"联合运动吹响了进军的号角。第二个阶段是设立"泛欧联盟"机构。卡莱基模仿"泛美联盟",在维也纳设立了"泛欧联盟"总部,欧洲的"泛欧"运动拥护者对此纷纷响应,在各国成立了分支机构。第三阶段是按照"泛美"大会的模式,召开"泛欧"国家会议,并将其长期化、制度化、机构化。卡莱基梦想着,欧洲能产生出一两位像玻利瓦尔那样的政治家,邀请欧洲国家共同召开"泛欧"大会。他甚至从"泛美"的历史经验出发,预见了第一次"泛欧"会议的失败:"即便是第一次会议失败了,也没有关系,很快就会有第二次、第三次会议,它们会继续完成此前未竟的事业。"[①]到二战结束前,"泛欧联盟"共组织召开了5次"泛欧"大会,赢得了广泛的社会影响。从以上几个发展阶段中,我们可以清晰地看到,"泛美"运动对"泛欧"运动的示范效应,正是在"泛美"运动历史经验的启发、指导下,卡莱基成功地进行了"泛欧"联合的思想、实践活动。

在区域政治联合方面,卡莱基不仅要学习"泛美"、赶上"泛美",还要超越"泛美"运动。在20年代初,卡莱基提出"泛欧"要学习"泛美"的经验,是因为那时的"泛美"运动具有历史的先进性。"当'泛欧'运动还只是一个纲领的时候,'泛美'运动已经发展成为国家间的组织。"[②]他还告诫欧洲人不要忽视、低估"泛美"运动的发展潜力。[③] 他当时对"泛美"运动

[①] R. N. Coudenhove-Kalergi, *Paneuropa*, S. 77.
[②] R. N. Coudenhove-Kalergi, Paneuropa-Panamerika, in: *Vossische Zeitung*, 25. 3. 1924.
[③] Ebenda.

抱有很大的希望,认为"泛美"大会将很快发展成为美洲邦联。但后来的历史发展表明,"泛美"大会逐渐沦为松散的地区性会议组织,在经历了19世纪末、20世纪初的快速上升期后,"泛美"运动在30年代陷入了停滞。对此,卡莱基批判道:"'泛美'运动过去是榜样,现在则是教训。""'泛美'虽有机构,但缺乏运动。这里只有一个僵死的体制,没有世界政策的活力。"①卡莱基所讲的"缺乏运动"首先是指,"泛美"没有形成广泛的社会运动,没有取得公众,特别是社会舆论的支持。对此,卡莱基评论道:"'泛美'运动的经验表明,没有强大的公众舆论做后盾,政府的努力也难见成效……如果我们把欧洲联合的事业完全交给政府,那就会像今天的'泛美'一样,始终停留在运动的初始阶段,无法前进。"②"缺乏运动"其次指,"泛美"大会缺乏明确的外交政治目标,除了"保证美洲和平""美洲国家权力平等"等基本原则的表述外,它未能回答有关"泛美"发展前途的重大问题。相反,大会陷于大量琐碎事务的泥沼中,在成员国无休止的争吵、纠缠中,逐渐失去了前进的动力和方向。卡莱基还认为,美洲可以接受区域联合运动的失败,而欧洲就不行。因为美洲地多人少,区域内各民族国家间关系相对缓和,一种类似"泛美"大会的松散合作就可以保证美洲的和平。相比之下,欧洲地少人多,区域内各民族国家间关系相对紧张,就必须采用一种更紧密的联合方式,来巩固和保证欧洲的和平。③他深信"泛欧"大会只是一个开始,"泛欧"运动一定会发展、壮大,一定会向着"欧洲合众国"的目标前进。

"欧洲合众国"这个名称很容易让人联想起"美利坚合众国",这两个相似的名称经常引起人们认识上的误会和思想上的混乱。在当时,就有不少欧洲人误以为,卡莱基的"欧洲合众国"是"美利坚合众国"的翻版,是一个像美利坚联邦那样的国家。今天的学者大多对"泛欧"运动的目标不

① Europa-Konferenz, in: *Paneuropa*, 1931, Heft 1, S. 2.
② Ebenda.
③ Ebenda, S. 3.

置可否①,在他们看来,卡莱基一会儿说要学"泛美"组织,建立欧洲邦联,一会儿又说要学美国,建立"欧洲合众国",那么"泛欧"的目标到底是什么呢? 甚至有些学者指责卡莱基用词不当、思维混乱、目标不清。对此,我们提出,"泛欧"运动的长期、最终的目标是建立欧洲联邦,这一点是毋庸置疑的。在"泛欧"运动的纲领中,卡莱基明确要求"欧洲大陆上所有的民主国家在政治、经济上统一起来,建立一个强大的、有生命力的联邦制国家"②。在对"泛欧"运动发展阶段的阐述中,卡莱基又做出了进一步的说明:"'泛欧'运动的高潮是通过'泛欧'宪法,把欧洲邦联转变成为欧洲联邦。"他设想的"欧洲合众国"议会由两院构成,上院由26个欧洲国家的代表组成,下院由300位议员组成。下院议员按人口比例产生,每100万欧洲人选出一位代表,300位议员代表着"欧洲合众国"的3亿人口。③

卡莱基设想的"欧洲合众国"不是美利坚联邦的翻版。他曾明确表示,美国的联邦模式不适用于欧洲。他认为,美国颁布了统一的联邦宪法,建立了有力的联邦政府,这是有着特定的历史条件的。④ 卡莱基的看法非常深刻:正因为美利坚民族逐渐走向历史大融合,在美国的联邦选举中,地区间的矛盾才没有上升为民族矛盾,更没有以压倒一切的姿态爆发出来,美国国内的党派政治原则由此得以实现,这是美国联邦制成功的重要历史原因。反观欧洲的条件就大不相同了,欧洲拥有众多民族,民族国家间矛盾重重:他们在历史上彼此攻伐;在文化上特性鲜明;在政治上相互猜忌、仇视。如果按照"美利坚合众国"的模式进行联邦选举和权力分配,欧洲内部的民族矛盾一定会强势表现出来。多数民族,像德意志民族

---

① Vanessa Conze, *Richard Coudenhove-Kalergi: Umstrittener Visionär Europas*, S. 7; Anita Ziegerhofer-Prettenthaler, *Botschafter Europas: Richard Nikolaus Coudenhove-Kalergi und die Paneuropa-Bewegung in den zwanziger und dreißiger Jahren*, S. 499, S. 512.

② R. N. Coudenhove-Kalergi, Das Pan-Europa-Programm, in: *Paneuropa*, 1924, Heft 2, S. 3.

③ R. N. Coudenhove-Kalergi, Etappen zu Pan-Europa, in: *Paneuropa*, 1924, Heft 2, S. 7.

④ R. N. Coudenhove-Kalergi, Die Schweiz als Vorbild, in: *Paneuropa*, 1929, Heft 10, S. 2.

就会获得较大的参政、议政、执政的权力,这样极易形成权力的垄断,少数民族也会对此心怀恐惧和不满,他们必将联合起来抵抗德意志人的强权和霸权。这样一来,欧洲就会陷入内乱,根本无法形成统一的党派政治局面,也就无法实现欧洲联邦的目标。正是考虑到欧洲多民族国家、多民族矛盾的特点,卡莱基表示,"欧洲合众国"不能模仿美国的联邦制。他还清醒地意识到,如果"泛欧"联合追随美利坚联邦的模式,它势必遭到大部分欧洲国家的反对和抵制。因此,他告诫运动中的同仁,不要尝试模仿美国的联邦制,这样做会威胁到"泛欧"运动本身,会导致"泛欧"联合阵线的破裂。①

事实上,卡莱基设想的"欧洲合众国"是瑞士联邦的翻版。"我们不能照搬外来的模式,我们要学习欧洲大陆内部的成功经验,要效仿瑞士的联邦制。"卡莱基盛赞瑞士的联邦法案,称其为"完美的奇迹"和"未来欧洲宪法的榜样"。② 他之所以倚重瑞士的经验,首先是因为瑞士的国情与欧洲的"洲情"基本相同,两者具有很强的可比性。瑞士是个多民族国家,主要人口由德、法、意三个民族组成。仅从这一点来看,瑞士堪比"小欧洲",瑞士的国情就是欧洲"洲情"的缩影。其次,瑞士的联邦制充分地体现了各民族权力平等、高度自治的原则,为"欧洲合众国"树立了良好的榜样。瑞士联邦议会上院由各省代表组成,每省代表人数基本相同。下院通过直接选举产生,在当时,每四万名选民中产生一名代表。瑞士联邦的最高行政机关——联邦委员会由赢得大选的党派组成。③ 在基本的民主制方面,瑞士联邦与美式联邦没有太大的区别。瑞士联邦的特殊之处在于,在分配最高行政权力时,它引入了各民族间的权力平衡机制:瑞士联邦法律规定,联邦委员会的七位委员必须来自不同的省份,代表不同的民族地区。联邦委员会主席由各位委员轮值担当,期限一年。这就意味着,每个

---

① R. N. Coudenhove-Kalergi, Die Schweiz als Vorbild, in: *Paneuropa*, 1929, Heft 10, S. 2.
② Ebenda.
③ Ebenda.

民族省份都有执政权,都有行使政府主席权力的机会。① 上述规定巧妙地回避了多数民族长期垄断权力的风险,最大限度地体现了各民族权力平等的原则。另外,瑞士联邦的税收制度也独具特色,瑞士的直接税都流入到各民族省份的税务部门,归省内自己掌握,联邦政府只收取共同的海关税和间接税。② 这样做可以让各民族省份享有较大的财政权力,充分满足了各民族高度自治的愿望。这些制度、机制为多民族的"泛欧"政治统一提供了具体的解决方案。再次,瑞士联邦尊重境内各民族文化的独特性,促进了各民族的共同情感。瑞士有德、法、意等官方语言,德、法、意三个民族在瑞士联邦内部和谐共处,他们对联邦"公民"的认同感要明显高于各自的民族感情③,这正是瑞士联邦制的成功之处,也是建设"欧洲合众国"的重要参考经验。最后,瑞士联邦自1848年成立以来,一直生活在和平当中。它不仅维护了国内的和平,避免了民族间的战乱,还在国际上恪守中立的原则,不与他国为敌。这种和平、安定的局面是经历了世界大战的欧洲人梦寐以求的,也是"泛欧"运动的奋斗理想。在卡莱基眼中,瑞士就是小欧洲,欧洲就是大瑞士。瑞士联邦是欧洲联邦的雏形,欧洲联邦是瑞士联邦的扩大和发展。瑞士的经验是现成的,是可以照搬的:"泛欧运动先锋们遇到的种种难题,在这里都可以找到答案。所有的答案都能给我们带来希望,都能为我们指引欧洲联合的道路。"④

三、美国支持"泛欧"联合

卡莱基的美国观既包括他对美国社会的观察与思考,也包括他对美国人思想状况的了解和把握。卡莱基特别想知道,美国人是如何看待欧

---

① R. N. Coudenhove-Kalergi, Die Schweiz als Vorbild, in: *Paneuropa*, 1929, Heft 10, S. 2.
② Ebenda.
③ Ebenda, S. 1.
④ Ebenda, S. 2.

洲联合的。在美国访问期间,他广泛地联系当地的政、经、商、文化各界人士。他不仅积极宣传"泛欧"联合思想,争取公共舆论的支持,还努力调研美国公众的欧洲观、"泛欧"观,得出了美国支持"泛欧"主张的结论。卡莱基的北美之行丰富了他的美国观,为其"泛欧"联合思想增添了鲜活、具体的事实依据。

一战后,美国很快撤出了欧洲事务,对欧奉行孤立主义政策。但美国崛起对欧洲社会的影响是持久、深远的,在卡莱基生活的德意志地区,这一点表现得尤为明显,甚至刮起了一阵移民美国、游学美国、报道美国的风潮。从很大程度上讲,这股崇美风潮是由战后美欧经济形势的巨大反差引发的。在战时和战后共约十年的时间里,德意志帝国被阻挡在世界经济之外,无法与西方国家正常通商往来。[1] 20年代中期,当世界经济秩序逐步恢复正常后,德意志人发现,美国已经迅速地超过了欧洲,成为世界经济的巨人。当时美国的物价水平是欧洲的两倍,工资水平却是欧洲的好几倍。[2] 为了寻找新的就业致富机会,不少德意志人移民美国,德意志的学者和工业家也纷纷前往美国取经、调研,探寻美国的成功之道。他们就此撰写了大量的美国新闻报道、旅美游记、旅美心得等,其数量之多、品种之繁杂,甚至在20年代的德意志地区形成了一道新的美国文学风景线。在这些文学作品中,美国被冠以"经济奇迹"(Wirtschaftswunder)的称号。[3] 这股崇美热无疑强化了卡莱基对美国国力的认识,加剧了他赴美实地考察、争取美国支持的渴望。在上述社会风潮的推动、影响下,卡莱基宣布,"第一个泛欧大使"(Erster Gesandter Paneuropas)将访问美国。

早在赴美前的半个月,卡莱基就在德国的报纸上大造声势,以壮行色。他首先对自己的美国之行广而告之,然后宣称,90%的欧洲政治家都赞同建立"欧洲合众国"。最后,他还宣布,欧洲国家明年将在维也纳召开

---

[1] Die Entdeckung Amerikas, in: *Vossische Zeitung*, 6.4.1926.
[2] Ebenda.
[3] Ebenda.

首届"泛欧"会议。① 卡莱基希望,这些宣传能够扩大此次出访在美欧社会的影响,为"泛欧"联合运动争取更多的同情与支持。1925年10月24日至1926年1月9日,卡莱基访问了美国。应美国外交政策协会的邀请,他在纽约、波士顿、费城、芝加哥和辛辛那提发表演讲。他还访问了华盛顿的经济研究所、纽约的对外关系协会和国际之家、波士顿的妇女城市俱乐部,以及费城的社会之友等组织机构。② 除了公开讲演外,卡莱基还与美国政治、经济、文化界的精英人士进行了会谈。1925年11月,他会晤了美国国务卿凯洛格和参议员博拉(Borah)。③ 同年12月,卡莱基拜会了前国务卿休斯(Hughes)、商务部长胡佛(Hoover),并与哥伦比亚大学校长巴特勒(Butler)等人举行了会谈。④ 他还曾积极地联系过"泛美"组织,向对方提出了合作的希望。为了让美国公众更持久、有力地支持"欧洲兄弟的统一与和平事业",卡莱基在美国着手成立一个"欧洲之友"协会。1926年1月6日,在纽约最终成立了"泛欧联盟美国合作委员会"(American Cooperative Committee of the Pan European Union),其成员有美国的将军、大学教授、律师、法官等社会贤达近30人。委员会发表了支持"泛欧"运动的声明,委员们一致认为,如果欧洲想赢得美国的支持和帮助,就首先要自救,要理智、联合、强大起来。⑤ 之后,卡莱基圆满地结束了对美国的访问,他表示,访问达到了预期的效果。

　　卡莱基的美国之行有两个目的,一是宣传,二是研究。所谓宣传,主要是向美国社会宣讲"泛欧"联合思想,争取广泛的支持,藉此与欧洲的分裂势力做斗争。所谓研究,是指了解美国人对欧洲联合的看法。⑥ 在以

---

① Coudenhoves Amerika-Reise, in: *Vossische Zeitung*, 10. 10. 1925.
② R. N. Coudenhove-Kalergi, Amerika und Paneuropa, in: *Paneuropa*, 1925/1926, Heft 8/9, S. 4.
③ Coudenhove in Amerika, in: *Vossische Zeitung*, 11. 11. 1925.
④ Ebenda, 24. 12. 1925.
⑤ R. N. Coudenhove-Kalergi, Amerika und Paneuropa, in: *Paneuropa*, 1925/1926, Heft 8/9, S. 12.
⑥ Ebenda, S. 4.

上两个方面,卡莱基都取得了显著的成果。在宣传方面,卡莱基赢得了美国公众和媒体的支持,"美国人对'泛欧'抱有很大兴趣。媒体的报道普遍持支持和同情的态度"①。卡莱基回到欧洲后,还在《泛欧》杂志上出版了《美国》专刊,进一步宣传了他在访美期间取得的成果。② 在研究方面,卡莱基的调研主要围绕着两个主题:1. 美国是否认为建立欧洲合众国是必要的? 2. 美国是否认为建立欧洲合众国是可能的?③ 他就此与美国社会各界进行了广泛的交流,获取了大量、宝贵的一手信息。这些材料让卡莱基更加深入地了解了美国人的欧洲观、"泛欧"观,为他的"泛欧"联合主张提供了重要的思想理论根据。

通过在美国的实地考察,卡莱基发现,美国人对"泛欧"联合的看法,是以他们的欧洲现实观为背景、为衬托的。两者反差极大,形成了鲜明的对比。美国人对欧洲的现实政治大多是失望、不信任的。"欧洲在阴谋诡计、秘密外交、政治宣传方面要远胜于美国……从一战爆发以来,欧洲已经骗了美国12年。"④这种看法在美国具有相当的普遍性,在一定程度上反映了欧洲的现实。一战中,美国是带着理想主义来到欧洲战场的。1918年1月,美国总统威尔逊在国会发表演说,提出了"十四点原则"作为"建立世界和平的纲领"。他提倡"民族自决",倡导"公正而持久的和平"。虽然美国帮助协约国赢得了战争的胜利,但这些理想却未能实现。一战后,欧洲各国未能汲取惨痛的历史教训,狂热的民族主义依旧大行其道。法国为了巩固自己在欧洲大陆的霸权,处心积虑地肢解、压迫、围剿德意志帝国。《凡尔赛条约》的签订使德国丧失了七分之一的土地和十分之一的人口。由于边界的改变,一千多万德意志人成了"外国人"。⑤ 在

---

① Coudenhove in Amerika, in: *Vossische Zeitung*, 11.11.1925.
② Amerika und Paneuropa, in: *Vossische Zeitung*, 6.4.1926.
③ R. N. Coudenhove-Kalergi, Amerika und Paneuropa, in: *Paneuropa*, 1925/1926, Heft 8/9, S. 4.
④ Ebenda, S. 10.
⑤ Vgl. Peter Krüger, *Versailles. Deutsche Außenpolitik zwischen Revisionismus und Friedenssicherung*, München: Deutscher Taschenbuch-Verlag, 1986.

波兰、捷克等新成立的民族国家,聚居着大量的"德意志少数民族",他们一心想回到德意志祖国的怀抱。对此,德意志帝国上下群情激愤:为什么欧洲其他民族都能够自决、独立,就只有德意志帝国不能统一呢?德国国内极端民族主义势力乘机煽动复仇情绪,疯狂地叫嚣再大干它一场。周边邻国对此感到惶恐不安,为求存自保,他们纷纷大力发展军事工业,与法国缔结军事同盟。欧洲上空阴霾密布,随时有再次爆发战争的危险。美国厌倦了这种无休止的、毫无意义的民族仇杀,美国参议院拒绝通过《凡尔赛条约》,拒绝加入国联,一战后美国撤出了欧洲事务。即便如此,美国还是无法摆脱欧洲。战后,英法等协约国无力偿还美国的战时贷款,他们本来指望用德国的赔款来支付欠款,但《凡尔赛条约》的惩罚措施让德国经济走向崩溃,德意志帝国根本无力支付赔偿,最后还是美国出资启动、恢复德国经济,才为清理上述三角债打开了局面。卡莱基认为,这一切都让美国把欧洲看成是一个累赘的、麻烦不断的"穷亲戚",他贪婪、贫穷、不满、不知足,构成美国的沉重负担。① 接着,卡莱基描述道,对那些战后踏上美国土地的欧洲政客,美国人的第一个反应是,"他们是来讨施舍的"。对此,他解释道,这些人为了得到美国的援助,无视战后欧洲危机四伏,极力粉饰太平盛世。为了从美国那里争得一点点施舍,他们甚至彼此背叛、互相倾轧,其结果自然是,"美国对欧洲简直烦透了"②。

与此相反,卡莱基看到,美国人对"泛欧"联合事业充满信心和希望。他还真切地感受到,美国人对"泛欧"的赞赏并非流于客套恭维之词,而是内心真实情感的表露。他们对"泛欧"的看法"是不带任何偏见的、敞开心扉的、真诚的",因为"他们从来没有把欧洲联合看成乌托邦,而认为它是完全可以实现的"③。卡莱基认为,美国人对"泛欧"联合的赞同态度,在

---

① R. N. Coudenhove-Kalergi, Amerika und Paneuropa, in: *Paneuropa*, 1925/1926, Heft 8/9, S. 7.
② Ebenda.
③ R. N. Coudenhove-Kalergi, Amerika-Das Ergebnis einer Reise, in: *Vossische Zeitung*, 3.3.1926.

相当程度上,是由其民族性及国家形成、发展的历史决定的。美国人不像欧洲人那样,总被眼前的困难吓倒,看不到未来的光明。对他们来说,只要敢想敢干,就没有什么办不成的事情,而且一旦目标明确,就会先行动起来,而不是坐在那里喋喋不休地争论。正是靠着这种大无畏的乐观主义精神和一股闯劲,美国人才能够改天换地,在广袤的森林和草原上建立起世界上最强大的工业化国家,正是靠着这种开拓、创业的信念,英格兰人、苏格兰人、爱尔兰人、法国人、德国人、斯堪的纳维亚人、犹太人、意大利人等来自世界各地的移民汇聚到新大陆,结成了新的民族感情纽带,形成了新的美利坚民族。① 卡莱基感到,从其性格特点和联合建国的历史经验出发,大部分美国人都发自内心地拥护欧洲各民族的大联合。对他们来说,"这不是要不要欧洲联合的问题,而是什么时候联合的问题"②,建立统一的"欧洲合众国"是完全可能的。

除了上述文化、历史的原因外,卡莱基认为,美国人肯定"泛欧"联合主张,还有着国家利益方面的考虑。他看到,在界定具体的国家利益时,美国人自己的意见也很不相同,尤其在是否加入国联的问题上,美国国内曾爆发过激烈的争论。一战后,大多数美国人不信任国联,反对加入国联,他们认为,国联是与欧洲的事务捆绑、纠缠在一起的。"加入国联等于和一群疯子在一个屋檐下生活,要陪着他们进行无休止的吵闹,无论支持哪一方,都会再次卷入欧洲的内战。"③与此同时,也有部分美国人支持加入国联。其中一部分人是出于和平主义的目的,另一部分人则怀有帝国主义的动机。和平主义者认为,美国应该加入这个和平组织。如果美国加入进来,国联的力量就会壮大,欧洲和世界上其他地区的和平就有了保证。帝国主义者认为,如果美国不加入,而南美国家加入了国联,美国就

---

① R. N. Coudenhove-Kalergi, Amerika-Das Ergebnis einer Reise, in: *Vossische Zeitung*, 3.3.1926.
② Ebenda.
③ R. N. Coudenhove-Kalergi, Amerika und Paneuropa, in: *Paneuropa*, 1925/1926, Heft 8/9, S.7.

很难再对这些国家保持"影响",南美国家会利用国联向美国发难,摆脱美国的控制。如果美国加入国联,就可以在组织内部继续"影响"这些国家,维持南美势力范围的存在。① 在美国的实地调研中,卡莱基亲身感受到,无论是入联的反对派,还是支持派,都拥护"泛欧"联合的主张。反对派拥护"泛欧"是因为,一旦"泛欧"联合成为现实,那么美国只需要和统一的"欧洲合众国"打交道,"再也不用去充当那种令人沮丧的、不讨好的欧洲警察的角色"。② 支持派拥护"泛欧"是因为,"泛欧"联合不仅保证了欧洲内部的和平,还呼吁其他区域组织内部及世界的和平。"泛欧"支持美国在美洲的"领导"地位,并希望看到,美洲在美国的"领导""影响"下,以统一的区域共同体面目出现在国际组织中。这些都与支持派的观点不谋而合,是他们梦寐以求的好事。③ 卡莱基认为,自己为两派开出了一剂共赢的处方,最大限度地满足了美国人的国家利益需求,因此,大多数美国人都会欢迎和支持他的"泛欧"联合主张。

显然,卡莱基的估计过于乐观了。事实上,美国对"泛欧"联合的支持是非常有限的,它基本停留在社会舆论的层面,没有上升为国家意志,没有成为美国的国策。卡莱基在美会晤的大多是民间友好人士,虽然其中不乏社会精英、名流,但他们并不代表美国政府。这些人表示理解、同情"泛欧"联合事业,固然有上文提到的历史文化及政治原因,更重要的是,他们是从美洲的视角来看待欧洲联合的,这很容易让他们对欧洲的内政忽略不计,从而把欧洲幻想成一个整体,这就像欧洲人也惯于把美国当作整体,而不去关心其国内事务是一样的。对于欧洲民族国家间矛盾的深刻性、复杂性、顽固性,大多数美国人没有切身体会和切肤之痛,故而能够较轻松、愉快地认同和接受"泛欧"联合的主张。这在一定程度上也给卡莱基带来了错觉:"支持泛欧的呼声在美国更高。泛欧在欧洲是个问题,

---

① R. N. Coudenhove-Kalergi, Amerika und Paneuropa, in: *Paneuropa*, 1925/1926, Heft 8/9, S. 9.
② Ebenda, S. 11.
③ Ebenda, S. 9.

在美国是自然而然的事情。"① 其实,即便是这种民间的、社会公众的支持,也并非是真正意义上全美国的。卡莱基自己就发现,由于受到地缘政治的影响,美国各地对"泛欧"联合的反映、态度也不尽相同,与欧洲隔大西洋相望的美国东部地区,反应较热烈,临亚洲太平洋的西部地区,态度就较淡漠。② 就政府层面来讲,卡莱基的"泛欧"联合主张未能获得美国政府高层的重视和响应。美国的绝大部分政治家认为,欧洲的现实错综复杂,政治联合遥遥无期,根本提不到议事日程上来。他们当中即便有人表示支持"泛欧",也仅仅是口头和道义上的。例如,参议员博拉表示,只有泛欧联合才能拯救欧洲③,这种外交辞令友好而空洞,没有什么实际内容。

卡莱基美国之行的主要成果在精神思想领域,集中表现在获得舆论支持和深化个人思想两个方面。自卡莱基的美国之行开始,美国的公众舆论开始认识、了解和谈论欧洲联合运动,开始关注、同情和支持欧洲这一新生力量,这为日后美国支持欧洲一体化打下了最初的、有益的舆论基础。从卡莱基个人思想来讲,北美之行丰富了他的美国观,加深了他对美利坚各民族走向联合、统一的历史认识,强化了他对美国现实国家利益的理解,从而为其区域联合设想提供了鲜活、具体的事实依据。从此,他的"泛欧"主张更加理性、成熟、有力,为其日后坚定不移地推进"泛欧"联合事业提供了强大的思想动力。

---

① R. N. Coudenhove-Kalergi, Amerika-Das Ergebnis einer Reise, in: *Vossische Zeitung*, 3.3.1926.

② R. N. Coudenhove-Kalergi, Amerika und Paneuropa, in: *Paneuropa*, 1925/1926, Heft 8/9, S. 9.

③ Coudenhove in Amerika, in: *Vossische Zeitung*, 11.11.1925.

第五章

"泛欧"思想中的俄国观

俄罗斯与欧洲联盟的关系,是欧洲一体化研究的重要问题。前人研究大多集中在当代外交政策或重大事件方面。[①] 迄今为止,学界尚未从思想史的角度全面、深入、系统地回答这一带有根本性的问题。为什么欧洲联合要排斥俄罗斯?[②] 在欧洲人的

[①] 俄欧关系研究参见:陈新明、宋天阳:《论俄欧争夺中的乌克兰事件》,《国际论坛》2015年第1期,第22—29页;熊李力、潘宇:《乌克兰困局:俄罗斯外交的延续性与断裂性》,《外交评论》2015年第2期,123—137页;张弘:《融入欧洲一体化与乌克兰危机》,《欧洲研究》2014年第6期,第37—42页;扎戈尔斯基:《俄国与欧洲》,《今日前苏联东欧》1994年第2期,第43—46页;等等。德语区新近研究参见:Jörgen Kluβmann / Heinz Timmermann (Hg.), *Sicherheit, Frieden und Konfliktbearbeitung im Verhältnis zwischen Russland und Europa*, Bonn: Evangelische Akadamie im Rheinland, 2006; Rolf Peter, *Russland im neuen Europa: Nationale Identitäten und außenpolitische Präferenzen*, Hamburg: Literatur Verlag, 2006; Galina Michaleva (Hg.), *Russland Regionen auf dem Weg nach Europa?* Bremen: Forschungsstelle Osteuropa, 2005; Gerhard Simon, *Russland in Europa? Innere Entwicklungen und internationale Beziehungen-Heute*, Köln: Böhlau, 2000.

[②] 相关观念史研究参见:石芳:《启蒙时代的俄国形象与"欧洲"建构:对伏尔泰俄国历史著作的分析》,《俄罗斯研究》2014年第1期,第74—91页;弗谢沃洛德·巴格诺:《西方的俄国观》,《外国文学评论》2012年第1期,第144—161页;等等。德语区新近研究参见:Renate Hansen-Kokorus (Hg.), *Sibirien-Russland-Europa, Fremd- und Eigenwahrnehmung in Literatur und Sprache*, Hamburg: Verlag Dr. Kovač, 2013; Vasilij V. Zenkovskij, *Russland und Europa, die russische Kritik der europäischen Kultur*, Sankt Augustin: Academia-Verlag, 2012; Nikolaj Serjeevic Trubetzkoy, *Russland-Europa-Eurasien: ausgewählte Schriften zur Kulturwissenschaft*, Wien: Verlag der Österreichischen Akdamie der Wissenschaften, 2005; Alexander von Schelting, *Russland und Europa im russischen Geschichtsdenken, auf der Suche nach der historischen Identität*, Ostfildern vor Stuttgart: Edition Tertium, 1997.

思想认识中,俄罗斯是欧洲国家吗？为什么建立一个包括俄罗斯的"大欧洲"是根本不可能的？俄欧互动会对世界其他地区产生怎样的影响？本章将具体考察卡莱基"泛欧"思想中的俄国观,藉此对上述问题展开初步探讨。

就卡莱基人物研究而言,前人多关注卡莱基领导的"泛欧"运动,对其思想中的俄国观仅限于粗浅的介绍。①"泛欧"联合的思想宝库至今尚未得到很好的开发和利用。研究"泛欧"思想中的俄国观,对于我们认识欧盟的东部边界,认清俄欧关系的现状,探索"欧洲"、俄罗斯及东亚三大区域的互动关系及其规律,具有重要的学术理论价值和现实意义。

一、"大国"时代的俄罗斯

卡莱基继承了近代以来德意志地区的"大空间"思想,这种思想在形成、发展与演变的各个阶段,都将欧洲和俄罗斯视为两个完全不同、彼此独立的大陆区域。19世纪上半叶,德意志民族在走向统一的过程中,就逐渐形成了"大空间"思想。但当时人们对欧洲及俄罗斯等"大空间"的认识还是孤立、分散和模糊不清的,尚未勾勒出区域化时代的总图景。像这一时期的德意志民族思想家弗里德里希·李斯特曾提出,德国只有联合荷兰、比利时和瑞士,建立经济和政治联盟,才能对抗英国的商业和海上霸权。②他还发现,俄国并不满足于庞大的帝国空间,而是积极地与邻国发展区域贸易,从而打破了由英国垄断的世界自由贸易体系,把自己解放

---

① Anita Ziegerhofer-Prettenthaler, *Botschafter Europas: Richard Nikolaus Coudenhove-Kalergi und die Paneuropa-Bewegung in den zwanziger und dreiβiger Jahren*, S. 81–83, 92–93, 378–379, 384; Vanessa Conze, *Richard Coudenhove-Kalergi: Umstrittener Visionär Europas*, S. 16, 21, 32; Patricia Wiedemer, The Idea behind Coudenhove-Kalergi's Pan-European Union, in: *History of European Ideas*, Vol. 16, 1993, pp. 828–829; Ralph T. White, The Europeanism of Coudenhove-Kalergi, in: Stirk, Peter (ed.), *European Unity in Context: The Interwar Period*, pp. 32–33.

② 弗里德里希·李斯特:《政治经济学的国民体系》,第345页。

了出来。① 李斯特的"大空间"观为卡莱基的思想奠定了初步的理论基础。至世纪之交，随着世界经济联系的日益加强，德国的"大空间"思想获得了巨大发展，对区域化时代的总图景有了较为明晰的认识。政治家弗里德里希·瑙曼看到，世界经济的联系越加紧密，国家间的矛盾也就愈发激烈，在这种情况下，"谁单打独斗，谁就要被淘汰出局"②。世界上因此形成了几个巨大的集团，他们是大不列颠、美利坚和俄罗斯。③ 这些集团正朝着世界大国的方向迈进：美国联合南北美洲国家；俄罗斯联合波兰、高加索各民族、亚美尼亚等民族；而英帝国则包括了非洲、澳大利亚、印度、埃及等殖民地。英、美、俄在各自的区域范围内，都发挥着领导角色。④ 为了应对这种新局面和新挑战，他认为，要建立以德国为中心的第四个世界大国。⑤ 瑙曼的"大空间"观为卡莱基的思想提供了进一步的借鉴与启发。⑥ 一战以后，德意志帝国割地、赔款，"生存空间"遭受到严重的挤压，德国社会要求拓展"大空间"的呼声日益强烈。地缘政治家豪斯霍费尔提出，战后世界上的国家以自己所在或靠近的大陆为依托，形成了若干个"大陆空间集团"。⑦ 他还指出，俄国正在利用自己的大陆地缘优势向欧洲扩张。⑧ 他要求建立以德国为核心的大陆区域"大空间"。豪斯霍费尔

---

① 弗里德里希·李斯特：《政治经济学的国民体系》，第 345 页。
② Friedrich Naumann, *Mitteleuropa*, S. 176.
③ Ebenda, S. 167.
④ Ebenda, S. 165.
⑤ Ebenda, S. 167.
⑥ 卡莱基曾在文中引用了瑙曼的原话："只有世界民族（Weltvölker）和多民族集团（Völkergruppe）才有可能在这个世界上生存下去。"见：R. N. Coudenhove-Kalergi, Deutschlands Europäische Sendung, in: *Paneuropa*, 1924—1925, Heft 7/8, S. 38.
⑦ Karl Haushofer, *Weltpolitik von heute*, S. 20.
⑧ Karl Haushofer, Die weltpolitische Machtverlagerung seit 1914 und die internationalen Fronten der Pan-Ideen. Fernziele der Großmächte, in: Karl Haushofer / Kurt Trampler (Hg.), *Deutschlands Weg an der Zeitwende*, München: Hugendubel, 1931, S. 209.

的"大空间"观,无疑强化了卡莱基对多极化世界及俄欧关系的认识。①

在此基础上,卡莱基描绘了更为清晰的世界区域化蓝图,提出了更为全面、深入的世界区域化理论。在他看来,世界已经进入到区域大国的时代。欧洲和俄罗斯自成一体,代表着两个完全不同的、洲际化的"世界大国"。早在1922年,卡莱基就在德国最具自由主义传统的《福斯报》上撰文写道:"战争改变了世界格局,新的世界帝国正在取代旧有的列强体系。英、美、俄、日四个帝国统治着世界。"②在1923年出版的代表作《泛欧》一书中,他进一步指出,"世界上正在形成美利坚、不列颠、俄罗斯、东亚和欧洲五大区域",这些区域都是潜在的世界大国。③ 20年代后期,世界政治经济发生了重要改变:1928年苏联开始实行第一个五年计划;1932年英帝国成员国在加拿大的渥太华召开会议,决定共同建设帝国经济圈;1933年"泛美"组织在乌拉圭首都蒙得维的亚召开会议,商讨南北美洲经济联合的问题。这些都被卡莱基当作区域化时代来临的重要标志。④ 至1936年,他确信,世界上已经形成了英、俄、美、东亚四大经济区域,相比之下,唯有欧洲尚未联合起来。⑤ 上述内容说明,在卡莱基的认识中,俄罗斯与"欧洲"是两个相互平行的政治经济区域,没有什么隶属关系。

不仅如此,卡莱基还进一步指出了,未来的"泛欧"和俄罗斯区域都是联邦制的"世界大国"。由此可见,俄欧两大区域拥有各自的主权机构,它们彼此间的独立关系也变得更为具体清晰起来。与瑙曼相同,卡莱基也看到了:"单一的国家太小,要想在世界大潮中生存、独立,就必须结成国

---

① 尽管豪斯霍费尔强调了强权意志在"大空间"形成中的作用,不像卡莱基那般具有和平、和解的思想,但他从地缘政治的角度,证明了战后区域化、多极化的发展趋势。因此,豪斯霍费尔受到"泛欧"组织的邀请,于1931年在维也纳的"泛欧"中心发表了演讲。他认为,"泛亚"和"泛欧"是对立存在的,世界上依据地缘的因素,形成众多的大区域。
② R. N. Coudenhove-Kalergi, Paneuropa, in: *Vossische Zeitung*, 15.11.1922.
③ R. N. Coudenhove-Kalergi, *Pan-Europa*, S. 22.
④ R. N. Coudenhove-Kalergi, Russland in Genf, in: *Paneuropa*, 1934, Heft 8, S. 140.
⑤ R. N. Coudenhove-Kalergi, Österreich und Paneuropa, in: *Paneuropa*, 1936, Heft 1, S. 41.

家联盟。"①但他的贡献在于指出了,这种国家联盟的发展前景和实质就是联邦制。因为"世界政治体制是需要平衡的,这就是对内的自治和对外的联合。这种平衡在联邦制中得到了最好的体现"②。一战后,苏联建立了社会主义的联邦制,英帝国也蜕变成为英联邦,对此卡莱基评论道:"英帝国和苏俄都跟上了历史进步的步伐,实行了内部的政体改革,给予内部成员国平等的政治地位,这是战后苏英两大帝国没有垮台的重要原因"。③ 他还乐观地指出,"泛美"就是正在形成中的邦联组织。它不同于旧有的军事联盟组织,不针对第三方,旨在保证区域内的和平和促进这里的经济文化发展。④ 与此同时,卡莱基大声呼吁,欧洲的26个国家联合起来,颁布"泛欧"宪法,建立"泛欧"联邦。⑤ 从上述思想中,我们可以更清楚地看到,卡莱基设想的"欧洲合众国"是根本不包括苏联的。

不仅如此,卡莱基还强烈反对俄欧联合成一个更大的区域。第一次世界大战以后,有些欧洲人认为,欧洲太小了,根本成不了"世界大国",必须与苏联联合起来,建立所谓的"大欧洲"。⑥ 二战后,随着苏联超级大国的形成,这种观点仍有一定市场。⑦ 卡莱基从政治平衡的角度出发,坚决否定、批判了这种观点。他认为,俄罗斯太大、太强了,如果建设一个包括俄罗斯的"大欧洲","泛欧"就会丢失自我,丧失独立性。从地理上讲,"泛欧"仅有 500 万平方公里土地,面积是一战后苏联的 1/4。⑧ 从地图上看

---

① R. N. Coudenhove-Kalergi, *Pan-Europa*, S. 19.
② R. N. Coudenhove-Kalergi, Drei Jahre Paneuropa, in: *Paneuropa*, 1926, Heft 10, S. 13.
③ Ebenda.
④ R. N. Coudenhove-Kalergi, *Pan-Europa*, S. 19.
⑤ R. N. Coudenhove-Kalergi, Das Pan-Europäische Manifest, in: *Paneuropa*, Mai 1924, S. 7.
⑥ Alex. Bourdt: Lebensfragen der Völker, S. 6, in: AA R 83528.
⑦ R. N. Coudenhove-Kalergi, *Weltmacht Europa*, Stuttgart: Seewald, 1972, S. 57.
⑧ 卡莱基设想的"泛欧"包括欧洲的殖民母国及欧洲以外的殖民地两个部分,这里仅指欧洲部分。详见《泛欧》一书书末所附表格一"泛欧的各个国家"。

去,"欧洲"不过是欧亚大陆西侧的一个半岛而已。① 从人口上来说,"泛欧"拥有3亿人口,俄罗斯只有1亿5千万人,"欧洲"看似占据优势,实则不然。② 在卡莱基看来,比较双方的总人口,意义不大。关键要看区域内核心民族的人口比例关系。俄罗斯、德意志、法兰西都是具有领导力的核心民族。法德之所以能够走向联合,就是因为建立在实力大体均衡的基础上。也就是说,德国的6千万人口不会对法国的4千万人口形成压倒性的优势。③ 如果俄罗斯加入进来,"这种力量关系就会发生翻转,绝对是对俄国有利的"。卡莱基坚信,如果把俄国纳入欧洲联邦,就一定会导致俄罗斯的霸权。这个联合体不再是什么"大欧洲"了,而是一个彻头彻尾的"大俄罗斯","泛欧"必将沦为它的附庸。④ 因此俄欧联合的想法是"有害的"。

欧洲和俄罗斯虽然分属两个根本不同的区域,但不等于说两者一定会对立,不能够友好相处。恰恰相反,卡莱基明确提出,泛欧绝不能与俄国搞对抗。"欧洲不要忘记,和俄国有一条漫长的、非自然的、实际上根本守不住的边界。因此与俄国保持和平关系是至关重要的,这一点对'泛欧'来说,比对英美要重要得多,因为他们和俄罗斯不接壤。'泛欧'不要为了英美的利益与俄国发生冲突,而是要和俄国建立良好的经济合作关系。"⑤也就是说,地缘政治的因素决定了"泛欧"不能跟着英美跑,不能和苏联敌对。⑥ 在20世纪20年代,当俄国的红色政权尚未强大起来,西方

---

① R. N. Coudenhove-Kalergi, Die geistige Grundlage Paneuropas, in: *Paneuropa*, 1929, Heft 1, S. 14.
② R. N. Coudenhove-Kalergi, Deutschlands Europäische Sendung, in: *Paneuropa*, 1924—1925, Heft 7/8, S. 38.
③ R. N. Coudenhove-Kalergi, Die geistige Grundlage Paneuropas, in: *Paneuropa*, 1929, Heft 1, S. 14.
④ R. N. Coudenhove-Kalergi, Paneuropa und Völkerbund, in: *Paneuropa*, 1924, Heft 6, S. 18.
⑤ R. N. Coudenhove-Kalergi, Weltherrschaft, in: *Paneuropa*, 1927, Heft 2, S. 14.
⑥ 卡莱基设想的"泛欧"联合不包括英国,参见:李维:《库登霍夫-卡莱基"泛欧"联合思想中的英国观》,《史学集刊》2013年第1期,第79—89页。《中国社会科学文摘》2013年第7期转载。

社会普遍反感、轻视苏联之时,卡莱基能够提出上述看法,还是颇具政治远见的。

就当时人们对"欧洲"的认识水平来讲,卡莱基建议与俄国开展经济合作,也是很有战略眼光的。一战以后,随着德意志帝国被肢解、奥匈帝国分崩离析,在东欧、东南欧成立了一系列独立的民族国家。这些小国为了保护民族经济,高筑关税壁垒,欧洲经济因此出现了碎片化的样态。与此形成鲜明对比的,是北美大市场的崛起。针对这种不利的局面,欧洲出现了强烈要求经济联合的呼声。法国经济学家弗朗西斯·德莱西(Francis Délaisi)认为,世界进入了一个"大空间经济"时代,相继出现了泛美、泛俄罗斯、泛亚等经济区域。他还特别指出,美国的竞争力源自北美大市场,这是美国霸权的秘密。① 匈牙利政府部长古斯塔夫·格拉茨(Gustav Gratz)表示,在美国的竞争压力下,欧洲经济联合是必然的。② 捷克政府部长 V. 舒斯特(V. Schuster)表示,可以先从小做起,从小协约国、多瑙河流域、荷比卢等国家的地区经济联合入手,然后积累扩大到全欧洲。③ 呼吁欧洲经济联合的声音汇成了一股强劲的思潮。但上述思想多把俄罗斯排除在外,像雅典科学院的安德烈·安德烈德斯(André Andreades)教授就曾明确表示:"在苏联以西建立一个经济大空间,这样可以促进中欧工业地区和东南欧农业地区的经济循环与交流。"④ 出于对苏联的歧视、恐惧和担忧,"泛欧"联合的拥趸们较少提及"欧洲"与苏联的合作。相反,他们对此充满了质疑:苏联的国民收入是否支付得起昂贵的欧洲工业品?苏联实行计划经济,与"欧洲"的体制不同,双方的贸易是否能够顺利进行?苏联不承认欧洲的专利,经常采取"拿来主义",怎样和苏联开展合作?"欧洲"是否会对苏联的原材料和农产品产生严重的依赖?到底是与苏联合作,还是干脆专心于欧洲内部市场,抑或转向更加广

---

① Paneuropa Kongress, in: *Paneuropa* 1926, Doppelheft, 13/14, S. 35.
② Paneuropäische Wirtschaftskonferenz, in: *Paneuropa*, 1934, Heft 2, S. 57.
③ Ebenda, S. 60.
④ Ebenda, S. 55.

阔的世界市场?①

卡莱基高屋建瓴地回答了这些具体的问题。在他看来,技术性的细节应该服从更高层面的战略考量,欧俄经济合作势在必行。首先,欧俄经济存在着天然互补关系。俄国主要是农业地区,其有限的工业基础在苏俄内战中遭到重创。苏联亟需工业品,首先是交通工具和农用机械,而"欧洲"则需要粮食。"俄罗斯的重建需要欧洲,欧洲也需要俄罗斯"。②从这个意义上讲,"俄罗斯不是威胁,而是一种经济补充"。③ 双方有发展合作的需求。其次,欧洲经济圈占有优势地位。未来的"泛欧"是个独立的经济大空间,如果把殖民地也计算在内的话,"它有2千5百万平方公里,5亿人口,拥有世界上1/4的人口和1/6的土地面积,有足够的自然资源、工厂和劳动力,能够解决整个欧洲的衣食住行"。④ 换而言之,在自给方面,欧洲不会完全依赖俄国的资源进口,而在科学技术方面,又对俄罗斯保有巨大的领先优势。再次,与俄发展合作,有助于提高"泛欧"经济的国际竞争力。如果欧俄相争,两败俱伤,美国的工业就会从中渔利。反过来,"欧洲"要想和英美在经济上一争高下,就必须与俄国合作。⑤ 最后,欧俄经济合作将促进双方的政治互信。卡莱基建议,在未来的10年,可以先搁置政治争议,把经济交流放在首位。随着贸易往来的不断加强,欧俄在政治上也会逐步增加相互间的信任感,并最终走向和解。30年代后期,随着苏联的不断壮大,卡莱基甚至表示过,希望未来的欧俄关系能够像欧英关系那样良好。⑥

早在两战期间,卡莱基就在其"泛欧"设想中,具体明确地勾勒了欧洲区域与俄罗斯区域的关系。总的来讲,可以概括总结为,在政治上彼此独

---

① Georg Schulze, *Was ist, was will Paneuropa?* Berlin: Deutsche Verlagsgesellschaft M. B. H., 1932, S. 100.
② R. N. Coudenhove-Kalergi, *Pan-Europa*, S. 63.
③ Ebenda.
④ R. N. Coudenhove-Kalergi, Russland in Genf, in: *Paneuropa*, 1934, Heft 8, S. 137.
⑤ R. N. Coudenhove-Kalergi, *Pan-Europa*, S. 63.
⑥ 参见:李维,《库登霍夫-卡莱基"泛欧"联合思想中的英国观》,第84页。

立,经济上相互合作。他的这种看法,到了第二次世界大战以后依然没有改变。二战后,苏联发展成为超级大国。加上东欧社会主义阵营中的国家,卡莱基眼中的俄罗斯区域大大地加强了,人口膨胀到3亿5千万,面积增加至2千5百万平方公里。而他设想的"欧洲合众国"的空间却受到了挤压,减少到4百万平方公里。① 但这些丝毫没有动摇卡莱基的"泛欧"联合信念。相反他认为:"欧洲的人口密度是俄国的5倍,它不应该觉得自己没有价值。"②这种价值表现在近代以来的科学技术和物质文明进步方面,更根植于欧洲悠久的历史文化传统之中。在他看来,美苏的文化都源于欧洲,却与欧洲文化大相径庭。"他们与欧洲最大的不同,就是没有自己的传统。这种传统才是欧洲的优势所在,才是欧洲未来的保证。"③从这个意义上讲,卡莱基"泛欧"思想中的欧洲和俄罗斯,不仅是两个完全独立的政治经济实体,还是两种根本不同的文化形态。

二、亚洲文化背景及社会主义

卡莱基的反苏意识形态,是以他对俄罗斯的历史认识为基础的。他认为,俄罗斯拥有漫长的亚洲化历史,受到亚洲文化的巨大影响。相比之下,其近代的欧化进程显得太短暂、太表面、太肤浅了,根本无法撼动和彻底改变俄罗斯的传统文化特性。而"十月革命"则标志着俄罗斯向亚洲传统的回归,俄国的布尔什维克们看似掌握了欧洲的先进理论武器,但在实践中,却表现出落后的亚洲文化特征。④

对卡莱基来说,俄罗斯算不得一个真正意义上的欧洲国家,至多是个亚欧混合体。从人种上来说,它是欧洲人种和亚洲人种的混血。从文化

---

① R. N. Coudenhove-Kalergi, *Weltmacht Europa*, S. 57.
② Ebenda.
③ R. N. Coudenhove-Kalergi, Die geistige Grundlage Paneuropas, in: *Paneuropa*, 1929, Heft 1, S. 14.
④ 卡莱基在谈论俄罗斯的欧亚民族特性时,经常表现出对"亚洲"和"亚洲文化"的不屑与蔑视。这里的"亚洲"实指蒙古。对于以中国为代表的东亚儒家文化,他还是充满敬意的。

上来说,它是欧洲文化和亚洲文化的混合。① 卡莱基提到俄罗斯的"变种"时,明显地带有欧洲人的傲慢与偏见。他们是用西方文明的视角来审视这一切的。俄罗斯民族源于生活在东欧平原上的、未开化的斯拉夫部落。在公元 6 世纪的时候,希腊人就曾这样形容斯拉夫人,称他们是真正的野蛮人,肮脏、半裸、住在草木搭成的窝棚里。② 与此同时,"来自亚洲的各游牧民族一个接一个地统治着这个地方"③。因此,在卡莱基眼中,俄罗斯民族在欧洲不仅出身卑微、低贱,而且还融入了亚洲各部族的血统,在人种上呈现出"混杂"(gemischt)的特征,是欧洲劣等人种和亚洲混血的产物。

　　卡莱基认为,在国家形成和发展的过程中,俄罗斯与亚洲的关系日益密切,亚洲文化深深地影响了俄罗斯,成为其新的民族文化的有机组成部分。仅从这一点上来说,卡莱基的看法是客观、中立的,是有着史实根据的。俄罗斯国家与亚洲的关系大致可以分为三个历史阶段。第一阶段是 9 世纪前后,在俄罗斯国家形成的过程中,就有亚洲哈扎尔人参与其中。④ 第二阶段是从 13 世纪初到 15 世纪末,鞑靼人入侵俄罗斯,开始了长达近 300 年的统治。他们掠夺俄罗斯城市,造成俄罗斯国家的乡村化。而俄罗斯的正教也因与鞑靼汗建立了同盟关系,脱离了对俄罗斯诸侯的依附,为日后获得独立的宗教地位埋下了伏笔。⑤ 这些都对俄罗斯的历史发展起到了重大影响。第三个阶段,是从 16 世纪到 19 世纪。莫斯科公国扫平了业已分裂的鞑靼汗国,统一俄罗斯,与此同时,俄罗斯人也开始越过乌拉尔山向亚洲扩张。17 世纪,俄罗斯人征服了西伯利亚。1689 年,与清王朝签订了《尼布楚条约》。到 19 世纪,清朝对西方战败,国势日衰,沙

---

① R. N. Coudenhove-Kalergi: *Pan-Europa*, S. 35.
② M. H. 波克罗夫斯基:《俄国历史概要》,贝璋衡、叶林等译,北京:三联出版社,1978 年,第 40 页。
③ 瓦·奥·克柳切夫斯基:《俄国史教程》,张草纫、浦允南译,北京:商务印书馆,1992 年,第 1 卷,第 100 页。
④ 同上书,第 121—124 页。
⑤ M. H. 波克罗夫斯基:《俄国历史概要》,第 40 页。

俄趁火打劫,抢占了直至太平洋东岸的大片中国领土。① 通过上述历史可以看出,亚洲在俄罗斯帝国的形成和发展过程中,扮演了极为重要的历史角色,发挥了重大的、不容低估的历史影响。正是在欧亚历史文化的风云激荡中,俄罗斯表现得就像卡莱基所描述的那样,"时而亚洲,时而欧洲"②,逐渐形成了自己崭新的欧亚文化特征。

在强调巨大影响的同时,卡莱基对"亚洲文化"抱有明显的歧视与偏见。他把西方人对俄罗斯的陌生感、不信任感和恐怖感,都归罪于"亚洲文化"的作用,把俄罗斯民族性格中的消极阴暗面,诸如神秘、麻木、冷漠、残暴等,都说成是"亚洲文化"的产物。把俄罗斯民族的嗜血、残忍,说成是亚洲因素作用的结果。14世纪下半叶,突厥蒙古人帖木儿(Tamerlan)发动了残忍的战争,建立了帖木儿帝国。15世纪初,他们入侵美索不达米亚,仅在巴格达一地,不分男女老幼,就屠杀了80万人,摧毁了这座世界文化名城。③ 在卡莱基看来,后来的俄罗斯帝国经营着原帖木儿帝国的部分地区,自然也就在一定程度上,承袭了突厥蒙古的历史传统和民族性格。他认为,俄罗斯与亚洲的联系越密切,也就越落后,越没有文化,他们只会征服和毁灭,不会建设与合作。④ 他还进一步发挥道,如果说拿破仑征服欧洲,带来了资本主义制度和大革命思想的话,那么"鞑靼拿破仑——俄罗斯要是征服了欧洲(der Einfall des tatarischen Napoleon),带来的只能是毁灭"⑤。

卡莱基把沙皇俄国比作"鞑靼拿破仑",是有一定的历史背景的。近代以来,沙皇俄国抵制、干涉、反对欧洲文明进步的种种行为,已经清楚地表明了,它是欧洲国家中的另类,是"欧洲大家庭"的威胁。这集中表现在以下三个方面:一、徒有其表的欧化进程。始于18世纪初叶的彼得一世

---

① 斯塔夫里阿诺斯:《全球通史——1500年以后的世界》,第195页。
② R. N. Coudenhove-Kalergi, *Pan-Europa*, S. 35.
③ Ebenda, S. 58.
④ Ebenda.
⑤ Ebenda.

(Peter I)改革,为俄国打开了一扇通向西方的窗户,但这种改革是肤浅且不全面的。它仅仅涉及了军事、经济、技术等领域,根本没有让俄罗斯脱胎换骨,真正地融入西方。① 在卡莱基看来,俄罗斯的"欧化"进程只不过是近200年来的事情,与其前700年的巨大历史惯性相比,根本起不到什么决定性的作用。"徒有欧洲文化的外表,却没有什么实质性的改变"。②

二、反动政治联盟的领袖。拿破仑帝国瓦解后,由俄国沙皇亚历山大一世发起,俄、普、奥三国于1815年9月签署了《神圣同盟宣言》,并邀请承认盟约原则的其他国家参加。19世纪20年代,神圣同盟相继镇压了意大利和西班牙的革命,还曾企图干涉拉丁美洲的独立运动。神圣同盟具有鲜明的政治象征意义:即对于那些敢于挑战皇帝和贵族社会秩序的激进派,保守的君主们将联合起来,给予打击和制裁。③ 因此,卡莱基称其为欧洲保守君主、女皇反对人民争取自由的"反动联盟"④,而俄国就是这个组织的始作俑者和反动中坚力量。三、坚持君主专制。在宪政和议会民主制方面,俄罗斯是欧洲最为保守落后的国家。1848年,欧洲爆发了资产阶级民族民主革命。这场革命虽然以失败告终,但是它极大地打击了封建专制制度,为欧洲的民主化、自由化发展奠定了重要的基石。比利时和荷兰加强了宪法的力量,实行了议会制,北欧的王室统治也改成立宪制。法国虽然发生了小规模的政治倒退,但普选权和人民当政的原则成为了永久性的政治成果。在奥地利,1849年宪法废除了皇帝的天赋权利。由于1848和1850年的宪法,普鲁士也不再是绝对专制的王国。⑤ 卡莱基清楚地看到,俄国以西的国家都按照英国的样子,或多或少地接受了宪政。只有俄国坚持君主专制。他继而愤愤地断言:"从那时起,俄国

---

① 斯塔夫里阿诺斯:《全球通史——1500年以后的世界》,第378页。
② R. N. Coudenhove-Kalergi, *Pan-Europa*, S. 36.
③ C. W. 克劳利编:《新编剑桥世界近代史》,中国社会科学院世界历史研究所组译,中国社会科学出版社,1992年,第9卷,第877页。
④ R. N. Coudenhove-Kalergi, *Weltmacht Europa*, S. 54.
⑤ J. P. T. 伯里编:《新编剑桥世界近代史》,中国社会科学院世界历史研究所组译,中国社会科学出版社,1999年,第10卷,第557页。

就离开了欧洲!"①

从总的历史发展来看,卡莱基认识到,俄罗斯文化是亚欧文化的混合物,而且是亚洲的成分多,欧洲的因素少。俄罗斯近代以来的欧化进程,完全是皮毛而已,既不能决定其文化属性,也代表不了国家未来的发展方向。② 在其文明冰山的一角下,掩藏的是漫长的、不可更改的、野蛮落后的"亚洲文化"的影响。正像美国全球史家斯塔夫里阿诺斯(Stavrianos)所描绘的那样:"它缺乏西方生机勃勃、扩张的商业、工业和科学文明。"③ 这样的俄罗斯即便属于欧洲,也是一个离经叛道的、另类的、与传统意义上的欧洲格格不入的角色。

卡莱基对苏联共产党的否定与批判,正是建立在这样一种历史认识之上的,他认为,布尔什维克夺取政权,标志着亚洲野蛮传统的延续与回归。他宣称,社会主义制度替代资本主义制度,创建了一种全新的"生活方式"或"文化方式"。④ "但它并不代表着光明,而是欧洲中的一片黑暗"。⑤ 因为无论是用苏维埃来替代议会民主,还是用计划经济来取代市场,其核心都是反自由的。用共产主义世界观来改造人,强迫大家放弃宗教信仰,则是反基督教的。而反自由主义、反基督教,就是摧毁了欧洲文明的基础,就是反欧洲的。⑥ 因此,从俄罗斯的整个历史发展轨迹来看,十月革命标志着俄罗斯完全脱离了欧化进程,"又回归到了亚洲的轨道上来"⑦。这种面向亚洲的发展方向,卡莱基将其归结为人种因素作用的结

---

① R. N. Coudenhove-Kalergi, *Weltmacht Europa*, S. 55.
② R. N. Coudenhove-Kalergi, *Pan-Europa*, S. 36.
③ 斯塔夫里阿诺斯:《全球通史——1500年以后的世界》,第376页。
④ R. N. Coudenhove-Kalergi, *Pan-Europa*, S. 36.
⑤ R. N. Coudenhove-Kalergi, *Ein Leben für Europa*, S. 96.
⑥ 尽管卡莱基在此提出了宗教的问题,但这不是他排斥苏联的主要理由。他认为,苏联的主要问题是非欧化,而土耳其则正相反,迅速地实现了欧化,所以应该邀请土耳其加入"欧洲"。这样博达海峡就掌握在欧洲人手中,苏联的势力也就无法进入地中海。见:R. N. Coudenhove-Kalergi, *Pan-Europa*, S. 36.
⑦ R. N. Coudenhove-Kalergi, *Weltmacht Europa*, S. 55.

果。① 即俄国是亚欧人种的混血,因此革命也体现了混合的特点,"他们虽然手持欧洲的先进理论,却在进行着亚洲式的实践"。② 卡莱基所熟悉并在情感上能够容忍的社会主义,是中欧的民主社会主义,即不进行阶级斗争,不实行无产阶级专政,在议会民主制的范围内,为广大工人争取福利的社会主义。因为"它在经济上没有追求平均主义,在政治上也没有反对自由"。③ 在他看来,这样的社会主义运动才是正统,才是主流,而苏俄不过是社会主义的独裁专制形式而已。④

卡莱基对苏共的负面看法,既受到他对俄国历史文化认识的支配和影响,也与他所处的社会环境和个人遭遇息息相关。卡莱基的青年时期,正是欧洲爆发革命的年代。1917 年列宁(Lenin)领导的布尔什维克武装力量推翻了俄资产阶级临时政府,建立了苏维埃政权。十月革命是人类历史上第一次胜利的社会主义革命,建立了第一个无产阶级领导的社会主义国家,极大地震撼了资本主义世界。在卡莱基生活的中欧地区,这种震荡表现得特别明显。德国、匈牙利和斯洛伐克都爆发了革命,建立了短暂的苏维埃政权,奥地利的共产党人也准备起来夺权。⑤ 1919 年 3 月,德国柏林的苏维埃政权被镇压,死亡人数高达 1200 人,足见当时革命的激烈程度。⑥ 在这种动荡的社会环境中,卡莱基也经历了生与死的严峻考验。1919 年 2 月至 5 月,德国南部巴伐利亚州的慕尼黑爆发了革命,建立了苏维埃政权,很快被右翼的志愿团镇压。在此期间,革命派和保守派相互残杀⑦,卡莱基也被卷入到暴力冲突的漩涡之中,由于其贵族身份,

---

① R. N. Coudenhove-Kalergi, China und Europa, in: *Paneuropa*, 1928, Heft 6, S. 6.
② R. N. Coudenhove-Kalergi, *Pan-Europa*, S. 36.
③ R. N. Coudenhove-Kalergi, Europa und die Welt, in: *Paneuropa*, 1926, Heft 10, S. 7.
④ R. N. Coudenhove-Kalergi, Europäische Parteien, in: *Paneuropa*, 1927, Heft 3, S. 5.
⑤ 卡尔·迪特利希·埃尔德曼:《德意志史》,第 4 卷,上册,高年生等译,北京:商务印书馆,1986 年,第 197—198 页。
⑥ 同上书,第 196 页。
⑦ 同上书,第 198 页。

险些被红色水兵当作反革命分子枪毙掉。① 这一切让他对社会主义革命留下了恐怖、恶劣的印象,对他来说,红色革命即意味着动荡、暴力和血腥屠杀。

卡莱基亲身体验了红色革命的恐怖,这让他担心、恐惧、憎恨苏联在欧洲的扩张与侵略。他很清楚,苏联完全有可能打着革命的旗号入侵它国,来实现其称霸欧洲乃至世界的政治野心。他的看法主要有以下三点根据:首先,苏联具有世界革命的理论。卡莱基认为,苏联的问题不在于它宣布了本区域的"门罗宣言",宣布由自己来领导、支配区域内的事务,不允许外部列强染指。而在于它的"门罗宣言"是世界性的,是以征服其他大区域和全世界为目标的,因此具有了特别的侵略性和危险性。② 卡莱基的担忧不无道理。早在 19 世纪,马克思和恩格斯根据资本主义已经形成世界体系的事实,认为无产阶级的革命也必将是国际性的事业。它可以在一国开始,却不能在一国完成。这一思想要求各国无产阶级联合起来斗争,但并没有武力输出革命的意思。十月革命后,列宁和俄领导人大多认为,在一个国家中取得社会主义的最终胜利是不可能的,必须"发展、援助和激起世界各国的革命"③,才能获得最后成功。俄国革命的目标是在国际范围内推翻资本主义统治,"建立统一的世界苏维埃共和国"。④ 因此,卡莱基认定,苏俄是一定会来颠覆资本主义制度的⑤,它对欧洲的侵略和扩张是必然的、不可避免的。其次,苏联正在欧洲进行着不断革命的实践活动。1920 年 6—10 月,苏俄红军攻打波兰,准备帮助波兰建立苏维埃政权。卡莱基认为,苏联正在把不断革命的理论付诸实践。苏联红军的创始人托洛茨基(Trotsky)曾表示:"要进一步采取社会主义

---

① R. N. Coudenhove-Kalergi, *Ein Leben für Europa*, S. 99.
② R. N. Coudenhove-Kalergi, Krieg und Revolution, in: *Paneuropa*, 1928, Heft 9, S. 4.
③ 《列宁全集》第 35 卷,第 294 页。
④ 《列宁全集》第 38 卷,第 46 页。
⑤ R. N. Coudenhove-Kalergi, Pazifismus, in: *Paneuropa*, 1924, Heft 4—5, S. 19.

措施并进行反对外国反动势力的战争。"①这让卡莱基惊惧不已,他焦虑地指出苏联肯定要拿欧洲开刀,颠覆这里的资本主义制度,建立一个"红色的泛欧"②,而欧洲的那些小国们则根本阻挡不住这样的进攻。③ 最后,苏联的对外扩张是有历史传统的。19世纪下半叶,当巴尔干各斯拉夫民族的起义达到高潮之时,沙俄就曾打着"泛斯拉夫主义"的幌子,在该地区推行侵略政策。④ 卡莱基指出,苏联的扩张与此一脉相承,甚至有过之而无不及。它打着世界革命的旗号四面出击⑤,而第三国际,就是苏联扩张的政治工具。⑥ 他还预见到,苏联的世界革命最终会遭到失败。即便苏联像拿破仑一样统一了欧洲,也一定会以失败收场。失去了民族独立和自由的基础,一切意识形态革命都将失败。"因为人民在革命中看到的不是阶级的解放,而首先看到的是民族的压迫。"⑦

卡莱基对苏联的负面认识也并非是一成不变的,随着苏联国内形势的改变及国际大环境的变迁,卡莱基也在一定程度上调整了自己的看法。1929年,爆发了世界范围内的经济危机,欧洲的政治经济恶化起来。自20年代中期开始的欧洲恢复、和解进程被迫中断,各国又相继走上了对抗的老路。而苏联似乎没有受到重大的影响,相反,它在政治上更加稳固,经济更加发展。1929年,斯大林(Stalin)在战胜托洛茨基、布哈林(Bukharin)反对派之后,确立了至高无上、唯一正确的领导人地位,开始全面推行自己的方针路线。⑧ 在对外政策方面,斯大林否定了托洛茨基

---

① 列夫·托洛茨基:《"不断革命"论》,紫金如、蔡汉敖等译,北京:三联书店,1966年,第85页。
② R. N. Coudenhove-Kalergi, Europäische Parteien, in: *Paneuropa*, 1927, Heft 3, S. 6.
③ R. N. Coudenhove-Kalergi, *Pan-Europa*, S. 60.
④ 刘祖熙:《改革和革命——俄国现代化研究》,北京:北京大学出版社,2001年,第396页。
⑤ R. N. Coudenhove-Kalergi, Krieg und Revolution, in: *Paneuropa*, 1928, Heft 9, S. 4.
⑥ R. N. Coudenhove-Kalergi, *Weltherrschaft*, S. 6.
⑦ R. N. Coudenhove-Kalergi, Deutschlands Europäische Sendung. Ein Gespräch, in: *Paneuropa 1924—1925*, Heft 7—8, S. 28.
⑧ 徐天新:《斯大林模式的形成》,北京:人民出版社,2013年,第14页。

的"不断革命"论,提出"一国建成社会主义"理论。他强调的不再是世界革命,而是自身的经济建设和防止外国的武装干涉,是苏俄的民族利益。① 在经济方面,从1928年到1932年,苏联实施了第一个"五年计划",工业特别是重工业得到巨大发展,建立了钢铁、汽车、航空等部门,正像斯大林所说的:"这一切成就使我国由农业国变成了工业国。"② 到30年代中期,卡莱基看到了一个不断壮大的、蒸蒸日上的苏联。它拥有1.6亿人口,像莫斯科、列宁格勒这样的大城市人口比1920年增长了2倍,1934年苏联国民收入比四年前翻了一番,财政预算扩大4倍。同年黄金产量名列世界第二,仅次于南非。③ 苏联的强大和"欧洲"的衰弱形成了鲜明的反差和强烈的对比,这一切迫使卡莱基用新的眼光来审视这个红色的政权。

这一时期,卡莱基的苏联观发生了积极的变化,对苏联的经济模式有了某些肯定的看法。他认为,苏联经济的优越性主要表现在:一、拥有长期稳定的计划经济。苏联经济的优势在于高度的计划化和组织化,"而西方国家对5个月以后的事情,都不知道该怎么办,更不可能有长达5年的规划"④。最让卡莱基关注、佩服并羡慕不已的,是苏联模式成功应对世界经济危机的能力,"在经济危机中,就业成为各国最大的难题,而苏联却很好地解决了这个问题"⑤。二、在国际市场上有较强的竞争力。苏联倚靠行政手段,制定较低的工资水准和物价水平,使自己的产品在国际市场上,具备了较强的竞争能力。⑥ 不仅如此,它还能够发挥国有经济的优势,制定统一的贸易政策,对订货、原料、运输、外销各个环节进行精心组织。卡莱基对此慨叹道:"这是西方国家根本比不了的。"⑦ 三、具有洲际

---

① 徐天新:《斯大林模式的形成》,北京:人民出版社,2013年,第325页。
② 同上书,第118页。
③ R. N. Coudenhove-Kalergi, Ring um Europa, in: Paneuropa,1935, Heft 1, S. 56.
④ R. N. Coudenhove-Kalergi, Stalin & Co, in: Paneuropa, 1931, Heft 7/8, S. 217.
⑤ Ebenda, S. 214.
⑥ Ebenda, S. 210.
⑦ Ebenda, S. 198.

规模的区域经济。苏联不是小国经济,它是"英帝国以外最大的帝国,是世界上最具活力的经济体之一"①。卡莱基看到,苏联拥有广阔的市场,而且正在迎来工业化和现代化的高潮,欧洲的企业都想乘上这艘大船,来分得一杯羹。他进而指出,苏联经济已经对欧洲小国产生了辐射效应。"欧洲小国互斗不已,而它们与苏联的关系,要比彼此间的好得多。苏联坐收渔翁之利。它不仅没有受到抵制和封锁,恰恰相反,还受到欧洲各国的争相优待!"②至30年代中期,卡莱基心目中的苏欧总图景发生了颠覆性的改变。十月革命刚刚爆发的时候,俄国是混乱、落后的象征,十几年过去了,苏联变得统一、强大,欧洲却依旧分裂、衰弱。而且这绝不仅仅是卡莱基个人的看法,不少欧洲人已经不再把欧洲和苏联相提并论,而是在美苏之间进行比较,甚至有人认为,就是美国,也没有苏联组织得好!③

尽管如此,卡莱基对苏联社会主义的否定与批判,没有发生实质性的改变。这一点是由他所属阶层的政治立场所决定的。④ 卡莱基是站在贵族精英专制的立场上来反对苏联的。卡莱基的"新贵族"政治观,基本属于魏玛德国时期"保守革命"的思想范畴。在魏玛政治的光谱中,"保守革命"派比自由民主派更右,与极右翼的纳粹只有一步之遥。所以在反苏联方面,卡莱基比民主派表现得更为坚定,可谓是有过之而无不及。

从其贵族保守派的政治立场出发,卡莱基对苏联的社会主义体制,特别是斯大林模式进行了毫不留情的批判。⑤ 主要集中在经济体制与政治统治两个方面:在经济上,他认为,苏联的根本问题在于体制上的僵化。工人依附于国有企业,没有选择的自由,"人身地位堪比过去的奴隶"。⑥

---

① R. N. Coudenhove-Kalergi, Stalin & Co, in: *Paneuropa*, 1931, Heft 7/8, S. 195.
② Ebenda, S. 218.
③ Ebenda, S. 215.
④ 参见:李维:《卡莱基"泛欧"思想的政治价值观》,《欧洲研究》2012年第4期,第137－149页。
⑤ 反过来,苏联称"泛欧"联合是反布尔什维克的帝国主义思想,视卡莱基为资本主义反革命理论宣传家。Alexander Tschubarjan, *Europakonzepte-Von Napoleon bis zur Gegenwart*, Berlin: edition q, 1992, S. 125.
⑥ R. N. Coudenhove-Kalergi, Stalin & Co, in: *Paneuropa*, 1931, Heft 7/8, S. 198.

苏联消灭富农,建立集体农庄,这也与近代以来欧洲土地私有化的进程背道而驰。① 卡莱基指出,这种僵化体制导致了生产力水平不高,"苏联的社会主义消灭了剥削,但是没有消灭贫困,反而使贫困普遍化了",所谓的平等社会也不是绝对的,而是"用阶级的不平等取代了资本的不平等",特别是那些在政治上被打倒的人,根本没有经济平等可言。② 卡莱基的批判在一定程度上反映了苏联当时的状况,那些遭到发配、被迫迁移的大批富农正挣扎在死亡线上。在政治上,卡莱基攻击斯大林模式是寡头政治,他形容苏联的政治制度就像一个大金字塔,斯大林端坐在金字塔的顶端。为了维护这种统治,苏联建立了警察国家,成立了克格勃特务组织,使用恐怖手段镇压国内的政治异己分子。从暴力和反议会的特点出发,卡莱基把斯大林模式和法西斯独裁拉在一起,认为二者有异曲同工之妙。③ 把社会主义和法西斯主义相提并论,强调二者共有的极权政治特征,是当时欧洲自由民主派的思想。在这一点上,他与那些民主派的看法是大体相同的。为了彻底诋毁斯大林政权,他甚至说道:"与沙皇时代相比,苏联的恐怖统治尤为酷烈,因为它加上了意识形态的高压,简直就是回到了中世纪的宗教裁判所的野蛮时代。"④卡莱基之所以从根本上否定、摒弃苏联的制度,就是因为无论是公有制,还是寡头政治,都是消灭了人的自由。他指出,自由是欧洲文明的基石,是欧洲先进文化的精神源泉,"从某种程度上讲,一部欧洲史就是一部自由主义的斗争史。从宗教改革到启蒙运动,从英法的政治革命到民族解放战争"。而消灭了自由,也就消灭了欧洲文化的根基。他坚信,苏联的制度是没有远大前途的,因为它"归根到底是一种亚洲的制度",而过去的历史已经很好地说明了亚洲竞争不过欧洲,"就像两千年前的波斯和希腊一样,一个代表亚洲专制,一个代表欧洲

---

① R. N. Coudenhove-Kalergi, Stalin & Co, in: *Paneuropa*, 1931, Heft 7/8, S. 229.
② Ebenda, S. 224.
③ Ebenda, S. 203.
④ Ebenda, S. 227.

自由,欧洲的自由取得了最后的胜利"。① 至此,卡莱基对苏联的批判,又转回到了他头脑中的起点,即俄罗斯的欧亚种族和欧亚历史文化观中去了。

三、俄罗斯的欧亚双重战略

卡莱基地缘政治观念中的俄罗斯,与其意识形态观中的俄罗斯形象,是基本一致的。在他看来,俄罗斯具有鲜明的欧亚地缘政治特征。自现代以来,它经历了从"欧洲列强"到"欧亚世界大国"的转变。② 而1917年的"十月革命",无疑起到了历史转折点的关键作用。

卡莱基认为,一战前的俄罗斯属于欧洲列强,自身的"欧洲"特点还是比较明显的。这一时期,俄帝国的政治重心主要在其欧洲部分,对亚洲部分则实行居高临下的殖民统治。欧洲对亚洲保持着巨大的优势,帝国的"欧洲"特性也由此得以突出、彰显和维系。

一战前的俄罗斯是一个大帝国,根据1897年的调查统计,它拥有146种语言和方言。1913年,其人口已经超过1亿6千5百万。③ 乌拉尔山作为自然地理分界线,横亘在帝国中央,山脉以西是欧洲,以东是亚洲。乌拉尔山更是一座政治经济的分水岭。正如卡莱基所言:"这是俄罗斯的欧洲部分及其亚洲殖民地的分界线。"也就是说,在十月革命以前,乌拉尔山以西主要是俄罗斯殖民母国,以东则是它的亚洲殖民地。在这方面,卡莱基承袭了近代以来的欧洲传统看法。18世纪初叶,俄国的彼得大帝进行了欧化改革,18世纪后半叶,叶卡捷琳娜二世又实行"开明专制",俄国与欧洲国家的关系日渐密切。也正是从那个时候起,越来越多的欧洲人把俄国视为"欧洲国家"。但人们观念中的这个"欧洲国家"显然不包括乌

---

① R. N. Coudenhove-Kalergi, Stalin & Co, in: *Paneuropa*, 1931, Heft 7/8, S. 230.
② R. N. Coudenhove-Kalergi, *Pan-Europa*, S. 14.
③ 苏科院历史所编:《苏联民族—国家建设史》,赵常庆等译,北京:商务印书馆,1997年,上册,第16页。

拉尔山以东的亚洲地区。① 在他们看来,欧洲是先进、文明、开化的,而亚洲却正相反,是落后、愚昧、野蛮的。卡莱基进一步认识到,俄罗斯民族是帝国内最强大的统治者②,而域内的亚洲各民族是被歧视、被奴役和被统治的对象,两者之间的关系是殖民与被殖民的关系。但这并不等于说,卡莱基反对殖民主义。恰恰相反,他相信,先进的欧洲有权对落后地区进行殖民扩张,这是天赋权力,是世界走向进步的必要阶段。他主张的"泛欧"联合就包括了大陆欧洲国家及其非洲殖民地。正是通过俄罗斯殖民者的身份,卡莱基强调了俄帝国的欧洲特性。

然而,1917年的"十月革命"彻底改变了这一切。当时欧洲的保守派普遍认为,俄国在这场政治"颠覆"后,开始远离欧洲。其政治重心向东转移,首都也从原来的"欧洲之窗"彼得堡迁到了莫斯科。③ 在他们看来,由于俄国退出欧洲的国家体系,欧洲的政治版图大大缩减了。对于这个问题,"泛欧"运动曾开展过问卷调查,调查对象是大学里的地缘政治学教授,询问他们对欧洲东部边界的看法。欧洲的知名大学,像德国的法兰克福大学、奥地利的维也纳大学、西班牙的马德里大学、丹麦的哥本哈根大学等都包括其中。④ 问卷结果显示,33%的人出于对苏联革命的反感,认为俄国不再是欧洲国家了。他们宣称,俄波边界就是欧洲的东部边界。28%的人坚持传统观点,认为还应该以乌拉尔山为界。还有9%的人最为保守,认为中欧的东侧边界就是欧洲的边界。也就是说,出了德国的东部边界,就不算是欧洲了。剩下30%的人还抱有其他五花八门的看法。⑤

这次问卷调查还涉及了东南欧的东部边界问题。42%的人认为,这

---

① R. N. Coudenhove-Kalergi, Ring um Europa, in: *Paneuropa*, 1935, Heft 6 – 8, S. 318.
② R. N. Coudenhove-Kalergi, *Weltmacht Europa*, S. 65.
③ Johannes Riedel (Hg.), *Knaurs Weltatlas*, Berlin: Th. Knaur Nachf. Verlag, 1932, S. 125.
④ R. N. Coudenhove-Kalergi, Ring um Europa, in: *Paneuropa*, 1935, Heft 6 – 8, S. 319.
⑤ Ebenda.

条边界应该是传统认识中的马尔马拉海及博斯普鲁斯海峡。有16%的人认为,欧洲边界已后退至土耳其和保加利亚边界,还有4%的人更加保守,甚至认为东南欧的东侧边界是土耳其和波兰的边界。① 剩下的人持其他各种意见。这两组问题的答案形成了鲜明和有趣的对比。我们可以发现,当涉及俄国的时候,由于"十月革命"的缘故,大多数人认为,欧洲的边界向西萎缩了。而在关系到土耳其的时候,欧洲的边界却未有发生重大改变。这是因为对保守的知识精英来说,尽管土耳其也发生了凯末尔领导的社会革命,但它是面向现代化、面向欧洲的革命。所以土耳其的欧洲部分可以保持不变。而俄罗斯的"十月革命"则正相反,是退出"欧洲"的革命,那么,它的政治地理属性自然就要发生变化了。

卡莱基不仅认同上述主流看法,还对革命给俄国及俄欧关系带来的重大改变和影响,做出了具体的解释和分析。他的认识包括了以下三方面的内容:第一,政体上的根本改变。卡莱基看到,俄帝国旧有的统治机器被彻底粉碎,代之以全新的政治架构。1917年6月9日,列宁在第一届全俄苏维埃代表大会上发言时说:"让俄国成为一个自由共和国的联盟吧。"1919年3月,俄共(布)第十一次代表大会确定了苏维埃联邦制是苏维埃多民族国家的形式。② 1922年12月,苏维埃社会主义共和国联盟成立。③ 苏联消灭了疆域内的宗主国与殖民地的差别,实行各民族政治上一律平等,建立了社会主义的联邦制国家。卡莱基对此评论道:"苏联建立起一个统一的帝国,西伯利亚已经不再是殖民地了。"④第二,地缘政治重心的转移。卡莱基所说的"统一"指国家内部政体上的同一性。苏联不再是一个拥有亚洲殖民地的欧洲帝国,而是与前殖民地融为一体,形成了一个新的、单一的、封闭的政治区域。在政治平等的前提下,其亚洲部分

---

① R. N. Coudenhove-Kalergi, Ring um Europa, in: *Paneuropa*, 1935, Heft 6 – 8, S. 319.
② 苏科院历史所编:《苏联民族—国家建设史》,上册,第9页。
③ 同上书,第298页。
④ R. N. Coudenhove-Kalergi, Ring um Europa, in: *Paneuropa*, 1935, Heft 6 – 8, S. 318.

的大空间优势立即凸现出来①,"它的大部分国土在亚洲",占总面积的80%②,从而大大平衡、削减了以前欧洲部分拥有的绝对优势。不仅如此,一战后原属俄帝国的芬兰、爱沙尼亚、立陶宛、波兰等纷纷独立,在政治上采取亲西欧的路线,这更让卡莱基觉得苏联的"欧洲"成色大减,亚洲色彩日增,据此,他不由得慨叹道:"这样苏联就变成一个欧亚列强了。"③第三,与"欧洲"关系的改变。作为这样一个硕大无比的欧亚政治经济实体,苏联与"欧洲"不会融合在一起,将永远保持平行发展的关系。如果说,在"十月革命"前,还有人曾考虑过,把俄国纳入"欧洲",即与乌拉尔山以西的欧洲地区联合起来,那么卡莱基现在则认为,根本不存在这样的可能性。因为"战后的俄罗斯已经越过乌拉尔,一直延伸到中国的边界和太平洋沿岸,成为一个西起波兰边界东到日本海的大帝国"。如果把这个大帝国融入"欧洲",将出现喧宾夺主、本末倒置的局面,那将不是"欧洲"接纳了苏联,而是苏联彻底吞噬了"欧洲","这样一个从直布罗陀到白令海峡的欧洲,迟早会落入俄罗斯霸权的手中"。④

卡莱基主张一个没有俄罗斯的"泛欧",这种想法不是单方面的。在他所处的时代,无论是俄国的布尔什维克左派,还是资产阶级右派,都对加入欧洲联合不感兴趣。除了这件事情遥不可及,以及意识形态的干扰外,地缘政治一直是俄政治家考虑的重要因素。临时政府总理克伦斯基(Kerensky)就明确反对俄罗斯加入欧洲联合,而是主张俄罗斯与欧洲、亚洲进行合作。对此,苏联早期的外交家拉科夫斯基(Rakowski)给予了形象具体的解释:"俄罗斯就像一位骑着两匹马的驭手。我们联合了欧洲,就会离开亚洲,联合了亚洲,就会离开欧洲。我们不可能只是欧洲,或只

---

① 20世纪30年代,苏联国土面积约为2千1百万平方公里,其亚洲部分的面积约为1千7百万平方公里,参见:Johannes Riedel(Hg.), *Knaurs Weltatlas*, S.125.

② R. N. Coudenhove-Kalergi, *Pan-Europa*, S.14.

③ R. N. Coudenhove-Kalergi, Paneuropa und Völkerbund, in: *Paneuropa*, 1924, Heft 6, S.15.

④ R. N. Coudenhove-Kalergi, *Ein Leben für Europa*, S.355.

是亚洲的,我们是一个独立的大陆区域,一个连接亚欧的桥梁。"①事实上,自从彼得大帝下令让贵族剪去胡须并改穿西服以来,俄罗斯一直努力将自己定义为一个欧亚之间的国家。② 时至今日,俄罗斯也不是一个完全意义上的西方国家,而且永远不会是西方世界的一部分。③ 正因为俄巧妙地利用了东西两翼的张力,才迅速地发展为一个世界大国、强国。在过去的几个世纪中,俄充分地利用了自身的地缘优势,时而向亚洲疾进,时而向欧洲扩张。它用亚洲的"野蛮"与"暴力"来征服欧洲,又用欧洲的文明与技术来殖民亚洲。在欧亚战略的互动互惠中,俄罗斯的国家利益达到了最大化。难怪卡莱基形容它"一会儿是亚洲国家,一会儿是欧洲国家"。④ 特别是在一战后,随着"十月革命"的胜利及苏联向"亚洲"的回归,卡莱基认为,俄国的欧亚双重战略表现得愈发明显了。

战后初期的苏俄国内政治动荡、经济困难,又遭到西方的孤立和武装干涉,国家的发展前景并不乐观。但随着苏俄迅速壮大为苏联,卡莱基明显地感受到了"俄罗斯的危险"。在他看来,苏联的威胁在于它的巨大无比,"人口、财富与面积超过欧洲国家的数倍",自然对欧洲的小国形成了天然的威慑力。更重要的是其独特的地理位置,及与欧洲邻国无可更改的地缘关系。在卡莱基的"大空间"理论中,世界由英帝国、美利坚、俄罗斯、东亚和欧洲五大区域组成。其中,只有苏联与"欧洲"在大陆接壤,"除了土耳其以外,它是欧洲唯一的邻国"⑤。因此,苏联和欧洲有着最为密切的地缘政治关系。苏联与欧洲邻国有着漫长的、有争议的边界,有着一系列最为直接、最为敏感的利益纠葛:如比萨拉比亚的归属问题;生活在

---

① R. N. Coudenhove-Kalergi, Paneuropa von der Bewegung zum Kongreβ, in: *Paneuropa*, 1925/1926, 11/12, S. 40.

② 杰弗里·曼科夫:《大国政治的回归——俄罗斯的外交政策》,北京:新华出版社,2011年,第259页。

③ 同上书,第256页。

④ R. N. Coudenhove-Kalergi, Falsche Geographie, in: *Paneuropa*, 1934, Heft 5, S. 106.

⑤ R. N. Coudenhove-Kalergi, Abrüstung, in: *Paneuropa*, 1927, Heft 5, S. 5.

苏联境外的乌克兰和白俄罗斯"少数民族"的问题;获取波罗的海不冻港口的问题,这些都是潜在的冲突根源。① 再加上苏联具有世界革命的意识形态,更让卡莱基觉得,这些因素都会"把俄国及其欧洲邻国引向潜在的战争状态"。②

卡莱基并非在杞人忧天,从历史上看,沙俄从未停止过侵略欧洲的脚步。早在 16、17 世纪,沙俄就开始向西北扩张,意在夺取波罗的海沿岸地区,并侵占了东乌克兰。③ 到 18 世纪,为了夺取出海口进而争雄世界,沙俄的扩张由地区性蚕食转为世界性的侵略。向北,发动了旷日持久的"北方战争",打败了瑞典,占领了波罗的海东岸的大片土地,夺取了出海口。向西,三次瓜分波兰,获得了波兰的大部分土地。向南,通过两次俄土战争,打败土耳其,吞并克里木,占领黑海北岸,获得了南方的出海口。④ 19 世纪沙俄加速了扩张的步伐。向北,战胜瑞典,使得芬兰成为它的附庸。向西,镇压法国革命,操纵神圣同盟充当欧洲宪兵。向南,利用其欧洲大陆的霸权地位向巴尔干和黑海两海峡扩张。⑤ 对此,卡莱基概括、总结道:"从彼得时代起,俄罗斯就和西方对抗,波罗的海国家、波兰、芬兰就是这场运动的阶梯,一直延伸到中欧的军事王朝边界,德、奥成为阻挡俄国的防洪堤。另一个方向是向东南欧。俄罗斯想从南边绕过这道堤坝,《斯特凡诺条约》让俄罗斯间接地扩张到爱琴海。那时欧洲突然认识到,土耳其的威胁消失了,俄国人来了。"⑥

第一次世界大战的爆发,大大强化了卡莱基的俄国威胁论。他认为,战争为俄国入侵欧洲创造了更为便利的条件。卡莱基是站在德奥的立场

---

① R. N. Coudenhove-Kalergi, Abrüstung, in: *Paneuropa*, 1927, Heft 5, S. 5.
② Ebenda.
③ 北京大学历史系编写组:《沙皇俄国侵略扩张史》,北京:人民出版社,1979 年,上、下册,第 28—58 页。
④ 同上书,第 79—173 页。
⑤ 同上书,第 203—292 页。
⑥ R. N. Coudenhove-Kalergi, Die paneuropäische Propaganda, in: *Paneuropa*, 1924, Mai, S. 9.

上,从中欧的地理视角出发来审视这一问题的。他认为,在俄国西进和南下的线路中,德奥首当其冲,是阻挡俄国入侵欧洲的天然屏障。一战前,正是由于俄在巴尔干半岛的扩张,导致了与奥匈帝国的矛盾激化,而"德国支持奥匈,因为一旦这个国家解体,俄国就会向西向南渗透,德国就会陷入俄国的包围之中"①。这是一战爆发的重要原因。一战中,德奥承受了俄国进攻的巨大压力。战争初期,大批俄军涌入东普鲁士。1915年,俄军逼进奥地利。一时间,德奥"防洪堤"处于崩溃的边缘。一战后,随着德奥的战败,俄国入侵欧洲的门户洞开:"奥匈帝国瓦解,在其原有土地上,成立了一系列的小国,德意志帝国也被解除了武装。这些国家都不足以抵抗俄国的进攻,而波兰和罗马尼亚过于弱小,还无力承担起德奥在历史上的责任……"②卡莱基继而预言道:"一旦俄国从自己的内乱里恢复过来,就会向莱茵河、阿尔卑斯山和亚德里亚海一线进军。这条边界肯定还不是最后的,俄国一定会像征服中欧那样征服西欧。"③出于对红色苏联的恐惧,他甚至把1919年柏林爆发的共产党人起义,看成是苏联入侵欧洲的信号。④

  在这里,卡莱基无疑渲染、夸大了苏联的威胁。事实上,两战间的苏联忙于自身的恢复和建设,根本不具备横扫欧洲的实力,也没有这方面的具体计划和充分准备。不过,卡莱基坚信,苏联没有停止扩张的脚步,它会阴谋分裂欧洲,为其日后的侵略铺平道路。卡莱基的担忧具有一定的道理,两战间错综复杂的欧洲局势,也确实为苏联拉拢德国、分化"欧洲"提供了现实的可能。

  其一,法国打压德国,促使德国转向苏联。一战后,法国为了建立自己的大陆霸权体系,对德采取了制裁和围剿的政策。法国通过《凡尔赛条

---

① R. N. Coudenhove-Kalergi, *Ein Leben für Europa*, S. 84.
② R. N. Coudenhove-Kalergi, *Pan-Europa*, S. 55.
③ R. N. Coudenhove-Kalergi, Die paneuropäische Propaganda, in: *Paneuropa*, 1924, Mai, S. 9.
④ R. N. Coudenhove-Kalergi, *Pan-Europa*, S. 56.

约》,分割了德国的疆土,解除了德国的大部分军备武装,逼迫德国支付巨额战争赔款。法国还与波兰及小协约国缔结盟约,对德形成包围夹击之势。尽管如此,法国还是害怕,依旧没有安全感。不是害怕德国的现在,而是害怕德国的未来。即便德国战败了,它仍旧是欧洲大陆上的一流强国,只有俄国的国力才能够与之匹敌。① 德国拥有强大的工业体系,法国与之相较要逊色得多。德国还拥有巨大的人力资源优势。德国有6千2百万人口,而法国夺回阿尔萨斯-洛林后,人口一共才4千万。并且法国的人口结构老化,加之一战中大量年轻人命丧疆场,老龄化社会的问题雪上加霜。相比之下,德国人口结构相对年轻,还有奥地利和捷克苏台德地区的1千万德意志人,渴望随时回归自己的"德意志祖国",这一切不能不让法国有所畏惧和警惕。② 除了双方的国力悬殊外,法国构建的欧洲大陆霸权体系也只是徒有其表,它的那些盟友,波兰、捷克、罗马尼亚和南斯拉夫都是些小国、穷国,它们连自身都难保,很难说能对法国提供什么实质性的援助。这些国家对法国的需要,要远胜于法国对它们的需求。③ 法国越担心自身的安全,越不断地打压德国。德国就变得越加激愤和激烈。德国的民族主义者认为,法国就是想拿《凡尔赛条约》当大棒,彻底摧毁德国。他们坚信,只有再打一场大战,才能粉碎法国的谋图。但战后德国的力量已被大大地削弱了,无力快速发动一场战争。于是他们挖空心思,想出各种办法来对抗法国。第一是通过新的军事技术发明,比如新毒气、新电波、新炸药,用这些东西来平衡甚至是消灭法国的军事优势。第二是离间法国和英国及意大利的关系,在国际上逐渐孤立和削弱法国。第三是和俄国结盟,打破法国的围剿政策。

其二,苏德两国确有政治合作的基础。首先是共同的境遇。两个国家都在一战中遭受重创。德意志帝国战败,俄罗斯帝国也损失惨重,在

---

① R. Poidevin / J. Bariety, *Frankreich und Deutschland—Die Geschichte ihrer Beziehungen 1815—1975*, München: Verlag C. H. Beck, 1982, S. 313.
② Ebenda, S. 315.
③ Ebenda, S. 314.

"十月革命"后退出战争。战后两国受到了协约国的排挤和打压,德国被迫签订了《凡尔赛条约》,丧失了 1/8 的土地和 1/10 的人口,且面临巨额赔款。① 英法等协约国还出兵占领了莱茵兰。俄国也丧失了大片的国土,芬兰、波罗的海诸国、波兰纷纷脱离俄国独立。② 协约国追讨沙皇时期和临时政府欠下的各种债务,还武装干涉"十月革命"。苏德对西方主导下的国际格局感到深深的不满。其次是共同的愿望。苏德都想摆脱国际上的被动局面,对西方反戈一击。1922 年 4 月,在意大利热那亚召开的会议上,英法挑唆苏联向德国追讨战争赔款,然后用此款项来偿付沙俄时期欠下的债务。此举却导致了苏德的迅速接近。在这次会议期间,德国和苏联签订了《拉帕洛公约》,恢复了外交关系,宣布彼此放弃战争赔款,并按最惠国原则,进行经贸合作。③ 西方协约国本想制造苏德矛盾,上演一出驱虎吞狼的好戏,但却搬起石头砸了自己的脚,招致了苏德的联手抵抗。最后是共同的利益。苏德最大的利益交集是波兰问题。一战后,在协约国的扶植下,在原德意志帝国和俄罗斯帝国的部分领土上重建了波兰。用德国国防军司令泽克特(Seeckt)上将的话说,这对德国的生存将是非常不利的。④《拉帕洛条约》签订后,德国政府决定继续扩大合作成果,争取与苏联一道,共同取缔波兰这个国家。⑤ 同样,波兰与苏联也存在着领土之争。在消灭波兰这一点上,德苏两国的核心利益是一致的,双方有着强烈的政治合作动机。

德苏合作是卡莱基最不愿意看到的场面了。⑥ 如果苏联拉拢德国一道脱离"欧洲","欧洲的边界就会退缩到莱茵兰一线,而西欧国家就会寻

---

① Axel Schildt (Hg.), *Deutsche Geschichte im 20. Jahrhundert*, München: Verlag C. H. Beck, 2005, S. 378.
② C. E. 布莱克:《二十世纪欧洲史》,上册,第 163 页。
③ Hermann Graml, *Europa zwischen den Kriegen*, München: Deutscher Taschenbuchverlag, 1969, S. 150.
④ Ebenda, S. 151.
⑤ Ebenda.
⑥ 卡莱基愿意看到德国与波兰合作,共同防御苏联的扩张,一起保卫"泛欧"的东部边界。参见:Pan-Europa-Vortrag des Grafen Coudenhove-Kalergi in Warschau, S. 3, in: AA R 83528.

找美英的庇护,这样欧洲联合的梦想就无法实现了"①。尽管如此,卡莱基早在20世纪20年代,就预见了"苏德可能在波兰会师"②。不幸的是,一语成谶:1939年8月,苏德签订了《苏德互不侵犯条约》,密谋瓜分了波兰。随着二战的爆发,卡莱基在两战间大力倡导的"泛欧"联合理想彻底破灭了。

卡莱基拥有国际化的战略视野,他不仅看到了苏联对欧洲的威胁,同时还看到了苏联在亚洲的扩张。更为难能可贵的是,他机敏地观察到,苏联的欧、亚两种扩张战略相得益彰,形成了互动互补的关系:当欧洲局势紧张时,苏联就减少甚至放弃在远东的利益争夺;当欧洲局势放缓后,它又在远东显示出强硬的姿态。正是在欧洲与亚洲、东方与西方之间,苏联表现得一文一武,一张一弛,最大限度地利用了欧亚区域联合体的地缘优势。

俄罗斯区域与东亚区域的关系,即中苏关系问题,一直是卡莱基长期关注、思考的对象。卡莱基出生、成长在19世纪末和20世纪初。此时西方列强在全世界范围内,掀起了瓜分殖民地的狂潮。这也是俄国巩固对远东地区的控制、加紧对中国殖民侵略的时期。1891年,随着俄国资本主义的迅速发展和向东的持续扩张,西伯利亚铁路开始动工。③ 与此同时,沙俄为了实现用金融和铁路征服中国的计划,于1894年诱逼清政府签订《中俄密约》,摄取了在中国东北修筑中东铁路的特权,从而实现了西伯利亚大铁路穿越中国领土的计划,向政治上、经济上控制中国东北的目标,迈出了更大的一步。④ 1898年,沙俄摄取了旅顺和大连的租借权。1900年,伙同其他列强残酷镇压义和团的反帝爱国运动,武装占领东北,逼迫清政府签订了丧权辱国的《辛丑条约》,摄取了最多的赔款。⑤ 对这

---

① R. N. Coudenhove-Kalergi, *Pan-Europa*, S. 61.
② R. N. Coudenhove-Kalergi, Deutschlands Europäische Sendung, in: *Paneuropa*, 1924—1925, Heft 7/8, S. 10—11.
③ 徐景学主编:《西伯利亚史》,哈尔滨:黑龙江教育出版社,1991年,第321页。
④ 同上书,第324页。
⑤ 李嘉谷:《中苏关系 1917—1926》,北京:社会科学文献出版社,1996年,第3页。

些中俄近代关系史上的重大事件,卡莱基不一定耳熟能详,但他清楚地知道,近代以来,沙俄在远东疯狂地扩张,中国的东北已经沦为沙俄的半殖民地。

卡莱基进一步认识到,俄国的社会革命并未很好地改变这一切,苏联的对华政策是利己主义的,基本上延续了沙俄的扩张政策。首先,他认为,"十月革命"爆发后,苏俄与中国的关系有所改变。这一时期,沙俄殖民主义者黯然退场,而苏俄以解放者的姿态登上历史舞台,这势必对中俄关系带来不少影响。一战后,亚洲殖民地半殖民地各民族的自决意识开始觉醒。正如卡莱基所见,"亚洲愈来愈强烈地要求从欧洲的统治下解放出来,亚洲正在一点一点地非欧洲化"。① 他还看到,在中国和亚洲发生的民族革命,"足以决定人类未来的命运",而苏俄显然认识到并迅速地抓住了这个历史机遇。② 1919年7月和1920年9月,苏俄发布了两次对华宣言,宣布"将沙皇政府和俄国资产阶级从中国残暴地夺得的一切,都无偿地永久地归还中国"③。宣言还表示,要帮助被奴役的东方各民族,首先是中国人民,从外国刺刀和外国金钱的桎梏中解放出来。④ 中国社会各界热烈欢迎苏俄对华宣言。尽管当时的北京政府并不信任苏俄,对其宣言持怀疑和观望的态度⑤,但与沙俄时期相比,中俄关系的确出现了一丝改善与缓和的曙光。从这一点来讲,卡莱基的看法在一定程度上反映了当时的现实。

其次,卡莱基指出,苏联支持中国革命,是自身战略利益驱使的结果。援华不仅可以巩固苏联远东地区的安全,还对欧洲列强构成了巨大的不对称优势。1923年9月,苏联政府代表和共产国际代表鲍罗廷来华,帮

---

① R. N. Coudenhove-Kalergi, Drei Jahre Paneuropa, in: *Paneuropa*, 1926, Heft 10, S. 17.
② R. N. Coudenhove-Kalergi, Paneuropa von der Bewegung zum Kongress, in: *Paneuropa*, 1926, Hefte 11/12, S. 40.
③ 李嘉谷:《中苏关系1917—1926》,第92页。
④ 同上书,第44页。
⑤ 同上书,第47页。

助孙中山改组国民党,创建黄埔军校,支持中国南方的革命政府。① 卡莱基认为,苏联帮助中国,有意识形态上的考虑,更有地缘政治上的算计。"苏联和中国的革命地区有 5 亿人,地理面积是泛欧的 7 倍。"②中苏接近能对欧洲构成巨大的威慑作用。"因为欧洲只是这个地域的一小部分,就整个欧亚大陆来说,有 2/3 的人士站在莫斯科和北京一边。不仅如此,在印度、波斯和阿拉伯世界,苏联都将发挥领导革命的作用。"③卡莱基清楚地看到了亚洲对苏联的重大意义,正是通过经略亚洲,苏联才获得了足够的力量,去影响甚至主宰欧洲的事务。

最后,卡莱基强调,苏联支持中国革命,其本质依旧是帝国主义的扩张行为。第一,苏联打着世界革命的旗号支持中国,实质上欲把这一地区纳入自己的势力范围。对于苏联的世界革命理论,卡莱基有着自己的独到见解:"世界革命是披着革命外衣的帝国主义。"④因此,他认为苏联的对华政策带有明显的帝国主义色彩。从苏联拒不归还沙俄时期鲸吞中国的大片领土,到分裂中国领土,支持外蒙独立,从要求在中国东北的特殊权益,到不断制造边界冲突这些铁证来看⑤,卡莱基的断言颇具道理。第二,支持中国和亚洲的革命,是苏联称霸世界总战略的组成部分。卡莱基从全球政治的高度,阐释了苏联亚洲战略的地位与作用:"英美是保守派,苏联是革命家;英美极力维护白人的殖民统治,苏联是亚非殖民地的解放者;英美用世界种族斗争获取霸权,苏联用国际阶级斗争夺取霸权。"⑥卡莱基认定,苏联支持中国和亚洲革命,主要是为了颠覆英美的统治,建立起自己的世界霸权。第三,中国的崛起打破了苏联的帝国主义扩张政策。二战后,卡莱基认为,随着中国在 20 世纪下半叶的崛起,苏联的亚洲战略

---

① 李嘉谷:《中苏关系 1917—1926》,第 264—274 页。
② R. N. Coudenhove-Kalergi, Weltherrschaft, in: *Paneuropa*, 1927, Heft 2, S. 18.
③ Ebenda, S. 2.
④ R. N. Coudenhove-Kalergi, Ring um Europa, in: *Paneuropa*, 1936, Heft 1, S. 200.
⑤ 沈志华主编:《中苏关系史纲》,北京:社会科学文献出版社,2011 年,第 111—126、428—438 页。
⑥ R. N. Coudenhove-Kalergi, Weltherrschaft, in: *Paneuropa*, 1927, Heft 2, S. 4—7.

流产了:"直到与北京发生了决裂,俄罗斯才真正意识到,那种把从东德的易北河,到越南河内的无产者联合起来的梦想,彻底破灭了。其结果是,俄国终止了它的泛亚政策。"①这也导致了俄国再度转向欧洲:"就在这个时候,俄罗斯又醒悟到自己是个欧洲列强了,是一个正在对抗亚洲的欧洲帝国。因此,它又开始强调欧洲团结了,目的是防止拥有7亿人口的中国入侵西伯利亚。俄罗斯又恢复了其欧洲的面目,以欧洲人的领袖自居,来领导欧洲对抗亚洲。"②

卡莱基在审视苏联的亚洲战略时,除了关注中国这一要素外,还看到日本扮演了挑战者的角色。与日本在中国东北的激烈角逐,特别是对日本态度强弱的变化,清晰地展示了苏联欧亚两种战略间的互动与平衡。

十月革命以后,苏俄改旗易帜,放弃殖民主义,支持中国的革命。卡莱基称之为改打"阶级牌"。即用发动阶级革命的方式,来重新塑造自己在中国的政治形象,通过革命的纽带来联络、团结、影响中国。而日本对此提出了针锋相对的口号,标榜"亚洲人的亚洲"。卡莱基称之为"种族牌"③,即日本在中国宣扬圣战,宣传抵制"白祸",推翻白人的世界统治④,打着反对欧洲殖民者的旗号来侵占中国。尽管两者的旗帜、理论不同,卡莱基认为,其实质却是一样的,都是苏日争夺在中国的战略利益。卡莱基的看法绝非空穴来风,这种争夺是有长期的历史根源的。自19世纪末以来,日俄帝国主义开始了对我国东北的争夺。甲午战争期间,日本占领我辽东半岛。沙俄联合法、德上演"三国干涉还辽"的闹剧,这是俄日帝国主义的初次交锋。⑤ 1904—1905年的日俄战争,日本打败了俄国,卡莱基对此评论道:"这是一个转折点。日本成为一个世界大国,颠覆了欧洲对亚

---

① R. N. Coudenhove-Kalergi, *Weltmacht Europa*, S. 53.
② Ebenda.
③ R. N. Coudenhove-Kalergi, Falsche Geographie, in: *Paneuropa*, 1934, Heft 5, S. 107.
④ R. N. Coudenhove-Kalergi, Ring um Europa, in: *Paneuropa*, 1935, Heft 1, S. 60.
⑤ 北京大学历史系编写组:《沙皇俄国侵略扩张史》,下册,第275页。

洲的绝对统治。"①1905年9月,日俄签订了《朴茨茅斯和约》,俄国把旅顺、大连及其附近领土、领海的租借权让给日本,还把长春到旅顺的铁路和支线交给日本。1907、1910和1916年日本与俄国先后订立三个密约,用来分割在中国东北的利益。② 不仅如此,日本还长期觊觎俄国的远东地区,视海参崴为眼中钉、肉中刺,称其为"日本海中唯一的一个外国军港"。

卡莱基的看法不仅有确凿的历史依据,更有犀利的现实观察。他认为,至20世纪30年代中期,苏联迫于欧洲局势的压力,在中国问题上对日采取了妥协、退让的政策。苏联成立之后,一直受到协约国的敌视。1927年至1929年,苏英发生冲突,两国外交关系中断。而美国迟迟不肯承认苏联,苏联实际上处于被协约国孤立包围的状态。③ 30年代初期,德国纳粹上台,结束了自《拉帕洛条约》以来与苏保持的特殊关系。④ 受上述紧张局势的影响,1925年1月,俄国与日本在北京签订了《苏日协定》,根本无视中国的主权,承认日本对南满铁路的霸权。1931年"九一八"事变后,日本占领中国东北。苏联为了自身远东地区的安全,极力推行对日缓和外交。在此过程中,更是不惜损害中国的主权以求苟安自保。自1933年起,经过了近两年的谈判,苏联终将中东铁路售予日本一手扶植的傀儡——伪满洲国⑤,苏联不仅出卖中国的利益来取悦日本,还多次向日本提出要签订互不侵犯条约,但均遭日本拒绝。⑥ 卡莱基就此评论道:"过去老沙皇曾经败于日本,今天的新沙皇可能还要重蹈覆辙。"⑦

自30年代中期以来,苏联开始调整同协约国及其控制下的国际联盟

---

① R. N. Coudenhove-Kalergi, *Pan-Europa*, S. 15.
② 罗志刚:《中苏外交关系研究1931—1945》,武昌:武汉大学出版社,1999年,第13页。
③ 徐天新:《斯大林模式的形成》,第325页。
④ C. L. 莫瓦特编:《新编剑桥世界近代史》,第12卷,第630页。
⑤ 罗志刚:《中苏外交关系研究1931—1945》,第64—67页。
⑥ R. N. Coudenhove-Kalergi, Ring um Europa, in: *Paneuropa*, 1935, Heft 1, S. 112.
⑦ R. N. Coudenhove-Kalergi, Kriegsgefahr in Ostasien, in: *Paneuropa*, 1934, Heft 3, S. 75.

的关系。1934年9月,苏联加入国联①,1935年又与法国、捷克签订了互助协定。苏联的主要目的在于防止、遏制纳粹德国的崛起。②在卡莱基看来,这也与苏联准备回击日本的挑战有着密切的联系。③在欧洲一翼的局势稍加稳固后,苏联加强了在远东地区的军事战略部署,加快了西伯利亚铁路复线的修建工程。④随着日本占领我国察哈尔地区,威胁到苏联在外蒙的"特殊利益",苏联对日本的态度变得逐渐强硬起来。1936年3月4日,斯大林在一次采访中说道:"如果日本进攻苏联的盟友外蒙,苏联将与日本开战。"⑤卡莱基及其拥趸们早就注意到,外蒙在苏联远东的安全体系中占有举足轻重的地位。"外蒙十分重要,是苏联远东部队的右翼,又保护着赤塔到伊尔库斯克的铁路,同时也是把共产主义推向中国的跳板。"⑥随着中蒙边界紧张局势的发展,卡莱基预感到在这一地区有可能爆发大规模的冲突。1939年5—8月,苏日间爆发的诺门坎战役验证了他的看法。特别值得一提的是,20世纪30年代,正是日本帝国主义加快侵华步伐、中国饱受欺凌和蹂躏的时期,但卡莱基并未因此忽视中国的巨大发展潜力。在"东西伯利亚"的归属问题上,他认为,眼下这里是白种人和黄种人的分界线,是苏日争夺的焦点。但这条界线是暂时的,因为从历史的长河来看,"成吉思汗(Dschingis Khan)也曾经打到奥地利的西里西亚和亚得里亚海一带"。展望遥远的未来,他断言:"这里还是中国人的天下。"⑦

---

① 徐天新:《斯大林模式的形成》,第332—335页。
② C. L. 莫瓦特编:《新编剑桥世界近代史·第12卷》,第631页。
③ R. N. Coudenhove-Kalergi, Russland in Genf, in: *Paneuorpa*, 1934, Heft 8, S. 132.
④ R. N. Coudenhove-Kalergi, Ring um Europa, in: *Paneuropa*, 1935, Heft 1, S. 118.
⑤ R. N. Coudenhove-Kalergi, Ring um Europa, in: *Paneuropa*, 1936, Heft 1, S. 98.
⑥ Baron von Erik Fersen, China zwischen Japan und Sowjetunion, in: *Paneuropa*, 1935, Heft 6—8, S. 291.
⑦ R. N. Coudenhove-Kalergi, *Kriegsgefahr in Ostasian*, in: *Paneuropa*, 1934, Heft 3, S. 74.

第六章

"泛欧"思想中的法德联合观

　　前人研究在介绍卡莱基的"泛欧"思想时,多关注他的世界多极化、区域化理论,而较少论及他对欧洲现实政治的看法。① 不少学者认为"泛欧"思想忽视民族国家的具体利益,大大地超脱于现实政治之外,因而未对当时的欧洲政治产生什么影响。事实上,卡莱基时刻关注、思考着欧洲的现实问题。正是从欧洲的实际出发,他提出了"泛欧"联合的彻底解决方案,推进了欧洲和解的历史进程。本章旨在具体说明:第一,"泛欧"思想是务实而辩证的。卡莱基洞察到,法德的敌对是战后欧洲政治的主要矛盾。同时他认为,双方的矛盾是可以化解的,法德完全可以成为欧洲联合的基石和轴心。第二,"泛欧"思想是具体而有远见的。卡莱基指出了《洛迦诺公约》的重大缺陷。他强调,只有建

---

① 国内研究参见:陈乐民:《"欧洲观念"的历史哲学》,第 200—201 页;郭华榕、徐天新主编:《欧洲的分与合》,第 299—300 页;洪邮生:《欧洲的梦想与现实:欧洲统一的历程与前景》,第 40—41 页;胡瑾、郇庆治、宋全成:《欧洲早期一体化思想与实践研究》,第 22—23 页;国外研究参见:a. 德语区研究:Anita Ziegerhofer-Prettenthaler, *Botschafter Europas: Richard Nikolaus Coudenhove-Kalergi und die Paneuropa-Bewegung in den zwanziger und dreißiger Jahren*, S. 85—99; Vanessa Conze, *Richard Coudenhove-Kalergi: Umstrittener Visionär Europas*, S. 17—25. b. 英语研究:Patricia Wiedemer, The idea behind Coudenhove-Kalergi's Pan-European Union, in: *History of European Ideas*, Vol. 16, 1993, p. 828; Peter M. R. Stirk, *A History of European Integration since 1914*, p. 27; Ralph T. White, The Europeanism of Coudenhove-Kalergi, in: Peter Stirk ed., *European Unity in Context: The Interwar Period*, pp. 30—32.

立全欧洲的安全体系,才能保持欧洲的长期和平。第三,"泛欧"思想具有重要的现实意义。卡莱基积极营造社会舆论,促使法国政府提出"欧洲计划",促成了两战间欧洲联合事业的质的飞跃。"泛欧"思想为战后欧洲一体化的启动奠定了坚实的精神基础。

一、《凡尔赛条约》与法德世仇

第一次世界大战之后,欧洲列强并没有汲取惨痛的历史教训,没有走向民族和解与持久的和平。相反,它们的民族主义情绪持续发酵,彼此酝酿着更大的仇恨和更多的冲突。卡莱基看到,在战后的5年当中,欧洲仍处于"半战争"的状态。[①] 德国的鲁尔工业区被法国、比利时占领,俄国与波兰、希腊与土耳其之间爆发了战争。在德国、意大利、西班牙、匈牙利、爱尔兰、希腊、保加利亚和阿尔巴尼亚,普遍发生了国内危机,各地都有政治谋杀,都在煽动狂热的民族主义,到处都是金融崩溃,各国变得越来越穷。[②] 加之血腥的一战,卡莱基不禁慨叹道:"这是欧洲自民族大迁徙以来最糟糕的10年。"[③]他认为,在战后纷繁复杂的各种矛盾关系中,法德间的仇恨与对立是欧洲动荡、动乱的症结所在,它们构成了欧洲和解、联合的最大障碍。[④]

一战以后,以法国为代表的战胜国集团,完全按照自己的意志,制订了惩罚德国的《凡尔赛条约》。该条约不是一项通过谈判而缔结的合约,因此被德国人称之为"强加的和平"。在战争即将结束之际,德国对战败的后果还寄予过幻想,觉得它有权得到一个公正的合约。然而,当1915年5月7日条约文本在柏林公开时,整个德意志民族都惊呆了。5月9日,德国代表团奉命照会克莱孟梭(Clemenceau),说这种合约是"任何国

[①] R. N. Coudenhove-Kalergi, Pazifismus, in: *Paneuropa*, 1924, Heft 4—5, S. 3.
[②] Ebenda.
[③] Ebenda.
[④] R. N. Coudenhove-Kalergi, *Paneuropa*, S. 119.

家不能容忍的"。5月12日谢德曼总理(Scheidemann)在群众集会上表态:谁签署这个合约,谁的手就会烂掉!① 对此,协约国仅在枝节问题上做了改动,比如从原来的割让上西里西亚领土,改为让那里的公民投票选择。6月16日和会将协约文本作为最后通牒交给德国,规定7天之内若不答复,停战协定即告失效,协约国将采取必要措施。魏玛政府从上到下都反对合约,所有党派也都不赞成。艾伯特总统(Ebert)两次征询最高统帅部和兴登堡(Hindenburg),陆军能否在西线挡住协约国的进攻。最高统帅部表示:"武装抵抗是不可能的。"②6月20日,谢德曼宣布辞职。翌日社会民主党人古斯塔夫·鲍尔(Gustav Bauer)奉命组阁。在最后通牒前几个小时,国民议会最终同意签署合约。这样,政府被授权不加保留地签署合约。6月28日,新外长赫尔曼·米勒(Hermann Müller)在凡尔赛镜厅代表德国签字。

卡莱基认为,法国的高压姿态是可以理解的。因为法德之间,不仅有一战的新仇,还有历史上的旧恨。卡莱基所说的旧恨,是指在过去的一千年中,法国和德国你来我往,争夺欧洲大陆霸权的长期斗争。在中世纪,德意志和法兰西这两个人数众多的欧洲民族,曾同属于卡尔大帝(Karl der Große)治下的法兰克王国。在路德维希时期,帝国开始分裂,最终形成了德意志、法兰西和意大利三个国家。从那时起,法德就开始争夺卡尔大帝的遗产,即欧洲大陆的霸权。③ 此后潮起潮落,法德各领风骚数百年。起初,直到近代早期,德意志神圣罗马帝国都保持了领先的地位。在卡尔五世(Karl V)时期,它曾一度打败法国,准备恢复全欧洲的王朝统治,但最终未能成功。然后,法国在危机中壮大起来,自己也开始要求拥有欧陆的霸权。在宗教改革的年代,法国开始转守为攻,压制了德国三百年。黎塞留(Richelieu)、马扎林(Mazarin)和路易十四(Ludwig XIV)时期,法国在欧洲大陆享有无可争议的霸权。拿破仑继承了这一传统,建立

---

① 丁建弘:《德国通史》,第311页。
② 同上。
③ R. N. Coudenhove-Kalergi, *Paneuropa*, S. 119.

了法国领导下的欧洲帝国。再后,英俄联合摧毁了拿破仑的霸权统治,欧洲各个民族国家纷纷独立,而德意志在普鲁士的领导下再度崛起。最后,由于害怕德国的霸权,英法俄联合起来在一战中打败了德意志帝国。①

尽管在一战中打败了德国,但法国并不自信,因为它害怕德国的报复,担心自身的军事安全没有保证。法国的担心不是没有道理的。自19世纪下半叶以来,德国在不到50年的时间里,曾两次入侵法国,兵临巴黎城下。第一次是在1870年,在色当战役中打败法军后,普鲁士军队长驱直入包围巴黎。在凡尔赛的镜厅,威廉一世被立为皇帝,标志着统一的德意志帝国建立了。由于这次战争的失败,法国还丢掉了阿尔萨斯-洛林地区。第二次是在1914年8月,德军入侵比利时后,南下进逼巴黎。在一战中,法国作为主要的战场之一,经济遭到重创,损失惨重。共80多万幢房屋遭到了破坏,成千上万英里的铁道、运河和公路不能通行,无数的良田被废弃。② 战争结束后,法国夺回了阿尔萨斯-洛林,加上原有的布里埃铁矿,法国拥有了欧洲最大的铁矿资源。在20年代初期,法国拥有世界第三大棉纺工业。不仅如此,法国还是世界第二大殖民帝国,拥有庞大的海外殖民地。③ 但这些仍远远不能满足它的安全感。

虽然卡莱基成长、生活在德语地区,但他能够清晰地洞察到法国的安全需要。"对法国来说,最关键的问题,也是每一个政治家必须考虑的问题,就是为了自己和子孙后代,保证德国不能再次入侵。为了达到这个目的,法国会调动一切力量,无所不用其极地来抵抗德国的威胁。"他还指出,如果法国想得到彻底的安全,那么只有两条路可走:"要么消灭德国,使其不能再产生危害,要么与德国和解,让其不再危险。也就是说,要么歼灭它复仇的力量,要么剥夺它复仇的意志。任何中间的道路,任何左右摇摆的办法,在政治上都是业余的,都会导致自我毁灭。"④一战后,法国

---

① R. N. Coudenhove-Kalergi, *Paneuropa*, S. 119.
② C. E. 布莱克、E. C. 赫尔姆赖克:《二十世纪欧洲史》,第360页。
③ 同上。
④ R. N. Coudenhove-Kalergi, *Paneuropa*, S. 125.

仍视德意志为最好战、最危险的民族。它在人口、资源及工业体系方面拥有巨大的优势,对法国充满了仇恨和敌意。法国显然不愿也无法与德国和解。但又不想"仅仅伤害并激怒对手",从而犯下"最愚蠢的政治错误"①,所以只能对德采取所谓的"灭绝"政策了。对此,卡莱基进一步解释道:"军事上的安全政策,政治上的肢解政策,及经济上的剥削政策,其目的就是削弱德国,瘫痪德国。假如没有煤炭和铁矿,德国的工业就会走向灭亡。德国的工业供养了德国 1/3 的人口。德国的工业不行了,这些人就会移民或饿死。这样德国对法国的人数优势也就不存在了。"②

战后法国对德国的惩治政策,集中体现在《凡尔赛条约》中。该条约主要包括了三方面内容:第一是关于领土和殖民地。德国放弃所有的海外殖民地;并将 1/7 的领土让还给法国、比利时、捷克斯洛伐克、波兰及丹麦等国;德国承认并尊重奥地利的独立;德国确认取消《布列斯特-立托夫斯克条约》。此外,德国的海外殖民地被英、法、日等国瓜分。第二是关于军事。规定莱茵河右岸为非军事区,禁止德国设防;莱茵河左岸地区由协约国占领 15 年,占领费用由德国负担;德国陆军不得超过 10 万人,海军不得超过 1.5 万人;总参谋部及其他类似组织均应解散;废除普遍义务兵役制等。成立协约国监督委员会监督军事条款的执行。第三是关于赔款和经济条款。协约国达成协议,赔款的具体细节交由协约国特别赔款委员会决定,但在 1921 年 5 月 21 日前,德国必须付出 200 亿金马克的现金和货物,包括煤、牲畜、建筑材料等。德国关税不得高于它国;协约国对德出口货物不受限制;易北河、奥得河、多瑙河等被宣布为国际河流。赔款事宜成为战后德国同西方国家长期争执的重大问题。总的看来,《凡尔赛条约》是一个报复性、惩罚性、掠夺性的条约。德国一共丧失了 7 万多平方公里领土和 730 万人口。特别是萨尔和莱茵河左岸地区被占领,使德国丧失了 75% 的铁矿、44% 的生铁生产能力、38% 的钢生产能力和 26%

---

① R. N. Coudenhove-Kalergi, *Paneuropa*, S. 125.
② Ebenda, S. 126.

的煤炭产量。① 除了为监督实施和平条约而设立的众多委员会以外,还规定了军事制裁措施。莱茵河以西的德国领土,包括莱茵河的几座重要的桥头堡城市,将由协约国军队占领15年。假使条约都得到了履行的话,占领军将在第五年年底撤离科隆,第十年年底撤离科布伦茨,第十五年期满后撤离美茵茨。如果在15年期满前或期满后,赔偿委员会发现德国不遵守协定,这块地区将由协约国重新占领。

最让德国不满的是条约的第231条,这项条款明确了,主要由德国承担发动侵略战争的罪责。"协约国和与之联合的各国政府肯定地认为,同时德国也承认:德国及其盟国对由于其侵略行径而强加给协约国的、与之联合的各国政府及其人民的战争后果,使后者受到的一切损失和破坏,是负有责任的。"②1919年1月25日,巴黎和会任命了一个以美国国务卿为主席的"战争责任委员会"。这个委员会根据各国政府发布的相关文件,对战争责任做出了认定。它向巴黎和会报告说:"战争是中欧同盟国及其盟国土耳其、保加利亚预谋发动的,并且是为了使战争成为不可避免而故意肇事的结果。"这是当时协约国一致公认的结论。美国总统威尔逊也没有表示反对。在讨论赔偿问题时,英首相劳合·乔治(Lloyd George)和法国总理克莱孟梭坚持,要在条约中写明:"协约国有道义上的权利,要求德国赔偿强加给它们的战争损失。"而赔偿的具体要求就出现在第232条当中。这样做的结果是,有关战争责任的第231条,成了有关赔偿部分的理由和前提,至少德国方面是这样理解的。③ 因此德国人民群情激昂,他们认为,绝不应该由德国及盟国承担发动战争的罪责,因此也就没有赔偿协约国的道理。上述条款在战后德国的社会生活中,产生了巨大的负面效应,成为了纳粹主义滋生、蔓延的政治温床。

卡莱基赞同德语区的主流看法,他也不认同《凡尔赛条约》对战争责任问题的判定。他认为一战是全欧洲的悲剧,"战争的大火烧死了一千万

---

① 丁建弘:《德国通史》,第312页。
② C.E.布莱克、E.C.赫尔姆赖克:《二十世纪欧洲史》,上册,第136页。
③ 同上书,第137页。

欧洲人"。德国及其盟友当然对此负有一定的战争责任,但它们不应该负单方面的全责。这场战争的起因是非常复杂的,不能一股脑地都推到德国头上,全部归咎于德国的霸权图谋和侵略。他指出,欧洲列强的扩张和彼此间的激烈争夺,最终导致了大战的爆发,"具体包括德、俄帝国主义对君士坦丁堡和巴格达的争夺,英德的海上争霸,法国的报复企图,还包括奥匈帝国内各民族的独立要求,塞尔维亚欲获取出海口,等等"。[1] 因此,列强均负有战争责任。卡莱基强调,要说战争的直接原因,奥匈帝国应负首要的责任,毕竟是它率先发出了最后通牒,并炮击了塞尔维亚首都贝尔格莱德。这种做法瞬间引爆了各方面的矛盾,引发了一系列的连锁反应:"俄国要保护塞尔维亚,德国要支持盟友奥匈,而法国又作为俄国的盟友参加进来。"哈布斯堡王朝最终为此付出了代价,奥匈帝国在战火中灭亡了,但德国生存了下来,所以只能替奥匈承担战争责任,这当然是有失公正的。[2] 他还认为,如果一定要追究德国的责任,也不在德国人民身上,而在于皇帝政府。[3] 战争爆发之初,德国的普通民众并未感到欢欣鼓舞,而是觉得不知所措。让德国人民来承担战争的主要责任,并负担由此产生的巨额赔款,显然是不合理、不公平的。

  卡莱基的观点虽有一定道理,但强权逻辑是近现代国际关系的最终法则。法国作为战胜国,坚持德国负有战争罪责,并强烈要求巨额赔款,企图惩罚、削弱并最终压垮德国。此举引起了德国政府的强烈反抗,双方反复拉锯,矛盾不断激化。在第一轮较量中,德国拒绝了协约国提出的赔款总额,协约国则占领了德国的部分城市,建立关税区,用抽税的办法来冲抵赔款。在1921年1月举行的巴黎会议上,协约国赔款委员会规定,德国应该偿付总计2260亿金马克,分42年付清。前2年每年20亿金马克,此后9年每3年递增10亿金马克,其余31年每年缴付60亿金马克。德国的全部财富,特别是海关收入用作赔款的抵押和保证。而德国代表

---

[1] R. N. Coudenhove-Kalergi, Genf, in: *Paneuropa*, 1925/1926, Heft 4, S.11.
[2] Ebenda.
[3] Ebenda.

则想利用战胜国之间的矛盾,进行消极抵抗。他们以"无力支付"为由,提议赔款削减至 500 亿,而且包括已付的 200 亿在内,余下的 300 亿,还要把上西里西亚归还德国作为支付的先决条件。德国代表的建议遭到法国的拒绝和驳斥,英美代表也不同意。① 因此协约国在 1921 年 3 月 3 日对德国提出最后通牒,限其在 3 月 7 日前答复,否则将对德国采取报复手段。中央党人费伦巴赫(Fehrenbach)政府对此不予理会。于是西方国家在 3 月 8 日占领了杜伊斯堡、杜塞尔多夫等城,并建立起一个莱茵关税区,对德国输入该关税区的货物征收 50% 的关税,收入上缴赔款委员会。

在第二轮较量中,在法国的恫吓、威胁下,德国支付了部分赔款,结果导致财政破产,德国被迫再次走上对抗的道路。1921 年 4 月,协约国赔款委员会在伦敦召开第二次会议,讨论了战后的经济危机,以及由此带来的德国与协约国的赔款矛盾,重新规定了赔款总额为 1320 亿金马克。协约国还确定了偿清赔款的具体日期。自 5 月 5 日起的八天内付清第一次赔款,否则协约国将占领鲁尔区。这一最后通牒导致了德国的内政危机,费伦巴赫政府倒台。中央党领袖约瑟夫·维尔特联合社民党、人民党组成新的政府。民主党人瓦尔特·拉特瑙(Rathenau)在新内阁中起重要作用,担任外交部长。新内阁设法使国会接受了协约国要求支付赔款的最后通牒,因此避免了鲁尔被占领,但他们除了加紧向普通民众抽税外,却不能使大工业家在赔款问题上做出任何承诺。维尔特政府不得不要求延期支付。从 1922 年起,德国民众的生活更加恶化。维尔特在偿付了第一次 10 亿金马克赔款后,财政完全崩溃,维尔特政府也于 1922 年 11 月下台。曾任汉堡—美洲轮船公司董事长的无党派人士威廉·古诺(Wilhelm Cuno)出面组阁,新政府走上了公开抵制赔款的道路。②

在第三轮较量中,法国占领了德国的鲁尔,法德矛盾达到高潮。1923 年 1 月,协约国赔款委员会又一次在巴黎开会,商讨德国提出的延期偿付

---

① 丁建弘:《德国通史》,第 316 页。
② 同上书,第 317 页。

赔款问题。1923年1月11日,法国和比利时以德国不履行赔款为借口,出兵占领了鲁尔。两天后古诺在国会发表演说,宣布实行消极抵抗政策,主要措施是拒绝开采交出德国的煤,拒绝遵守占领军的一切规定,后来还加上以怠工破坏运输、袭击占领军等措施。古诺政府企图以此对法国施加压力,迫使法国在赔款问题上让步。但是法、比占领鲁尔和古诺政府的"消极抵抗"政策,把德国经济推入了崩溃的深渊。鲁尔被占领意味着德国损失了88%的煤、96%的生铁和82%的钢产量。① 德国的工业生产急速下降,失业人口大量增加,政府财政状况急剧恶化。通货犹如天文数字般地膨胀。小业主和小商人纷纷破产。而协约国赔款委员会在法国的压力下,决定要求德国每年必须支付36亿金马克的赔款。德国政府加以拒绝。终于引发了德国国内的革命危机。生活极度贫困的工人和广大民众,于8月12日开始发起总罢工,古诺政府在这一天倒台了。

事实上,德国经济所遭受的打击远远不止赔款这一项。德国工业化的经济主要依靠两个支柱:一个是外贸,这指的是商船船队和海外资产;另一个是依靠煤铁资源的开采,以及在这个基础上发展起来的钢铁、电气和化学工业。《凡尔赛条约》要求德国交出几乎是全部的商船队,这对外贸的打击最大。随着海外领地的丧失,不仅那里的德国国家资产,而且私人财产也丧失殆尽。在敌国的德国财产被罚没,在中立国的德国财产也在相当程度上被没收。由于失去了萨尔和上西里西亚,德国工业丧失了三分之一的煤炭基地。后来通过公投,德国才赎买收回法国占有的萨尔煤矿。此外,德国还得从剩余的煤产量中,每年拿出一部分,来补充法国煤矿由于遭受战争损失而产生的产量不足。最后,德国还要在总的赔偿范围内,每年拿出2500万吨煤来替代现金支付。而由于战争的原因,德国的煤产量已降至战前产量的60%。扣除这些负担后,剩下可供德国自行支配的煤只有6千万吨,而战前是1.39亿吨。不久人们就发现,要

---

① 丁建弘:《德国通史》,第317页。

完成全部的煤炭生产和供应任务是不可能的。① 对这些惩罚性的措施，英国经济学家凯恩斯（Keynes）曾愤怒地批判道："它使德国陷入受奴役地位达一代之久，降低了数百万生灵之生活水平，剥夺了整个国家、整个民族的幸福，是一项令人深恶痛绝的政策。即使这种政策在实施上可行，即使藉此能够养肥我们自己，即使它不会埋下造成欧洲文明生活堕落的种子，也仍然是令人深恶痛绝的。"②他还断言："如果协约国处心积虑地以中欧的贫困化为目标，那么德国一定会复仇的。"③

在卡莱基生活的德意志地区，公共舆论已经明显地表现出某种极端的倾向，即宣称，只有通过一场新的战争，才能把德国从法国的灭绝政策中拯救出来。这是一场生死之战，要么自由，要么死亡，对一个德意志爱国者来说，宁可站着死，也决不跪着生。法国逼迫得越紧，德国誓死反抗的声音就越大，持这种想法的人也就越多。④ 但是德国的民族主义者也认识到，自己被解除了武装，在军事上过于虚弱，目前没有能力再打一场大的战争，所以他们寄希望于未来。在学校和新闻媒体中煽动民族情绪和民族仇恨，妄想着通过建立军事独裁体制，或者王朝复辟，或耍其他的阴谋诡计，来实现德国的再度武装。⑤ 除此以外，他们还设想了另一种办法，那就是与俄国结盟。卡莱基清楚地看到了这一点："毫无疑问，一旦德国认识到了法国的灭绝政策是不可改变的，那么它便会毫不犹豫、无条件地投向俄国的怀抱，而且根本不会考虑，俄国是共产主义、社会主义、民主主义，还是什么专制主义。"⑥

德国倒向俄国，意在打破法国的战略围剿。战后法国虽然变成了欧洲首屈一指的军事强国，但它并不自信。因为在战争中，它只是依靠强大盟友的帮助才打败德国的。因此，为了防止德国可能进行的报复，法国必

---

① 卡尔・迪特利希・埃尔德曼：《德意志史》，第四卷，上册，第 214 页。
② J. M. 凯恩斯：《预言与劝说》，赵波、包晓闻译，江苏人民出版社，1997 年，第 15 页。
③ 同上书，第 23 页。
④ R. N. Coudenhove-Kalergi, *Paneuropa*, S. 129.
⑤ Ebenda.
⑥ Ebenda, S. 126.

须寻求外部伙伴的支持,寻求对未来的保证。在德国的西边,法国收回了阿尔萨斯-洛林,它还想取得萨尔区和莱茵河军事边界线,促使莱茵河左岸成立自治共和国,在政治上脱离德国。在德国的东边,由于俄国爆发了革命,法国失去了原来的盟友,无法再通过法俄结盟遏制德国。作为一种替代,它谋求与新崛起的国家,如波兰、捷克和南斯拉夫结成军事同盟包夹德国。除此之外,巴黎和会一个引人注目的结果,是基本维持了《布列斯特和约》的内容。从俄国脱离出来的、新成立的几个国家,应该起到边界栅栏的"防疫"作用,阻挡布尔什维主义侵袭欧洲。① 同时在法国同盟计划的范围内,这些国家又起到牵制德国的作用。

卡莱基指出,法国的围剿政策会把德国推入俄国的怀抱。"所有的报复政策都要与俄国发展政治、经济和军事上的联盟关系。"事实上,两国已经开始靠拢接近了。1922年4月16日,德国在意大利热那亚附近的拉帕洛温泉区同苏俄缔结条约,标志着德国自战败后重又回到国际舞台。《拉帕洛条约》的条款包括:德苏双方放弃战争赔款的要求,立即恢复外交关系,在最惠国待遇基础上建立两国的贸易和经济关系。据此,卡莱基设想、勾勒了德俄联合给法国带来的威胁和影响。在经济和国力方面,"法国面对的将不再是一个7千万人的帝国,而是一个拥有2.5亿人、从莱茵河到太平洋的多民族区域联合体。这个区域的财富、人口、力量每天都在增加。而法国在其军备的拖累下,再加上英美的经济竞争,是没法硬撑下去的。"② 在外交方面,法国也会变得更加被动,"如果此间俄国的共产主义垮台,被其他政权取代,那么小协约国就会出于泛斯拉夫的情结,重新倒向俄国,从而把法国孤立起来。"在一场可能的战争中,法国也将无法指望西方盟国的援助,因为"俄国的部队挨着近,会比美国更早到达莱茵河一线"。正是在这个意义上,卡莱基认为,"法国对德的灭绝政策从一开始就启动了自我毁灭的进程……她虽然损害了德国的主权,重创了德国的

---

① 卡尔·迪特利希·埃尔德曼:《德意志史》,第四卷,上册,第210页。
② R. N. Coudenhove-Kalergi, *Paneuropa*, S.126.

经济,但是为了短暂的胜利,却也陪上了自己。法国的灭绝政策从摧毁德国而起,以自我毁灭而终"。他还进一步指出,在法德兄弟相争的同时,得利的却是俄国,它将轻而易举地夺取欧洲的大陆霸权,"俄国的边界将推进到莱茵河和阿尔卑斯山一线,欧洲将饱受战争和破产的威胁"①。

卡莱基的预言绝非危言耸听,面对法国处心积虑的"灭绝政策",无望的德国完全有可能孤注一掷地倒向俄国。然而,最让德国愤怒和无法接受的,还不是法国与中东欧国家的结盟政策,而是它明目张胆地分裂德意志民族的做法。《凡尔赛条约》使德国一共丧失了 1/7 的领土、1/10 的居民。1914 年德意志帝国拥有 54.07 万平方公里土地,1921 年拥有 46.73 万平方公里土地。1914 年德意志帝国拥有 0.678 亿人口,1921 年仅拥有 0.593 亿人口。② 而最严重的人口流失和民族矛盾发生在德国的东部边界地区。法国把德国的领土划给立陶宛和波兰,坚决反对奥地利并入德意志帝国,把苏台德地区的德意志人划给捷克斯洛伐克,有计划、有步骤地在德国和中东欧国家的关系中埋下对立的因素,从而达到分裂、削弱德意志民族的目的。

直到 1923 年初,梅梅尔地区一直由法国占领。1923 年 1 月 10 日,立陶宛把这块地区据为己有。1924 年 3 月 14 日,立陶宛的统治权得到协约国的承认。在梅梅尔市的 14 万 5 千人口中,约有半数是德意志人,其余为立陶宛人。③ 对波兰问题的解决办法,是把战前德国 8.53% 的土地划归波兰,从而在这个国家境内留下了大量的德意志少数民族。那些未经公民投票而割让给波兰的德国领土的人口,包括了西普鲁士的 38 万 5 千人、东普鲁士的 1 万人、波兹南的 68 万 2 千人、中西里西亚的 1 万人,总共合计 108 万 7 千人。④ 在经过公民投票的上西里西亚地区,德国获

---

① R. N. Coudenhove-Kalergi, *Paneuropa*, S. 127.
② *Dtv-Atlas zur Weltgeschichte*, Band 2, München: Deutscher Taschenbuch Verlag, 1986, S. 133.
③ C. E. 布莱克、E. C. 赫尔姆赖克:《二十世纪欧洲史》,上册,第 127 页。
④ 同上书,第 126 页。

得了 2/3 的领土,而波兰则得到较大部分的矿藏资源,35 万德国人成了波兰人。奥地利于 1918 年 11 月 12 日成立了德奥共和国,宣布自己是"德意志共和国的一个组成部分",并且要把苏台德也包括在内。1919 年 9 月 22 日,协约国强迫德国签署一项声明,宣布新宪法中凡与《凡尔赛条约》相矛盾的任何条款均属无效,奥地利的 600 万德意志人只能成立一个独立的国家。而德意志波希米亚和苏台德地区的 300 万德意志人,与捷克人、斯洛伐克人组成了一个新的多民族国家捷克斯洛伐克,在其 1300 万人口中,只有一半是捷克民族。根据《凡尔赛条约》的上述安排,1 千万德意志人成了外国人。德国对此感到极度的不公平。劳合·乔治在其枫丹白露备忘录中这样写道:"德国人民已经无疑地证明了,他们是世界上最有活力和力量的种族之一,但他们竟然被许多小国所包围,而这些小国中,有许多国家的人民过去从来没有组织过一个稳定的政府,他们每个国家却都拥有人数众多的德国人,这些人吵闹着要和自己的祖国合并。我想象不出还会有什么比这种情况,更能成为将来产生战争的理由了。"①

的确,民族仇恨已经主宰了法德双方的政策。在两国社会内部,复仇的动力要比和解的愿望大得多。而且这种相互的仇恨、仇视愈演愈烈,已经形成了恶性循环。卡莱基看到:"法国实行一项反欧洲的政策,德国的沙文主义者就会支持。只要德国实行一项反欧洲的政策,法国的沙文主义者也会支持。"②这种循环无疑会指向另一场大战,卡莱基断言道:"这肯定是法德间的最后一次战争。"因为一战中飞机、毒气和坦克等先进科技、武器的应用证明了,"未来的战争是灭绝性的战争,战争的目的不再是让一个民族屈服,而是让它灭绝。战争中不再会有战场和后方、士兵和平民的区别,一旦开战,就必须选择胜利或者死亡"。所以"法德间的战争是没有赢家的,会双双走向死亡"。③ 即便没有毁灭对方,法德也将无力再

---

① C. L. 莫瓦特编:《新编剑桥世界近代史》,第 12 卷,第 309 页。
② R. N. Coudenhove-Kalergi, *Paneuropa*, S. 134.
③ R. N. Coudenhove-Kalergi, Deutschlands europäische Sendung, in: *Paneuropa*, 1924/1925, Heft 7—8, S. 15.

主宰、影响欧洲的事务了,因为欧洲以外的、巨大的区域联合体将趁此机会崛起,征服法德和欧洲。对此,卡莱基预言道:"法国将无法弥补它的人口损失,会成为斯拉夫人或英美的仆从。"而德国的境遇可能更糟,如果它仰仗俄国的势力,那么"可能导致国内政治的布尔什维克化,以及对俄国的外交依赖"。在下一场大战中,"莱茵工业区在战争初始就会遭到毁灭,这样德国就再也无法赶上其他工业强国了"。俄国会趁势将自己的霸权扩张到波森、上西里西亚,甚至达到波希米亚森林和阿尔卑斯山一线。"德国将彻底丧失自己的独立和自由。"[1]如果我们回顾一下二战前纳粹与苏联的勾结合作、二战中的法德相争、二战后法德地位的进一步衰落,特别是战后苏联对东德的占领,就会发现卡莱基的看法是颇具远见的。

尽管卡莱基在一战后就预见到了法德的"下一场大战"、美苏的崛起及它们在欧洲的扩张,但他并不把这种发展趋势视为机械、必然、不以人的意志为转移的。恰恰相反,他辩证性地意识到,在法德冲突中,随时可能出现戏剧性的变化和转机。矛盾激化到一定程度,就有可能向和解的方向转化。毕竟法国不愿再打一场大战。"一旦法国深刻地认识到,如果想消灭德国,就要冒自我毁灭的风险,那么她就会离开这条错误的道路,走一条和解之路。"这就是"泛欧"联合的道路。即,在政治方面,与民主与和平的德国紧密合作,在合理赔款的基础上实现和解;在经济方面,用关税同盟联合德国的煤和法国的铁,建立"泛欧"冶金工业,共同振兴欧洲的经济和金融;在安全方面,用签订仲裁和保证条约来保证欧洲的集体安全;在军事方面,共同抵御俄国;最终建立泛欧联邦。[2] 卡莱基指出,只有和解才能让法国获得最终的安全保证。因为所有的"泛欧"国家都来保证法国的东部边界,这比占领莱茵兰要可靠得多。如此这般,德国就不会沦为国际阴谋的策源地,而会成为抵御俄罗斯的"欧洲防护墙"。法国也就可以取消普遍的军役制,重新整顿金融,并且可以专心经营自己的殖民帝

---

[1] R. N. Coudenhove-Kalergi, *Paneuropa*, S. 130.
[2] Ebenda, S. 128.

国了。

同样，卡莱基认为，一旦德国认识到报复法国会招致自身的毁灭，也会转向和解。"如果德国的爱国者知道这场战争的严重后果，他们就不会吵着闹着要打仗了。"在卡莱基看来，如果德国执着于修改《凡尔赛条约》规定的战后边界，那就是在自找麻烦，自寻烦恼：在经济上，会导致法国及东欧盟国的贸易保护主义；在军事上，会迫使它们加强军备；在民族问题上，会促使这些国家驱赶德意志少数民族。那些德国人居住的地方会马上成为战场。如果德国打输了，这些人就再也不能回到自己的家园。如果打赢了，他们得到的也只是一片焦土。① 卡莱基还补充道，这个问题也指望不上国联。国联在少数民族问题上表现得软弱无力，像英国压迫印度，日本欺负朝鲜，这样的事情想通过国联解决是根本不可能的。因此德国除了走"欧洲"的道路，没有别的办法。既然无法和平地、自愿地让它国改变条约规定的边界，还不如换一种思路，干脆"克服"、取消这些边界。一旦跳出传统民族国家的框架，采用"欧洲"的政策，这些问题就迎刃而解了。"就像德意志帝国建立后，帝国内部各个邦国的边界消失了一样。"② 经济上，德国可以通过建立欧洲市场，来实现自身和其他欧洲国家的长远利益。安全上，通过保证条约捍卫德国不受侵犯。在民族问题上，德国可以从维护欧洲公民基本权利的角度，保护德意志少数民族。

法德和解不仅是政治斗争否极泰来的结果，还有充分的历史可能性和坚实的现实基础。卡莱基认为，历史上没有解不开的仇恨。矛盾能发展、激化，也能弱化、消解，一切都在变化当中，法德间的对抗冲突亦是如此。而欧洲的历史则提供了最好的证明。在过去，英国与法国、荷兰与英国、西班牙与法兰西、普鲁士与奥地利、威尼斯与热那亚，彼此间全是百年世仇，现在都烟消云散了。③ 仅在一战前后，众多看似无法调解的仇恨也

---

① R. N. Coudenhove-Kalergi, Deutschlands europäische Sendung, in: *Paneuropa*, 1924/1925, Heft 7—8, S. 19.
② Ebenda, S. 18.
③ R. N. Coudenhove-Kalergi, *Paneuropa*, S. 123.

都无影无踪了;在世纪之初,布尔人是英国的死敌,一战后却成为英帝国的重要支撑;1914年以前,奥匈帝国与塞尔维亚交恶,1915年,奥匈和意大利在战争中也结下恩怨,战后,奥地利与塞、意都建立了良好的合作关系;同样,1912年,塞尔维亚和保加利亚作为斯拉夫兄弟,共同抗击土耳其。一战期间,土耳其和保加利亚却作为"亲密的兄弟",共同抵抗塞尔维亚;一战前英德是死敌,1915年德国人彼此问候时称:"上帝惩罚英格兰!"还创作了许多诅咒英格兰的诗歌。可战后德国人都说英国人不错,法国又成了德国的头号敌人。上述历史现象让卡莱基看到了希望:"法德间的仇恨早晚也会消失。"

事实上,在一战后的法德关系中,已经出现了历史上从未有过的和解基础。"在过去来讲,只要法德两国实行君主统治,或者法国是共和国,德国还由皇帝统治,法国和德国的联合就是不可能的。当两个国家都实行共和制,彼此间的联合就会实现。"在这里,卡莱基明显继承了法国启蒙思想家卢梭(Rousseau)的主张。早在18世纪初,法国外交家、法兰西院士圣-皮埃尔就提出了较为系统的欧洲联合思想,他认为,只要欧洲国家的君主缔结了相关协议,就可以成立欧洲联邦。但卢梭批判了这种思想,他指出,因为君主都想扩张,所以会不断地发动战争。只有主权在民,建立了共和制,国家间才有可能实现真正的和解、联合。① 因为人民都不想打仗。一战后,卢梭的梦想在很大程度上成为了现实,正如卡莱基所见:"在过去的一百年中,共和的理想取得了巨大的历史进步,从比利牛斯山到中国海,到处飘扬着共和的旗帜。一系列的国家,像中国、俄罗斯、奥地利、德意志、土耳其都成为了共和国。有1/3的地球人口都生活在共和制国家。而且,显而易见的是,这种趋势会持续下去。"② 早在1870年,法兰西就建立了第三共和国。一战后,德皇垮台,建立了魏玛共和国。这样,法德在历史上第一次都成了共和制国家,这无疑为双方的联合奠定了坚实的政治基础。

---

① 参见陈乐民:《"欧洲观念"的历史哲学》,第45—63页。
② R. N. Coudenhove-Kalergi, *Paneuropa*, S. 123.

而在联合的过程中,法德双方共同的物质利益会发挥决定性的作用。卡莱基十分重视物质化的力量。他认为,技术的进步,特别是飞机的使用,大大地缩短了人们的时间和空间概念,让人产生了天涯若比邻的新感觉。在这样一个飞速发展的时代,政治必须跟上前进的步伐,不能再走对抗的老路。同样,法德的和解、联合"不是通过所谓的爱和大空话,而是通过电话、电报及铁轨,通过铁与煤,通过经济与技术的物质力量实现的"。这些物质的、经济的因素"每个月,每一天,都在交织着、接近着,共同的利益推动着法德不以人的意志为转移地走向联合"①。他还指出,在这个过程中,民族的情感和国家的荣辱这类问题,都会退居到次要地位。随着法德经济的一体化和共同利益的形成,"战争的责任问题愈发地像个神话了,今天没有一个有理智的欧洲人会认为,只有德国应该担负战争责任,就像每一个有理智的人都不会认为,中欧的这些列强不担责任一样"。人们不会再纠结于此,而会脱离国家政治的层面,另辟蹊径来处理好这个问题。既然"战争是个复杂的现象,只有历史学家和专业人士才能厘清战争的历史原因与道德责任",那么就应该"由中立国的历史学家组成科学委员会,来探讨这个问题"。同样,德国也不会纠结于一战的战败,"因为在第一次世界大战中,德国的部队英勇作战,最好地捍卫了自己的荣誉"②。共同的利益将促使德法两国形成一种全新的、统一的欧洲视角,他们会发现:"欧洲才是这场战争的牺牲者,作为一个整体,欧洲失去了这场战争,赢者是美国和亚洲。"为了欧洲的生存,两国必须联合起来。

尽管具备了上述这些积极因素,但并不等于说法德和解便会自动到来。卡莱基深刻地认识到,法德两国有着长期的政治、经济矛盾,再加上两国民族主义分子百余年来的煽动,双方成见、仇恨已经根深蒂固,不是短时间就能够祛除的。虽然他坚信:"只要法德意识到,自己同属于一个命运共同体,那么他们就会日趋接近。只要法德认识到,毁灭对方必然会

---

① R. N. Coudenhove-Kalergi, Deutschlands europäische Sendung, in: *Paneuropa*, 1924/1925, Heft 7−8, S. 19.

② Ebenda, S. 50.

导致自身的灭亡,那么他们必然会形成一种团结的理性。"①但这种判断更多地建立在理论层面上。在现实的联合道路上,还存在着巨大的障碍。法德相互实行报复性的政策,且目标具体明确,行动迅速有力。相比之下,和解的前景却暗淡、模糊,让人看不到希望。双方都怕自己的和解诚意被对方利用、滥用,都坚持让对方先迈出第一步,就像卡莱基观察到的:"双方的政治家都缺乏勇气迈出这一步。法国人说,如果我们能压榨出更多的钱财,就可以和德国友好了。德国人则说,只要我们能拿回上西里西亚和但泽,与俄国结盟,我们也就可以与法国和平相处了。"②这种情况使得现实中的和解陷入了僵局和死结。

对此,卡莱基号召法国率先做出和解的姿态。他认为,法国有传统、有实力、有义务迈出和解的关键一步。首先,法国拥有欧洲联合的思想传统。早在16世纪,法国国王亨利四世(Henri IV)就提出,用和平的联邦统一欧洲。此后从近代的圣-皮埃尔,到现代著名作家罗曼·罗兰(Romain Rolland),都高举欧洲联合的思想旗帜。即便是用武力征服欧洲的拿破仑,在其生命的最后时刻,也真诚地表示过,要在民族平等的基础上,建设欧洲联邦来统一欧洲。因此,卡莱基认为,法国在一战后,应该"追随本国政治的最高传统,实现法兰西精神的最高要求,在自由、平等、博爱的基础上把欧洲联合起来"③。其次,法国具有开创"欧洲"事业的政治实力。一战后,欧洲发生了地覆天翻的变化:奥匈帝国解体;德意志帝国被解除武装;俄罗斯帝国发生了革命,从而"远离了欧洲";英国则关注帝国内部的事物,"其政治重心在印度"。卡莱基环顾欧洲大陆,法国变成了政治中心,只有它堪当领导地位。"如果法国能够建立一个自由、平等和博爱的欧洲,它将开创一个属于自己的时代。"④再次,法国有打破法德

---

① R. N. Coudenhove-Kalergi, *Paneuropa*, S. 124.
② Ebenda, S. 132.
③ R. N. Coudenhove-Kalergi, Offener Brief an die Französische Kammer, in: *Paneuropa*, 1924, Heft 3, S. 7.
④ Ebenda, S. 5.

关系坚冰的义务。战后两国关系及欧洲的僵局,在很大程度上是由法国力主制定的《凡尔赛条约》造成的。法国是主动方,德国是被动方,德国的报复举动是法国压迫的结果,就像卡莱基对法国强调的:"别说德国人不想和解,这是一个错误的论断。德国之所以没有与法国和解,是因为你们从没有试图这样做过。1919—1924 年间德国议会的民族主义情绪,完全是由法国造成的。我认识德意志民族,我是在德国人民中间长大的,我很清楚,他们不是一个具有强烈报复心的民族。"在他眼中,德意志是一个骄傲的民族,是不会率先迈出和解的一步的,"和解的建议和框架应该由胜利者一方提出"①。而法国只有通过欧洲联合的途径,才能彻底解决边界、少数民族及关税条约等等一系列问题,才能获得自身安全的根本保障。最后,历史经验告诉法国,必须放弃羞辱、惩治德国的政策。在历史上,斯巴达曾因惩罚雅典,招致了马其顿的入侵和整个希腊的毁灭。在这里,卡莱基无疑把斯巴达看成法国,把雅典视为德国,把希腊比作"欧洲",而用历史上的马其顿暗指一战后的苏联。"今天的俄罗斯是神秘而巨大的,没有人能够预测,它的前景是共产还是民主,是专制还是共和。但有一点是清楚的,没有一个国家单凭一己之力就可以抵御俄国的威胁。"从地理上看,德国是西欧防御东方的最佳屏障,但如果法国不与德国和解,"俄罗斯和中国的大量人口,就有可能涌入欧洲,德国就会成为这股移民大潮的先锋和组织者"。对此,卡莱基对法国大声呼吁:"只有你们才有力量,才能改变这一切。"②

二、《洛迦诺公约》与法德和解

法德两国的矛盾在鲁尔危机中达到高潮,此后逐渐趋于缓和。1925年,法、德、英、意等国签订了《洛迦诺公约》。卡莱基从中看到了欧洲联合

---

① R. N. Coudenhove-Kalergi, Offener Brief an die Französische Kammer, in: *Paneuropa*, 1924, Heft 3, S. 11.
② Ebenda, S. 10.

的一丝希望,他认为,应该扩大公约的成果,建立欧洲范围的集体安全体系。虽然公约的签订未能大幅度地提升法德关系,未能彻底地改善欧洲局势,但他仍旧不遗余力地宣传欧洲联合思想,积极推动"泛欧"运动的发展。

1923年1月,法国出兵占领了德国的鲁尔工业区。法德矛盾上升,呈现出白热化的激烈状态。但正是在此期间,就像卡莱基所预见的,两国关系否极泰来,开始出现了和解的转机,改善欧洲局面的动力形成了。法国对鲁尔的军事占领,已经发展成为一种令人恐怖、让人厌恶的军事独裁。法国用野蛮的逮捕、关押措施,甚至用血腥枪决的办法逼迫德国就范,迫使其交出更多的矿产资源和社会财富。① 这种做法在欧美产生了极坏的影响,许多国家认为,法国正在执行赤裸裸的强权政策,根本无力担负起领导战后欧洲的重任。法国的压服政策显然是失败的,它激起了德国社会更剧烈的反抗,激化了德意志的民族情绪,德国根本无法接受法国的安排和战后的现状。欧洲各国对此感到非常地焦虑不安,法德的矛盾冲突已经影响到了欧洲的集体安全。② 欧洲的有识之士热切地希望,能有一个机构,哪怕是一种机制,甚至是一种政策,来缓解当前的紧张局势,来保证欧洲的长期和平。而一战后新成立的国联表现得软弱无力,对成员国缺乏约束力和控制力,无法应对国际上爆发的危机。对此,各国政治家纷纷表态,要迅速行动起来,决不能坐视欧洲再度滑向一场新的战争。③

1923年的鲁尔危机让欧洲的政治家们认识到,欧洲要想避免下一场大的战争,就必须要做好以下几件事情:第一,法德和解。法德间的仇恨、对立、冲突是战后欧洲和平的主要威胁。如果柏林和巴黎能够化干戈为玉帛,重归于好,那么法国的安全感增强了,就不会歇斯底里地对德国采取"灭绝"政策。而德国呢,也完全可以像1914年以前的法国那样,把

---

① Hermann Graml, *Europa zwischen den Kriegen*, S. 173.
② Ebenda.
③ Ebenda.

阿尔萨斯-洛林的问题暂时搁置起来,先与法国恢复正常的关系。第二,建设欧洲集体安全体系。欧洲国家再也不能像以前那样,结成对抗性的、具有潜在战争危险的军事同盟,而要强调集体安全和集体和平的观念,大家发明、建立、维护一种体制,共同对付区域内的和平破坏者和战争贩子。① 第三,在此基础之上,欧洲才能真正实现裁军。只有欧洲各国的安全得到了保障,法德认为不再会受到对方的侵略和压迫,他们才会真心诚意地减少军备。而裁军又能反过来推动法德的互信合作,进一步加强欧洲的集体安全建设。第四,接受欧洲的现状。从根本上来说,所有这一切都需要一个思想前提,即接受《凡尔赛条约》的基本安排。也就是说,不管一战后确立的秩序是否公平,大家都要接受它,只有这样,才有和解、和平可言,法德之间的冲突,基本上都是由于德国要改变战后现状引起的。各国达成了这种思想共识,欧洲的局势才会朝着积极的方向发展。②

对此,卡莱基有着自己的看法和认识。他认为,欧洲国家只有逐步推进欧洲联合的事业,才能一劳永逸地解决当前的困难和问题。在他眼中,战后欧洲的矛盾重重,"情况比1914年以前还严重,新的民族仇恨正在增长,一堆类似阿尔萨斯-洛林的矛盾正在形成。有三分之一的欧洲国家存在边界问题,希望得到改变,这对欧洲和平构成了很大的威胁"。③ 他指出,疆界是各种复杂因素,诸如民族、政治、经济、地理、历史等长期交织、反复作用的结果。因此在战后的政治安排当中,不可能满足所有国家的要求,肯定有诸多"不公正"因素。卡莱基认为,围绕着边界问题,欧洲形成了和平、经济与民族三大矛盾。如果某些欧洲国家企图改变战后形成的民族国家边界,那么一定会挑起新的战端。"改变边界意味着欧洲的战争",因为这样做是在"用新的不公平替代旧的不公正"。一些边界划分看似尊重了弱小民族的独立和完整,但它们助长了经济中的民族主义,

---

① Hermann Graml, *Europa zwischen den Kriegen*, S.174.
② Ebenda.
③ R. N. Coudenhove-Kalergi, Weltorganisation und Paneuropa, in: *Paneuropa*, 1925, Heft 4, S.14.

破坏了欧洲经济的完整性,降低了欧洲区域在国际市场上的竞争力。而有些边界划分考虑了政治和经济的因素,却又破坏了民族统一的原则,人为地制造了所谓的少数民族问题。他还强调,上述问题都具有"欧洲"的特点,欧洲的经济问题与"英帝国、美国、中国和苏联的经济问题都不一样"。少数民族问题也有其独特性,"与亚洲和美洲的少数民族问题都不相同"。因此,急需一种欧洲化的解决方案。① 针对这些症结,卡莱基开出了以下的药方:在安全上,签订欧洲国家间的保证协定,消灭彼此开战的可能性。在经济上,消灭相互间的关税边界,建立关税同盟。在民族问题上,通过缔结少数民族的保证条约,使得民族压迫成为不可能。此外,这三项措施必须一揽子同时进行。这样,欧洲的战争危险、经济分裂和民族仇恨将不复存在②,欧洲的边界会慢慢消失。总之,"欧洲的边界问题不能通过改变边界来消除,只能通过消除边界来改变"③。欧洲的问题将在"泛欧"联合的大框架内最终加以彻底解决。

虽然法德尚不能遵从"泛欧"联合的理性,但在1923年的鲁尔危机中,法国终于认识到,压服不是办法。8月,德意志人民党领袖古斯塔夫·施特雷泽曼(Gustav Stresemann)接任总理。面对国内外的紧张局势,他提出当务之急是采取合作政策,尽快结束鲁尔危机。④ 在矛盾达到高潮之后,法德双方都准备后退一步,于是,两国关系开始出现了转机。

在美国的帮助、影响下,法德很快就赔款问题达成了一致。战争结束时,所有的协约国都欠下了美国的债务。与此同时,美国已经成为世界上最大的债权国和最大的资本输出国。美国的国外投资从1913年的大约20亿美元增加到1930年的150亿美元,其中30%就投放在欧洲,欧洲经济对美国资本已经形成了依赖之势。1923年以后,如果没有美国的贷

---

① R. N. Coudenhove-Kalergi, Weltorganisation und Paneuropa, in: *Paneuropa*, 1925, Heft 6, S. 24.
② Ebenda, S. 26.
③ Ebenda, S. 25.
④ 丁建弘:《德国通史》,第317页。

款,欧洲国家就不可能支付赔款或偿还债务。① 为了打破赔款问题的僵局,成立了一个由美国银行家查尔斯·道威斯(Charles Dawes)主持的经济专家委员会。1924年9月1日,协约国和德国开始实施所谓的《道威斯计划》,该计划建立在"商业,而不是政治"这一口号的基础上,它要求开始每年支付2.38亿美元的赔款,然后递增至5.95亿美元的最高额。这些金额可以依据一定年份的繁荣指数予以调整。另外,德国须废除其恶性膨胀的货币,并在协约国的监督下改组它的国家银行。作为回报,法国将从鲁尔工业区撤军,而德国会得到2亿美元的贷款。在执行《道威斯计划》期间,德国得到的贷款比它支付的赔款多了一倍至两倍。② 德国用美国的贷款一边偿付赔款,一边发展自身经济。与此同时,协约国用德国偿付的赔款,偿还每年所欠美国的战债。《道威斯计划》刺激了德国经济的发展,盘活了欧洲的赔款和债务问题,为法德的下一步和解创造了有利的条件。

1925年前后,法、德两国的关系又有了进一步的改善,这一方面是由于《道威斯计划》的成功实施,随后法国和比利时的占领军撤离鲁尔区。另一方面是由于法德的外交部长,即白里安和施特雷泽曼持相互和解的态度。他们认为可以通过谈判达成协议来加强两国的安全。1925年2月,德国政府向法国政府提交了一份备忘录,建议在德国、法国、英国、意大利等国之间,缔结一个长期条约,它们将保证彼此间不发动战争。③ 由于德国还不是国联成员国,条约的谈判是在国联以外进行的。1925年10月,德、法、英、意等国签订了一系列条约,史称《洛迦诺公约》。其主要内容包括:1.德国、比利时和法国签订了一项相互保证德比边界和德法边界的条约,并由英国和意大利充当担保人。2.德法仲裁条约和德比仲裁条约。3.德波仲裁条约和德捷仲裁条约。4.德国发动侵略的条件下,法国与波兰的互助条约和法国与捷克斯洛伐克的互助条约。法国原来希望对

---

① 斯塔夫里阿诺斯:《全球通史——1500年以后的世界》,第676页。
② C.L.莫瓦特编:《新编剑桥世界近代史》,第12卷,第79页。
③ 同上书,第323页。

德国的东部边界也能取得同样的集体保证,但英国和意大利不愿承担此项义务。德国愿意与波兰和捷克斯洛伐克签订仲裁条约,但是它却坚决拒绝承认东部边界的现状,保留了通过和平手段更改东部边界的权利。法国答应波兰和捷克斯洛伐克,如果德国企图以武力改变现有边界,就援助它们。反之,波兰和捷克斯洛伐克也承担同样的义务。① 总的来说,《洛迦诺公约》在一定程度上加强了 1919 年的《凡尔赛条约》。德国在西部边界问题上,同意维护战后的现状。作为回报它可以加入国联,并成为常任理事国。欧洲的紧张局势得到了缓和,进入了一个短暂的相对繁荣的时期。在西欧和全世界,人们欢呼《洛迦诺公约》开创了一个互信、合作的新纪元。作家们谈论着欧洲上空荡漾着"洛迦诺精神"。英国政治家张伯伦(Chamberlain)宣称,公约标志着和平年代和战争年代之间的真正分界线。白里安也发表了有关"洛迦诺精神"的动人演说,他讲到"洛迦诺精神"禁止了战争,用"调解、仲裁与和平"代替了战争。②

卡莱基在积极评价条约的同时,更多地看到了条约的不足和存在的问题。他把条约的签订称作"当代欧洲政治最重要的事件","是走向法德和解的关键一步",法德双方都从公约中有所收获。③ 对法国来说,德国永久地、无条件地放弃了阿尔萨斯-洛林,法国的东部边界问题得到了彻底解决。"这对法国国内舆论起到了一定的安抚作用,对其和平外交具有促进作用。"从德国来讲,公约结束了其与协约国的长期对立和自身的孤立状态,德国转被动为主动,"再次进入了西欧国家体系,又能以平等的身份加入欧洲和世界的政治了"④。公约的签订,使法德都得到了好处,一战后的法德矛盾仿佛就此烟消云散了。然而,卡莱基却发现,这项条约在带给欧洲短暂和平的同时,还存在着巨大的漏洞,甚至酝酿着潜在的风险,"这些都将长时间地困扰欧洲和平"。

---

① C. E. 布莱克、E. C. 赫尔姆赖克:《二十世纪欧洲史》,上册,第 218 页。
② 同上书,第 219 页。
③ R. N. Coudenhove-Kalergi, Genf, in: *Paneuropa*, 1925/1926, Heft 4, S. 3.
④ Ebenda.

在卡莱基看来,《洛迦诺公约》的缺陷在于,德国的西部边界确定下来了,"但缺乏针对少数民族的保护政策,这对生活在阿尔萨斯-洛林的德意志人是危险的,不是说他们马上会受到法国人的欺负和压迫,而是说法国的内部政治一旦有变,有一个像意大利墨索里尼那样的民族主义者上台,那么,这里的德意志人就该遭殃了"①。与此相比,他认为,德国的东部边界存在着更大的隐患。在这一点上,德国不愿妥协,不准备接受《凡尔赛条约》带来的战后秩序。虽然它与波兰、捷克签订了仲裁协定,承诺不用武力改变现状,但这种做法没有什么太大的意义。而实际的情况是,"欧洲的战争危险已经从莱茵河转到了魏泽尔河,德波问题成为欧洲最棘手也是最重要的问题"。德波冲突背后隐藏着法德的矛盾,"现在法德或战或和,都反映在德国和波兰的边界上,而不在莱茵河一线"。对此,卡莱基强调,条约的根本问题在于未能改变传统的军事结盟体系。不是说法国把英国拉进来保护它的西部边界,就保证了集体安全。事实上,只要德国的东部边界问题没有解决,欧洲的安全就无法得到保证。"在东欧发生的战争照样会变成全欧洲的战争,只要结盟体系存在着,就会有战争扩大化的危险,就像第一次世界大战一样。"在这样的体系中,即便法国握有法德边界的成果,也无法置身于战乱之外:"那些签订了西部边界条约的政客们,可以扪心自问,是不是这样就安全了。如果一战前就已经存在着一项莱茵条约,而法国也因此彻底放弃了阿尔萨斯-洛林,是不是就不会爆发欧洲和世界的大战了?答案肯定是否定的,因为一战前的法俄军事同盟条约把东欧和西欧的命运联结在了一起。就像今天法国和西斯拉夫国家签订的军事条约一样。"②

正如卡莱基所言,《洛迦诺公约》的解决方案具有很大的局限性,其成果也是有限的。法国通过《洛迦诺公约》部分地达到了它的安全目的,稳固了国家的东北部边界,但同时也削弱了法国的盟友波兰和捷克的安全

---

① R. N. Coudenhove-Kalergi, Genf, in: *Paneuropa*, 1925/1926, Heft 4, S. 4.
② Ebenda, S. 5.

地位。① 东欧国家不欢迎《洛迦诺公约》，波兰从不喜欢区别对待莱茵河边界和维斯瓦河边界。公约的双重标准给人们带来了错觉，给欧洲的和平埋下了隐患。"因为许多人认为没有禁止的就是允许的，没有保证的，就是失去法律保护的。欧洲的边界分成稳定的和不稳定的，也就分成了和平的边界和战争的边界。"②

德国把和解当作一种策略，把公约看作政策工具，其目的在于孤立波兰，修正《凡尔赛条约》，最终改变东部边界。1926年4月，德国和俄国签订了《互不侵犯和中立条约》。规定一方在处于战争状态时，另一方保持中立，不参加在经济和金融领域制裁对方的联盟。波兰对德俄接近感到恐惧，仿佛看到了被瓜分的厄运又要降临。波兰的担忧绝非杞人忧天。在此前一个月，经国防军司令泽克特批准，德军向外交部转交了一份备忘录，称趁着条约还未生效，德国应该取消莱茵非军事区。德国的下一个目标是，消灭但泽走廊，夺取波兰的上西里西亚，完成德奥合并。待德国恢复在国际上的地位后，再考虑是用战争的方式，还是用和平的方式，来解决法德的问题。德国将再度成为世界大国。为了将来与英美争夺世界原料和市场，德国必须拥有强大的海军。③ 德国右翼党派团体表现得更加激烈，干脆反对《洛迦诺公约》，称它为"放弃政策"，是一纸降书。在1925年8月，德国民族人民党控制下的媒体，就对施特雷泽曼的和解政策发起了宣传战。这个党代表了大工业家、相当一批大地产主、军官团和大部分政府高级官员的利益。同年10月，该党指示自己的议员投反对票，阻止议会通过《洛迦诺公约》。公约通过后，又让本党的内阁部长、经济部长和金融部长退出内阁，以此表示强烈的抗议。在此过程中，德国民族人民党持续右转，逐步拉开了与纳粹合作的序幕。也就在这个时期，纳粹党的元

---

① Franz Knipping, *Deutschland, Frankreich und das Ende der Locarno-Ära, 1928—1931: Studien zur internationalen Politik in der Anfangsphase der Weltwirtschaftskrise*, München: Oldenbourg, 1987, S. 19.

② R. N. Coudenhove-Kalergi, Genf, in: *Paneuropa*, 1925/1926, Heft 4, S. 5.

③ Hermann Graml, *Europa zwischen den Kriegen*, S. 221.

首希特勒出版了《我的奋斗》。正是在反对《洛迦诺公约》的斗争中,德国民族人民党与魏玛政府逐渐走向决裂,并最终在反对《扬格计划》的斗争中,与希特勒的纳粹党合流,成立了"哈茨堡阵线"(Harzburger Front)这个极右翼的团体。① 除了这些右翼、极右翼的党派、组织,德国大众也对公约极度不满,他们认为,这是魏玛政府在协约国压迫下的又一次投降,又一次失败,是严重的分疆裂土的叛国行为。

《洛迦诺公约》的解决方案,加深了德国和波兰之间的矛盾,加剧了东欧地区的不稳定局势。德国觉得但泽走廊就像一把利刃,把德国的躯体一分为二。而波兰则视走廊如咽喉,没有它波兰就不能呼吸和生存。不仅如此,同在这一地区的波兰和立陶宛,也存在着领土矛盾,立陶宛不承认与波兰的边界,与俄罗斯签订了主要针对波兰的合作协定。再加之德国与立陶宛、波兰与苏联等国的土地纠纷,东欧可谓矛盾重重、危机四伏。而《洛迦诺公约》的签订,无异于向世人宣布,这里是被遗忘的角落,是没有安全保证的丛林地带,实行的是弱肉强食的法则。它大大地加重了东欧的动荡局面。正像卡莱基看到的,"这里正处于战争的危险之中"。

要想彻底改变这种状况,卡莱基断言:"必须建立集体安全和欧洲安全体系。"他建议,法国在处理欧洲东部边界问题时,可以学习英国的智慧:"在华盛顿举行的海上军备谈判中,英国把美国,即日本的敌人拉了进来,签订了太平洋协定。在莱茵协定中,英国又把法国的敌人,即德国拉了进来,这比单方面的联盟体系要管用得多,这样法德就可以和解了。法国也应该学习英国,在和东欧国家结盟时,把德国也拉进来,这样就可以保证波兰和捷克的安全。"② 然而,德波结盟的最大障碍在于但泽走廊,对此,卡莱基拿出了解决东欧问题的一揽子计划:波兰和立陶宛联合起来,建立一个大波兰,立陶宛拿回威尔纽斯,在波兰内部高度自治。通过这样的联合,大波兰获得梅梅尔地区,也就获得了出海口,这样就可以把但泽

---

① R. N. Coudenhove-Kalergi, Genf, in: *Paneuropa*, 1925/1926, Heft 4, S. 223.
② Ebenda, S. 6.

还给德国了。在此基础上,德国便会与法国一起保卫波兰东部的边界。法德波建立同盟,这样捷克斯洛伐克也就自动加入了。"这就是泛欧的基础。"如果俄罗斯采取合作的态度,承认这个方案,它将获得波罗的海的不冻港李堡作为补偿。卡莱基的方案无疑是以孤立俄罗斯为代价的。在他看来,美、英、俄都是"世界大国",欧洲谁也得罪不起,但如果一定要有所选择,欧洲必须倚靠西方,牺牲俄罗斯的利益,因为"俄国比英美的力量要弱,前者还要争夺霸权,而后者已在行使霸权"。[1] 欧洲一定要站在强者一边,欧洲的经济、金融发展,离不开英美的支持。况且选择了俄国,也就意味着选择了红色革命,至少要受到它的影响,这也是属于保守派的卡莱基所不能接受的。

卡莱基呼吁实行"东部的泛欧政策",是有着一定的历史背景和思想基础的。中东欧国家在彼此争斗的同时,也在寻找地区合作的可能性,并对欧洲联合表达了道义和口头上的支持。波兰外长斯克里申斯基(Skrzynski)在访问美国时表示,支持建立"欧洲合众国"。波兰的这个想法,不仅是考虑到了与法国、德国的关系,还考虑到了波兰地处波罗的海和巴尔干半岛的中央位置,在未来的欧洲联合的进程中,波兰可以发挥连接东北欧和南欧的枢纽作用。[2] 波罗的海、中欧和巴尔干国家也开始考虑地区联合的可能。立陶宛、拉脱维亚和爱沙尼亚正在讨论建设波罗的海关税同盟。这种地区经济联合会对欧洲联合起到很好的促进作用。中欧的德国和奥地利,也一直想通过经济联合来加强彼此的政治联系,并最终达到合并的目的。在巴尔干半岛上,希腊等国致力于该地区的和解和合作。与此呼应成趣的,是地处西欧的法国,对欧洲联合表示了支持。其总理潘勒韦在第六次国联大会上说,独立战争以来的美国是欧洲的榜样。[3] 他认为,欧洲各国也应该像美国各州那样联合起来,这样就可以保

---

[1] R. N. Coudenhove-Kalergi, Weltherrschaft, in: *Paneuropa* ,1927, Heft 2, S. 11—12.

[2] R. N. Coudenhove-Kalergi, Genf, in: Paneuropa, 1925/1926, Heft 4, S. 7.

[3] Ebenda, S. 8.

第六章 "泛欧"思想中的法德联合观 145

持欧洲的长久和平。这些都对卡莱基呼吁"泛欧"联合起到了积极的促进作用。

虽然欧洲各国不乏联合的美好愿望,但在现实政治的层面上,通往"欧洲"的道路却障碍重重,裁军便是当时的难题之一。《洛迦诺公约》签订后,德国即将进入国际联盟体系,并担任常任理事国,这使得《凡尔赛条约》规定的德国单方面裁军变得不合时宜了。所以公约最后的议定书要求各签字国保证,"对国际联盟的裁军给予真诚的合作,争取在一项总协议中完成这项工作"①。为了落实这项约定,国联于1925年12月成立了一个筹备委员会,准备即将在次年召开国际会议。但他们很快就发现,在许多重大原则问题上,各国之间根本无法达成任何协议。这个筹委会下属的各个技术小组,竭尽全力地去处理那些表面看起来是技术性的,而实际上却牵扯民族利益的政治事务,结果自然是无功而返。各国甚至对军备一词的理解,也是各执己见,难以求同。② 如果把军备潜力也包括在内,那么就必须考虑构成一国实力的经济、地理位置、人口等全部因素。要是把战争潜力一概撇开不算,只是对某些国家有利,则又显得非常不公平。另外还有一系列的分歧:一个国家的军事力量,究竟应该按照实际服役的兵员计算呢,还是要包括受过训练的后备人员;是否应该从国家预算上限制军备的规模;是否应该以总吨位,还是以舰只的种类计算海军的力量;应该用什么形式、在什么程度上落实国际监督,来检查协议的执行情况;等等。③ 在所有这些问题上,欧洲国家都表现得莫衷一是,裁军的尝试和努力,最后全不了了之。

在卡莱基看来,裁军问题也和东欧的局势一样,需要有一个一揽子的、欧洲化的解决方案。他认为,裁军包括了四个方面的内容,即道德裁军、政治裁军、军事裁军和经济裁军。④ 而道德裁军无疑是首要方面。卡

---

① C. L. 莫瓦特编:《新编剑桥世界近代史》,第12卷,第349页。
② 同上。
③ 同上。
④ R. N. Coudenhove-Kalergi, Abrüstung, in: *Paneuropa*, 1927, Heft 5, S. 1.

莱基将其称之为"精神裁军",主要指欧洲国家放下武器、消灭战争及向往和平的真诚愿望。他强调,"精神裁军"的关键在于,打破一战后流行的战争责任谎言,"认为德国应该担负战争的罪责、德国是唯一的战争罪人的看法,是根本站不住脚的,必须把这个问题讲清楚,让欧洲人民知道真相"。因为这个政治谎言导致了战后欧洲国家间的仇恨和不信任,阻碍了他们的和平愿望,破坏了他们裁军的努力。"如果一个民族被认定为罪犯,而其他民族都是受难者,你怎么能指望这个罪犯裁军呢?如果这个问题不解决,就谈不到道德的裁军,这不是一个赔款的问题,而是一个公正的问题。只有德意志民族得到了公正,才有可能进行道德上的裁军,才会在精神上放下武器。"①对此,卡莱基持积极乐观的态度。因为一战后,一些国家相继开放了有关的政府档案和文件,它们表明了,德国不是战争的唯一发动者。英、法两国的政治家和作家,也开始修正战争责任的说法。卡莱基指出,解铃还须系铃人,法国政府的态度至关重要:"也许法国有一天有勇气认识到自己的错误。如果法国能够重新审视德国单方面负有战争责任的结论,且能够废除它,那么通向精神裁军的大门就打开了。"②

第二个方面是政治裁军。所谓的政治裁军指,先建立一个欧洲安全体系,为裁军提供必要的前提条件和重要保证。正如卡莱基所言:"先有安全,后有裁军,这个顺序不能错。"③为了构建这样一个体系,首先要召开欧洲安全会议。这不是世界范围的会议,只允许欧洲国家参加,只讨论欧洲的问题。这样就不会把欧洲的裁军,拖入到复杂、漫长的世界裁军谈判中去。大会将聚焦欧洲内部的主要矛盾,因此,将邀请德国、意大利、罗马尼亚、英国、波兰、南斯拉夫、法国、西班牙、捷克斯洛伐克等军事大国参加,而非所有的欧洲国家都要出席。会议的主要目的和内容就是签订欧洲安全协定,建立欧洲安全机制。首先,各成员国将承诺,在任何时候,都不以任何借口率先使用武力来解决问题。当一个国家发动战争时,全体

---

① R. N. Coudenhove-Kalergi, Genf, in: *Paneuropa*, 1925/1926, Heft 4, S. 10.
② Ebenda, S. 10.
③ R. N. Coudenhove-Kalergi, Abrüstung, in: *Paneuropa*, 1927, Heft 5, S. 10.

成员都把它视为和平的破坏者,联合起来对其进行惩罚打击。其次,建立仲裁法庭解决争端和冲突。再次,共同抵御外部的侵略。卡莱基在这里暗指苏联的入侵和威胁。最后,禁止成员国与欧洲以外的列强签订双边协定。如要签订,必须经过所有成员国的同意和批准。比如说不允许签订《苏德互不侵犯条约》,只能签订《欧俄友好合作条约》。① 通过上述运行机制,初步形成欧洲集体安全体系,为下一步的裁军行动打下良好的基础。

第三方面是军事裁军。在此,卡莱基不仅考虑了裁减各国的武装力量,而且还规划了一个较为完备的欧洲共同防务体系。按照他的设想,欧洲国家应建立"泛欧"总参谋部,英、法、德、意等列强可以各派 2 名代表,其他的安全会议参加国各拥有 1 名代表,剩下的欧洲小国联合起来设立一名特殊代表。总参谋部的任务是规划欧洲的裁军事宜,控制欧洲的军备,与欧洲各国的参谋部协调一致,共同保卫欧洲的集体安全。② 在此基础上,卡莱基对欧洲的海、陆、空裁军做出了整体的规划。"欧洲"成员国禁止拥有空军。它们可以在殖民地保留自己的空军,但总量应远小于"欧洲"空军。"欧洲"空军应该是苏联及其盟友空军的两倍,是所有未签约欧洲国家空军总和的 3 倍。卡莱基认为,裁减海军不是欧洲裁军要考虑的内容,因为主要的海上列强,像美国、日本都是非欧洲国家,而英国只能算"半欧洲"国家。欧洲的海军大国是法国和意大利,海上裁军应该由这两个国家自主进行。③ 而裁减欧洲的陆军,应参照《凡尔赛条约》对德国规定的相关条款来执行,基本分为三类情况。第一类,像法德这样的欧洲大国允许拥有 10 万陆军;第二类,1 千万到 4 千万人口的国家,可以有 5 万陆军;第三类,1 千万人口以下的国家,可以拥有 2 万 5 千人的军队。军费预算应该和军队的人数成正比。"欧洲"军队和军费的数量将会随着苏军的变化而改变,也会和非"欧洲"国家的军事实力有关。比如一个欧洲

---

① R. N. Coudenhove-Kalergi, Abrüstung, in: *Paneuropa*, 1927, Heft 5, S. 11.
② Ebenda, S. 14.
③ Ebenda, S. 13.

大国没有加入防务共同体,那么"欧洲"军队的数量就要相应增加,以便保持对它的绝对优势,使其在任何情况下都不敢轻举妄动。① 建设防务共同体最终要达到两个目的:保护欧洲不受外来的侵略;防止欧洲国家间的战争,保卫欧洲内部的和平。一旦建成这样的共同防务体系,欧洲国家会感到自身的安全有了保障,也就没必要大力发展本国的国防工业和军备经济了。这样,欧洲裁军的第四个方面,即经济裁军的问题也就迎刃而解了。

在卡莱基设计上述裁军方案的同时,法国外长白里安也提出了类似"道德裁军"的主张。他建议签订一项国际条约,以保证世界的长期和平。美国外长凯洛格支持这项创意,并做了进一步的补充和完善。1928年8月,美、法、德等15国签订了《巴黎非战公约》,即所谓的《凯洛格—白里安公约》。后来又有45个国家陆续加入,苏联也是缔约国之一。公约禁止在任何情况下,把战争"作为推行国家政策的手段"。公约还规定,国家间的矛盾应通过仲裁法庭,用和平的方式加以解决。② 为了签约,重病中的施特雷泽曼来到了巴黎,这是一战后德国的外长首次踏上法国的土地。施特雷泽曼所到之处,受到了法国人民的热烈欢迎。《巴黎非战公约》促进了法德的进一步和解,表达了欧洲及世界各国反对战争、渴望和平的良好愿望,是20世纪20年代后期国际政治趋向缓和的重要标志。为了很好地体现公约的和平精神,国联制定了"和平解决国际争端总议定书"。议定书规定:由争端各方与所有其他各方共同组成调解委员会,法律性的争端提交常设法庭,非法律性的争端提交仲裁法庭。尽管带有许多保留,议定书还是被广泛地接受了,不过它完全没有起到实际的作用。③ 议定书准备仓促,模棱两可之处比比皆是,它所提及的调解委员会始终无所作为。无论是非战公约,还是国联的议定书,都缺乏集体安全体系的保障,更没有军事力量的保证。所以,这样的协定只能停留在愿望的层面,无法

---

① R. N. Coudenhove-Kalergi, Abrüstung, in: *Paneuropa*, 1927, Heft 5, S. 14.
② C. L. 莫瓦特编:《新编剑桥世界近代史》,第12卷,第349页。
③ 同上。

得到落实和执行,最终变成了一纸理论性的空文。

国联的表现让卡莱基沮丧,他本寄希望于国联内部的结构改革,并将其视为通往"泛欧"联合的重要途径之一。他认为,国联的软弱无力源于它的结构缺陷。众多的民族国家聚集在一起,各自心怀鬼胎,彼此攻讦,吵吵闹闹,效率低下。他主张,应该按区域的原则,对国际联盟进行改革,"国联不应是国家的联邦,而应该是联邦的联邦"①。他论证道,一战后,世界上正在形成五大区域,分别是英帝国、美利坚、俄罗斯、东亚和欧洲。国联应该与时俱进,不应该再以民族国家为基本成员,而应以这五大区域作为基本单位。每个区域联合体内部都高度自治,国联只处理区域间的关系。这样,欧洲就会真正地成为"欧洲人的欧洲",从而避免了外部势力干涉欧洲内部事务。②但这种想法显然与两战间的国际关系现实相去甚远,彻底改造国联的理想根本无法实现。另一个途径就是缔结集体安全协定,"就像《洛迦诺公约》所做的那样"。但该公约聚焦法德边界问题,且参加缔约的国家有限,算不得真正意义上的"欧洲"体系。再考虑到中东欧错综复杂的矛盾冲突,卡莱基认为,建立欧洲集体安全体系的目标也不会在短时间内成为现实。最后一个途径是像"泛美"组织那样,召开区域的政府间会议,欧洲国家共商联合大计。③ 为此,卡莱基在 1926 年于奥地利维也纳召开了第一届"泛欧"大会,引起了欧洲各国的广泛关注。虽然许多欧洲国家派代表参加了会议,但各国政府重在了解和观望,支持多是道义的、礼节的,欧洲联合还远未上升到国家意志的层面。卡莱基深刻地认识到,要想在不远的将来改变欧洲的颓势,实现各国的联合,就必须要走政治上的捷径,即通过与欧洲大国政治首脑的紧密合作,来推动"泛

---

① R. N. Coudenhove-Kalergi, Weltorganisation und Paneuropa, in: *Paneuropa*, 1925, Heft 4, S. 15.

② Ebenda, S. 18.

③ R. N. Coudenhove-Kalergi, Drei Jahre Paneuropa, in: *Paneuropa*, 1925/1926, Heft 10, S. 21.

欧"的实现。① 在这方面,法国外长白里安逐渐地走进了他的视野。

三、《白里安计划》与欧洲联邦

《洛迦诺公约》签订后,欧洲并未升起希望的太阳。相反,卡莱基看到,"战争结束8年了,过去的8年,是仇恨的8年,是充满危机和战争危险的8年"。② 这种困境让他迫切地认识到,如果不能签立第二个《洛迦诺公约》,不能把《洛迦诺公约》的模式扩大到全欧洲,就应该推动欧洲联合向前发展。"我们唯一的、清晰的目标就是泛欧,建立欧洲邦联和关税同盟来拯救欧洲。"③在追寻联合的道路上,卡莱基眼中的"法德和解的先锋战士、《洛迦诺公约》的缔造者、欧洲和平政策的代表、一个好的欧洲人"——法国政治家白里安,逐渐成为了"泛欧"事业的伙伴。

战后第一位谈到"欧洲"的政治家是爱德华·赫里欧。他于1924年出任法国总理,1925年1月25日,这位激进党领袖在一次议会讲演中宣布:"我最大的愿望就是有一天能看到欧洲合众国的成立。"④但是他未能朝着这个方向继续前进,提出什么外交上的具体倡议,因为他在1925年4月就下台了。而且这个声明在其他国家政府中也没引起多大反响。阿里斯蒂德·白里安是第一位正式提出建立"欧洲"组织的政治家。从1925年起,白里安担任了外交部长。当他发现国际联盟、《洛迦诺公约》

---

① 卡莱基相信,法德的政治领袖将是"新欧洲"的缔造者。Coudenhove-Kalergi an Reichskonzler, Gstaad, 17. August 1932, in: AA R96436.

② R. N. Coudenhove-Kalergi, Für ein paneuropäisches Locarno, in: *Paneuropa*, 1927, Heft 7, S. 5.

③ R. N. Coudenhove-Kalergi, Die europäische Nationalbewegung, in: *Paneuropa*, 1928, Heft 1, S, 4.

④ 卡莱基认为,赫里欧的"欧洲合众国"讲话是受到了他的积极影响。"1924年夏,我以'泛欧'同盟的名义,用公开信的方式向新当选的法国内阁提出了倡议。3个月以后,也就是在1924年10月,法国总理爱德华·赫里欧表示拥护欧洲合众国的思想,德国外长施特雷泽曼对这个政治创意也表示了赞同。"见:R. N. Coudenhove-Kalergi, Drei Jahre Paneuropa, in: *Paneuropa*, Jahrgang 1925/1926, Heft 10, S. 17.

和《凯洛格—白里安公约》,都不足以保证战后法国的国家安全后,就开始逐步酝酿"欧洲联邦"的方案,准备通过"欧洲"的途径满足、巩固法国的国家战略需求。① 而"泛欧"运动无疑成为白里安推行欧洲联合政策的得力助手和有利工具。

1926年10月,"泛欧"联盟在奥地利维也纳召开了第一届"泛欧"大会,白里安派法国驻维也纳大使参加,首次表示了对"泛欧"运动的兴趣和支持。② 同年,他还在一次采访中表示,"泛欧是维护欧洲持久和平的唯一方案"。1927年5月4日,白里安会见了"泛欧"同盟中央委员会的成员,并答应担任"泛欧"同盟名誉主席一职。此后,卡莱基多次到巴黎拜访白里安,与他探讨"泛欧"运动及"泛欧"联合的问题。③ 1928年11月,白里安告诉卡莱基,他准备着手建立一个"欧洲联邦"。在1929年6月于马德里举行的欧洲外长会议上,白里安和各国外长就此进行了逐一的交谈,并且争取到了他们的支持和同意。一个月以后,白里安第一次向新闻界透露了他的"欧洲"计划,他宣布:将在国联的大会上建议成立欧洲联盟。④ 这则消息在欧洲舆论界引起了强烈的反响,博得了广泛的好评。几天以后,白里安又在法国议会宣布了他的"欧洲"计划,赢得了议会多数的赞同。在随后举行的海牙会议上,德国外长施特雷泽曼积极地回应道,从经济的角度来说,白里安的方案是值得欢迎的,应该给予支持。⑤ 同年9月5日,已升任法国总理的白里安在国联的第十次大会上正式宣布了这项计划。

白里安在发言中讲道,对那些"欧洲"的拥护者们所做出的种种努力深为感动。他明确表达了建立欧洲联邦的愿望:"我认为,那些在地理上

---

① 皮埃尔·热尔贝:《欧洲统一的历史与现实》,第33页。
② R. N. Coudenhove-Kalergi, Was will Briand, in: *Paneuropa*, 1930, Heft 1, S. 1.
③ Ebenda.
④ Auszug aus der Rede Briands auf der X. Völkerbundsversammlung am 5. September 1929, in: Das Forschungsinstitut der deutschen Gesellschaft für Auswärtige Politik e. V. (Hg.), *Dokumente zur Frage der europäischen Einigung*, Bd. 1., S. 27.
⑤ Ebenda.

紧密相连的国家,像欧洲各国,应该具有一种联邦式的联系。这些国家应该无论何时都能相互接触,讨论他们的利益,做出共同的决定,并在彼此之间建立一种休戚与共的关系,使他们能在必要的时候,对付那些可能出现的严重局面。我要努力建立的正是这种联系。当然,联合将主要在经济领域内实行,这是最紧迫的问题。我相信,一定会取得成功;但我也确信,在政治上和社会上,一种不触及成员国主权的联邦式的联系,会是非常有益的。"①白里安在这段话里同时提到了联邦式的联系,及对欧洲各国主权的尊重。这是一种矛盾的、非常模糊的提法。如果是联邦,那么成员国就必须把国家主权转移到统一的联邦层面上去。一个既要民族国家主权,又要组成"欧洲联邦"的想法是自相矛盾、不能成立的。如果要主权国家的联合,那么至多是邦联的形式。白里安在讲话中小心翼翼,没有明确这样一个欧洲组织的性质。他不愿刺激他国政府,给他们留下主权会受到威胁和侵犯的负面印象。施特雷泽曼及其他欧洲国家的外长对此给予了积极的回应。9月8日,各国代表在所谓的"欧洲早餐会"上,进行了非正式的会晤,讨论了欧洲联合的事宜。② 最后,他们委托白里安准备一份备忘录,进一步阐释、说明他的联合思想,然后提交欧洲各国政府进行讨论。

白里安在国联第十次大会上的讲话,极大地鼓舞了卡莱基的"欧洲"热忱,促使他对联合的前景做出了乐观的预期。他估计,当白里安的欧洲联合备忘录公开后,在短时间内,欧洲各国的议会、组织、报纸都会来讨论"欧洲"问题。人民的意志和公众的呼声,将对欧洲联合的历史进程起到巨大的推动作用。各国政府在进行有关决策时,是不能忽视议会和公众的意愿的。白里安将汇总欧洲各国的反馈,形成一个正式文件。然后在1930年9月于日内瓦召开的欧洲国家政府会议上,通过一项"欧洲"决

---

① Auszug aus der Rede Briands auf der X. Völkerbundsversammlung am 5. September 1929, in: Das Forschungsinstitut der deutschen Gesellschaft für Auswärtige Politik e. V. (Hg.), *Dokumente zur Frage der europäischen Einigung*, Bd. 1., S. 28.

② R. N. Coudenhove-Kalergi, Was will Briand, in: *Paneuropa*, 1930, Heft 1, S. 2.

议,启动政府层面上的联合进程。按照这样的进展,卡莱基预计,在1930年内,就会建成第一个由欧洲国家政府参加的联合组织,一个欧洲的中央机构。"从此欧洲不再是一个地理概念,而是获得了它的具体政治内涵。这样'泛欧'理想的第一步也就实现了。"①在展望"欧洲"前景的同时,卡莱基也没有忘记强调"泛欧"运动的核心作用:"白里安的行动是'泛欧运动'的一部分,是不能把他和我们的运动分开的。就像在历史上不能把加富尔的政策和意大利的统一运动分开一样。白里安就是加富尔,'泛欧'运动就是统一运动。"②正是从政治运动的理想热忱出发,而非考虑到列强冷酷的利益算计,卡莱基才对白里安的"欧洲"讲话充满了期待。在随后的几个月中,即便欧洲的舆论已经逐渐冷却下来,也丝毫不能动摇他的信心:"我们不会失望,白里安已经下决心要执行他在去年夏天公布的计划。"③

事实上,情况并不像卡莱基设想的那般乐观。在国联大会上,白里安的提议受到了与会代表的鼓掌欢迎。但与此同时,他的演说也招致了反对意见。在法国,右派马上表现出怀疑和讥讽的态度,如同他们对国联的态度一样。然而,左派却认为白里安做得还不够,社会党领袖莱昂·布鲁姆(Léon Blum)马上看出联邦式的联系和国家主权之间的矛盾,并询问如何才能解决这个矛盾。法国共产党则指责这是一个反苏的阴谋。④ 在德国,白里安最重要的伙伴施特雷泽曼则声明,他坚信,尤其是在经济方面,有把欧洲组织起来的必要性。他认为,开始时应该统一货币,建立欧洲统一的邮政。然而,德国的舆论界却意见不一,而且无论如何要求德国在加入一个统一的欧洲之前,首先要恢复它的平等权利。⑤ 英国的反映比其他国家要谨慎得多,工党领袖麦克唐纳(MacDonald)认为,谈论此事

---

① R. N. Coudenhove-Kalergi, Was will Briand, in: *Paneuropa*, 1930, Heft 1, S. 3.
② Ebenda, S. 1.
③ Ebenda.
④ 皮埃尔·热尔贝:《欧洲统一的历史与现实》,第33页。
⑤ 同上。

还为时过早,应该过 10 年以后再重新讨论这个建议。著名经济学家凯恩斯赞扬白里安要降低关税的想法,他认为各国的关税阻碍了欧洲的复兴。① 但总的来说,英国的反应不是肯定的。大不列颠不愿承担欧洲义务,它企图保持和英联邦及美国密切联系的意图,明显地表现了出来。

除了方方面面的质疑外,在白里安发表"欧洲"讲话一个月以后,经济危机首先在美国爆发了,并很快蔓延到欧洲的主要国家。1929 年的世界经济危机导致许多国家采取贸易保护主义政策,加剧了欧洲的政治、经济和社会矛盾,产生了一种和此前迥然不同的国际形势和外交氛围。法国国内的政局也发生了变化,白里安也不再担任总理职务,他只在中右翼的内阁中继续担任外长。1929 年 9 月 5 日的国联讲话,掺杂了白里安的个人努力、情感和愿望,是非正式的口头表达。但在形成政府备忘录的过程中,面对新内阁及外交部中的不同声音,白里安必须更多地参考、采纳、融入他人的看法和意见,使其在各个细节上,都禁得起最高国家利益的拷问和审查。1930 年 5 月 1 日,白里安在国联公布了《建立联邦制的欧洲联盟组织备忘录》。"这是联合的理想第一次被搬上了欧洲的政治舞台。"② 5 月 17 日,法国政府向欧洲各国正式递交了备忘录。就在同一天,法国做出了一项具有历史意义的举动,从莱茵兰撤出占领军。③ 而卡莱基也于当日在柏林召开了第二届"泛欧"大会。德国外交部对大会给予了道义上的支持④,法国前总理赫里欧也对大会表示了积极的响应。⑤ 共有来自德、法、英、奥、南、波、瑞、罗、希、爱沙尼亚和拉脱维亚的 11 国代表参会。⑥ 白里安特意挑选这样的日子来递交备忘录,是想在国际上做出姿

---

① 皮埃尔·热尔贝:《欧洲统一的历史与现实》,第 33 页。

② Achille Albonetti, *Vorgeschichte der Vereinigten Staaten von Europa*, Bonn: Lutzeyer 1961, S. 28.

③ Ferdinand Siebert, *Aristide Briand 1862—1932: Ein Staatsmann zwischen Frankreich und Europa*, Zürich: Rentsch, 1973, S. 542.

④ Kalergi an Curtius, in: AA R28629.

⑤ Vanessa Conze, *Richard Coudenhove-Kalergi. Umstrittener Visionär Europas*, S. 35.

⑥ Die Aufzeichnung über die Berliner Paneuropa-Tagung, Berlin, den 30. Mai, 1930, in: AA R28629, Bl. 458—459.

态,表示法国已经告别了民族国家纷争的过去,迎来了一个新的"欧洲"时代。① 但从具体内容看,这份备忘录与 1929 年 9 月的声明相比,已经发生了非常明显的变化,在欧洲联合的各个方面大步地倒退了,主要表现在以下几个方面:

首先,它削弱了"欧洲"组织的独立性,强调服从国联的权威。备忘录说明了成立一个"欧洲"机构的必要性。"交给欧洲 27 国政府的这份建议,在加强欧洲的集体责任方面,是非常有意义的。由于欧洲的经济发展不平衡,从政治、经济和社会的角度讲,欧洲的和平正面临着威胁。因此有必要建立一个永久的欧洲组织,用它来加强欧洲的团结,使欧洲的组织更加理性化。"② 与此同时,它强调了该组织"绝不是要在国联以外建立一个欧洲集团,而是用国联的精神且在国联的监督下,与国联相结合,把欧洲的利益与国联协调好"。③ 这意味着"欧洲国家在与国联的合作中,找到了一种欧洲合作的形式。这绝不是在削弱国联的权威,而是要加强它。在许多方面,两者的目标是一致的"。这说明,即将建立的这个"欧洲"组织是国联的一个组成部分,服从它的权威,接受它的监督。"该机构不会与国联存在竞争关系,更不会替代国联。"也就是说,不会与国联发生冲突。文件还明确表示,"欧洲组织不针对、反对任何在其他大陆上的种族集团,或欧洲内部的、国联以外的国家,更不用说反对国联本身了"。④ 这样讲,也是为了避免刺激美国,怕给人留下"欧洲"组织对抗美国及其他洲际大国的印象。

其次,政治第一,经济第二,减少了欧洲经济一体化的措施。备忘录认为,要想进行区域经济一体化,前提是保障成员国的安全。经济联合不可能孤立地进行,它是与政治联合紧密地联系在一起的。首先要建立政

---

① Ferdinand Siebert, *Aristide Briand 1862—1932*: *Ein Staatsmann zwischen Frankreich und Europa*, S. 542.
② Memorandum über die Organisation eines Systems eines europäischen Staatenbundes, in: BA R43 I /616, Bl. 83.
③ Ebenda, Bl. 88.
④ Ebenda.

治上的"欧洲"机构,然后再来规划区域经济,这既包括总的经济图景,也涉及各个国家的具体关税政策。只有这样,小国才有安全可言。"因为在经济团结上取得一切进步的可能性,纯粹都是由安全问题所决定的,而安全问题本身又和政治团结得以实现的程度紧密相连。所以应该首先在政治上做出建设性的努力,使欧洲形成一个有机的结构。把顺序颠倒过来不仅是徒劳无益的,而且会使最小的国家感到这样做既无保证,而且还有受别国政治统治的危险。这种统治可能出自那些更强有力地组织起来的国家的工业优势。"① 文件认为,只有当政治机构建立之后,才能通过调节关税政策使"欧洲各国经济逐步靠拢",最终"建立共同市场,以便最大限度地提高整个欧洲共同体人民的福利水平"。这里所说的共同市场,仅限于欧洲自由贸易区的形式,相对欧洲关税同盟、欧洲共同货币及欧洲共同经济政策而言,自由贸易区属于最低级、最松散的经济一体化形式。备忘录反对欧洲关税同盟的理由是,它拥有针对第三方的共同关税。白里安设想的欧洲联盟既不愿在政治上对抗第三方,也不想在经济上针对第三国。而更深层的原因在于,在德意志历史上,关税同盟曾为德意志民族的统一打下了坚实的经济基础,并指明了日后政治统一的方向,这才是这份备忘录最为忌讳、忌惮的内容,也是它拒绝关税同盟的根本原因。因为它反对高级的、紧密的、类似联邦的政治一体化安排。

最后,不要政治一体化,不建设欧洲联邦。备忘录特别强调,所谓的"欧洲联盟"是指基于欧洲各国现状的联合,决不以任何方式去削弱甚至影响成员国的主权。该联盟机构包括了欧洲大会、常设政治委员会及秘书处。欧洲大会是欧洲联盟的代表机构,它由欧洲各国代表组成,这些国家必须同时是国联的成员,这样,苏联和土耳其就被排除在外了。在与国联的联系协作下,这个机构同时行使联盟的领导职能。② 大会的执行机构是一个永久的、常设的政治委员会,它只由部分成员国的代表组成。还

---

① Memorandum über die Organisation eines Systems eines europäischen Staatenbundes, in: BA R43 I /616, Bl. 107.

② Ebenda,Bl. 89.

有一个机构就是秘书处,由它来具体落实欧洲会议主席团或欧洲政治委员会的决议①,此外还要完成联络成员国、准备召开欧洲会议或委员会、进行会议记录等工作。这个"欧洲"既没有自己的议会,也没有凌驾于各国政府之上的"高级机构"。备忘录指出,联盟的基础是联合而不是统一,因此要保护每个成员国家的主权和独立,不会牺牲成员国主权。实际上,也就意味着法国不必放弃它的霸权地位。文件还表示,要通过扩建欧洲的仲裁法庭和安全体系,扩大《洛迦诺公约》的体系。通过这一点,可以看出来白里安想造成一个"东方的洛迦诺",让大家认同现有的安全体系,特别是让德国承认东部疆界的现状。对这样一个极其有限的、国家间的会议组织,卡莱基表示了极度的失望。②他显然对"欧洲联盟"有着更高的期望,希望至少可以发展成为真正的邦联组织。

真正需要卡莱基面对和处理的,是这样一个极其有限的"欧洲计划",给"泛欧"运动带来的负面影响。一些"泛欧"的反对者看到,白里安并没有像卡莱基所期望的那样,提出"欧洲联邦"的建议。"欧洲计划"与"泛欧"理想之间存在着巨大的差异。在对待英国的问题上,两者的态度也迥然不同。白里安向英国政府提交了"欧洲计划",邀请英国加入,而卡莱基则主张排除英国的"泛欧"联合。据此,他们攻讦道,"欧洲"计划与"泛欧"的主张是相互冲突的,由此可见,"泛欧"运动对该计划的出台,并未产生什么积极的影响。③对此,卡莱基给予了一一的驳斥。他表示,白里安和自己一样,都不是狂热的民族主义者,"白里安的名字没有和大战搅在一起,也与《凡尔赛和约》没有太大的关系,而是与洛迦诺、日内瓦等和平的象征紧密相连,他的目标不是法国的霸权,而是欧洲的平等"。"欧洲计划"和"泛欧"运动的基本理念是完全一致的,只是工作的层面、任务及重点有所不同:"白里安作为一个政治家,搞的是政府间的现实政治,所以只

---

① Memorandum über die Organisation eines Systems eines europäischen Staatenbundes, in: BA R43 I /616, Bl. 100.
② R. N. Coudenhove-Kalergi, *Ein Leben für Europa*, S. 181.
③ R. N. Coudenhove-Kalergi, Was will Briand, in: *Paneuropa*, 1930, Heft 1, S. 6.

能一步步地行动。而'泛欧'运动的任务在于制造公众舆论,把欧洲人的理智、梦想和热情都调动起来,因此可以也必须提出更高和更广泛的目标。外交着眼于近期目标,而运动则必须说明最高的理想。"① 他强调,两者的关系不仅不对立,而且还相辅相成:"要实现最终的目标,一步登天是幻想,必须通过长期坚忍不拔的努力才能达到。在这方面,白里安已经着手在做了,每一个'泛欧'主义者都应该感谢他。"②

不仅如此,卡莱基还指出,在对待英国和国联的问题上,自己与白里安的认识也是基本相同的。在他看来,不是"泛欧"拒绝了英国,而是英国拒绝了"泛欧"。因为英国的政治重心在英帝国,所以不可能同时兼顾帝国和"欧洲"。从归根到底的意义上讲,是否加入"欧洲",完全是英国自己的选择和决定。如果英国能够放弃帝国,转而加入"欧洲",那是"泛欧"联合求之不得的事情。因此,他支持白里安向英国发出倡议。"白里安的一大成就是,邀请英国来参加欧洲联合的准备工作,这是让'泛欧'主义者欢欣鼓舞的行动。"③ 他还表示,"泛欧"主张和"欧洲"计划都尊重国联的权威,都主张在国联的大框架下,成就欧洲联合的事业。"泛欧"不过是更明确地提出了,要用美利坚、俄罗斯、英帝国、"泛欧"和东亚五大区域联合体来替代民族国家,使其成为国联的基本构成单位。在"欧洲"组织的内部,要实行"欧洲人的欧洲"原则,反对欧洲以外的列强干预欧洲内部事务。卡莱基在阐明了上述共性之后,重申了"泛欧"运动不容忽视的历史作用:"他们那些人故意对白里安在日内瓦的'欧洲'讲演视而不见,在这次讲话中,白里安充分肯定了'泛欧'运动的积极作用。他领导了政府方面的行动,而'泛欧'运动则营造了国际舆论氛围,但两者并非平行互不相交,互不发生联系。白里安在道义上支持了'泛欧'运动3年,'泛欧'也支持了白里安的'欧洲'计划3年。它们共同推进了欧洲联合的伟大事业。"④

---

① R. N. Coudenhove-Kalergi, Was will Briand, in: *Paneuropa*, 1930, Heft 1, S. 7.
② Ebenda.
③ Ebenda, S. 6.
④ Ebenda.

卡莱基强调"泛欧"运动发挥了积极的影响，无疑加强了白里安计划的理想主义色彩，但这并不能阻止欧洲各国揣测法国的真实用意和现实政治目的。在备忘录的措辞中，白里安表现得小心翼翼，生怕引起其他欧洲国家的误会、担心和害怕。但即便是这样的一份"欧洲计划"，也引起了不少的猜测和质疑。各国政府在答复表态时，强调了必须尊重国家的主权。他们还在揣摩法国的意图，既然有了国联，为什么还要建立一个欧洲组织呢？他们担心这一组织会对国联不利。这个新组织的机构也较为臃肿，大会就足够了，为什么还要政治委员会和秘书处？有许多批评是针对政治优先于经济这一点的。不愿承担义务的国家认为，没有必要去触碰政治领域，只需发展经济关系就够了。① 如同每次涉及"欧洲"一样，各国又提出了地理范围的问题。一些国家提醒人们注意，欧洲团结应该包括土耳其甚至苏联，尽管它们有着不同的文化背景或社会制度。另一些国家像葡萄牙，则为其殖民地的命运而忧心忡忡。对斯堪的纳维亚国家和瑞士来说，国联就已经足够了，没有必要再成立什么别的机构。苏联对欧洲资本主义国家的大联合表现得忧心忡忡。国联的秘书处也不愿有一个与它竞争的组织。美国原则上支持欧洲联合，但又同时惧怕欧洲大市场带来的经济竞争。② 只有一些中小国家明确表示支持建立一个欧洲机构，他们希望以此平衡甚至驯服大国的霸权图谋。荷兰便是如此，法国的东欧盟友，如波兰、捷克斯洛伐克、南斯拉夫等，也支持白里安的"欧洲计划"。

英国采取了否定的态度，且理由简单明了，它是和英联邦联系在一起的，这是英国作为一个世界帝国的威望和力量所在。③ 英国认为，欧洲联合的问题应该在日内瓦国联的范围内来解决，国联不该被削弱，反而应该得到加强，应在国联内部成立特殊的委员会来解决这些问题。④ 另外，英

---

① 皮埃尔·热尔贝：《欧洲统一的历史与现实》，第36页。
② 同上。
③ Ferdinand Siebert, *Aristide Briand 1862—1932: Ein Staatsmann zwischen Frankreich und Europa*, S. 552.
④ Karl Dietrich Erdmann, Der Europaplan Briands im Licht der englischen Akten, in: *Geschichte in Wissschaft und Unterricht*, 1950, S, 28.

国政府关心的是世界范围内的裁军,成立一个欧洲机构来讨论区域裁军,对英国也是不利的。在英国外交部的内部讨论中,官员们极尽讽刺挖苦之能事,彻底摧毁、埋葬了白里安的"欧洲"计划,他们称这份备忘录实在令人吃惊和失望。吃惊之处在于,像法国这样的一个欧洲大国,竟然如此草率地提出了这般主张。备忘录中充满了令人疑惑的理想主义词句,诸如"让我们共同去面对欧洲和平的威胁","需要一个永久团结的体制"。这些话有可能是真诚、美好的愿望,也有可能是政治上的套话,"其实什么都不是"①。相对于空洞无物的废话,法国在一些关键问题上的朝令夕改更让英方瞠目结舌:"白里安去年9月份在日内瓦大谈重组欧洲经济的必要性,要说他当时不认真,那是不可能的,如果他是认真的,那就是现在又改了主意。"②而备忘录让人失望的地方在于,白里安想借"欧洲"的新瓶装国家利益的旧酒,来巩固法国在欧洲大陆的霸权。"白里安说政治是欧洲联合的主要因素,他实际想要的是法国军事和政治上的进一步安全,他还想重组欧洲的工业和金融,然后和实力不断增长的非欧洲国家抗衡。③这就是欧洲合众国和'泛欧'的真实含义。白里安嘴上说自己支持'泛欧'理想,但心里想的却是这些东西。"外交部的官员们认为,这项计划不可能成功,因为做法"太露骨了":一味地在那里强调法国的大陆霸权,除了一块"欧洲"的遮羞布,没有给予其他国家任何好处,这种执着和妄想达到了"令人奇怪"的程度。④ 他们对此揶揄道,也许白里安根本就没想着要实施这份"欧洲"计划,"他可能想到了德国、意大利和其他欧洲国家会采取否定态度,但是谁拒绝了这项计划,谁就是拒绝了道德和理想,如此这般,

---

① Memorandum on M. Briand's Proposal for a European Federal Union, in: Peter M. R. Stirk and David Weigall ed., *The Origins and Development of European Integration*, p. 20.

② Ibid.

③ 这里的"非欧洲"国家显然指美国。英国害怕欧洲联合有针对美国的嫌疑。美国媒体对白里安的"欧洲"计划持客观、中立和怀疑的态度。基本认为,欧洲有复杂的民族问题和疆界矛盾,因此政治联合是幻想,经济联合倒是有可能的。Telegramm, Washington, den 19. Mai, 1930, in: AA R96444.

④ Memorandum on M. Briand's Proposal for a European Federal Union, in: Peter M. R. Stirk and David Weigall ed., *The Origins and Development of European Integration*, p. 20.

这些国家就会在国际上显得理亏,并陷入被动,于是法国就成了欧洲的道德化身和政治领袖"①。

英国的否定态度对德国产生了一定的影响。在当时的情况下,德国不可能参加一种没有英国的安全体系,或是某种"欧洲"的安排。失去了英国的制衡作用,德国害怕自己将沦为法国霸权的牺牲品。但最根本的原因,是德国不满一战后由法国主导的《凡尔赛条约》体系。② "在该条约的基础上谈什么'欧洲'秩序,这是德国绝不能接受的!"③德国国防部洞察到了,白里安欲通过"欧洲"巩固法国的大陆霸权。"安全问题才是最终的目的,而政治统一和经济合作不过是实现目的的手段。"④在德国外交部进行的内部讨论中,国务秘书比洛总结、概括了德国政府的原则和立场。那就是赞同这个计划表达的理想和信念,因为谁也无法否定欧洲联合的政治主张,拒绝欧洲和平的美好愿望,否则就会在国际上陷入被动、孤立的境地。但同时又必须要有所保留,必须按照德国的利益和德国的理解,来阐释欧洲联合的问题。⑤ 为此必须注意以下几点:其一:不能用"欧洲"的名义来稳定和固化欧洲的现状。其二,保持国联组织的广泛性和中立性,不能架空国联,或者把它变成欧洲国家的俱乐部。其三,不能截断德国与非欧成员国之间的联系,特别是与苏联和土耳其的关系。基于上述几点,德国必须否定白里安计划的政治部分。那么置于政治之下

---

① Memorandum on M. Briand's Proposal for a European Federal Union, in: Peter M. R. Stirk and David Weigall ed., *The Origins and Development of European Integration*, p. 20.

② 这一时期的德国外长施特雷泽曼及其继任者库尔提乌斯都主张修改《凡尔赛条约》。Andreas Rödder, *Stresemanns Erbe: Julius Curtius und die deutsche Außenpolitik 1929—1931*, München: Schöningh, 1996, S. 273.

③ Auswärtiges Amt an die deutschen Botschaften in London, Paris, Rom, Moskau, Madrid, Ankara, Berlin, den 10. Juni, 1930, in: AA R35871, Bl. 135.

④ Der Reichswehrminister an das auswärtige Amt, Berlin, den 12. Juni, 1930, in: AA R35871, Bl. 82.

⑤ Ressortbesprechung im Auswärtigen Amt über die Europapläne Briands am 19. Juni 1930, in: BA R43I / 616, Bl. 176.

的经济部分,也就没有什么意义了。① 德国应该另起炉灶,从经济领域入手考虑联合问题。在 9 月份国联的会议上,将要成立一个委员会来研究这个问题。德国政府的基本立场是明确的,反对打着欧洲的旗号,来诱使、迫使德国承认东部边界的现状,绝不要"东方的洛迦诺"!②

从这样的立场出发,德国外交部形成了一篇以子之矛、攻子之盾的奇文。即用法国倡导的原则,做出了完全有利于德国的解释,该文于 7 月 11 日最终定稿,并于 15 日作为最终答复递交法方。德国的答复主要有五个小节:第一节,欧洲联合意味着改变现状。德方认为,谈论"欧洲"是好的,"德国政府是欢迎法国具体谈谈欧洲问题的"。德国正是看到了"欧洲大陆的政治经济状况阻碍了欧洲的发展,欧洲各国深受矛盾冲突之苦",所以德国参加了共同的商讨,德国的良好初衷不会改变。③ 但对于欧洲联合,每一个国家都有自己的立场,都会从自己的角度来审视这个问题。在德国看来,"欧洲"绝不意味着维持现状,因为"没有一个国家像德国那样深刻地感受到,战后欧洲的结构有着巨大的缺陷,没有一个国家,像处在中欧的德国一样,深受其苦、饱受其害。没有一个国家会像德国那样,有着强烈的兴趣来改变现状。德国将用和解的精神,推进大胆的改革。只有在正义和平等的原则上,欧洲才能获得真正的解放"④。第二节,"欧洲"应该是一个开放的体系。德国坚持联合不能排斥、刺激其他的国家和大陆。既然法国因为针对第三方的共同关税,否定了欧洲关税同盟的提议,那么,这种原则同样适用于政治方面,"欧洲合作不能排除一些国家,欧洲联合的地理范围必须有足够的灵活性和伸缩性。把非国联成

---

① Ressortbesprechung im Auswärtigen Amt über die Europapläne Briands am 19. Juni 1930, in: BA R43I / 616, Bl. 176.

② Ebenda, Bl. , 180.

③ Antwort der deutschen Regierung auf das Memorandum der Französischen Regierung vom 1. Mai 1930 über die „Organisation einer europäischen Bundesordnung", in: BA R43I/616, Bl. 314.

④ Ebenda.

员的土耳其和俄罗斯排除在外,这不符合公正的行事原则"①。

第三节,奉行政治优先的原则。德国政府完全赞同法方的观点,即只有具备了基本的政治条件,才能够考虑经济联合的问题。德方认为,当前欧洲大陆的政治秩序,是引发危机的主要根源。所以人们要想彻底解决这个问题,就不能忽视政治上的原因。德方还强调:"一切改善欧洲政治局势的努力,都取决于完全平等和共同安全的原则。如果与这个原则相违背,就应该想办法改正过来。如果一个新欧洲不能够与时俱进,那它是没有希望的。"②第四节,在经济领域内是可以有所作为的。只有在这一节中,德方没有引述白里安计划表述的基本原则,直接从正面阐述了自己的观点。德国政府认为,经济联合应该与政治问题脱钩,不应该和安全问题扯在一起。经济和解可以加强欧洲团结的意识,对提高各国的安全感也是有所贡献的。解决经济问题要着重考虑以下几点:A. 欧洲的经济危机主要是由商品流通不畅造成的。要建成一个更大的市场区域,促进农产品和工业品的流通交换。B. 各国政府要降低关税,给欧洲的经济减负。C. 仅有政府的努力是远远不够的,要在私人经济的层面上,促成更为直接、更为广泛的和解。D. 在解决欧洲经济问题时,不能一味地强调各国国防工业的需要,否则会给欧洲范围内的分工设置很大障碍。③ 第五节,欧洲联合不能损害国联的权威。德国政府完全同意法方的观点,"欧洲"要与国联紧密合作,不能闹独立,不能搞小集团。所有国联的成员均可以参与各个大陆内部的事务,这是国联的基本原则。如果形成若干大陆集团,就会损害国联的结构,进而损害世界各国共同的利益。④

德国否定白里安的计划,还有国内政局的考虑。1929 年夏,德国政府与战胜国商定了 1120 亿马克的赔款总额,史称《杨格计划》。这引起了

---

① Antwort der deutschen Regierung auf das Memorandum der Französischen Regierung vom 1. Mai 1930 über die „Organisation einer europäischen Bundesordnung", in: BA R43I/616, Bl. 314.
② Ebenda.
③ Ebenda,Bl. 315.
④ Ebenda.

德国国内的强烈反对和狂热的民族主义浪潮。同年 10 月,爆发了世界性的经济危机。加之施特雷泽曼去世,德国的政治、经济和社会危机更深重了。布吕宁政府认为,如果在"欧洲"计划的问题上,采用强硬的外交路线,就能够安抚或分化国内的反对派。但这是个明显的失误。政府此举未能赢得右翼的支持,或瘫痪其力量,反倒使他们变本加厉,更加激烈起来。① 德国的拒绝态度在英国引起了积极的反响,但是在法国却遭到了强烈的批评。在法军撤出莱茵兰的时候,法国国内就有反对的声音,现在这种声音更加强烈了。法国前总理普恩加莱(Poincaré)在 8 月 2 日的《图片报》上指出,德国政府对白里安的"欧洲计划"做出了令人吃惊的解读,他从不认为,欧洲的普遍危机是由当前的政治秩序引起的。并指出,应在现有政治框架的基础上寻求欧洲的和平。② 白里安在综合考虑了各国的答复后,形成了一份文件。1930 年 9 月 11 日,白里安在国联第十一次大会上做了报告。在向国联大会正式提交文件之前,他想让各国发表一个支持欧洲联合的共同声明,但这也做不到。在经过激烈的讨论后,各国政府代表同意授权白里安,提交一个"加强欧洲各国紧密合作的计划",并强调,这种合作应该在国联的范围内展开。③ 他还想建议成立一个欧洲委员会,作为欧洲联合的起点。但由于英国的反对,最后建立了一个"欧洲联合研究委员会",由国联秘书长、英国人埃里克·德拉蒙德爵士主持。开了十几次会以后,就不了了之了。

虽然白里安的"欧洲计划"流产失败了,但并未动摇卡莱基促进法德和解、推进欧洲联合的信心。④ 他一如既往地相信,法德是欧洲联合的轴

---

① Ferdinand Siebert, *Aristide Briand 1862—1932: Ein Staatsmann zwischen Frankreich und Europa*, S. 552.

② Ebenda, S. 556.

③ Ebenda.

④ Deutsche Gesandtschaft: Aktion des Grafen Coudenhove-Kalergi für die Revision der Vortrags von Versailles, Wien, den 24. Februar, 1932; Coudenhove-Kalergi: Memorandum über die europäische Krise und die Möglichkeit, sie zu überwinden; Coudenhove-Kalergi an Herrn Reichskanzler, Paris, am 5. Februar, 1932, in: AA R96436.

心,只有这两个国家参加的联合,才可以称为真正的欧洲联合,才是真正的"泛欧"道路。他还指出,德国联合中东欧小国,不是基于平等原则的一体化,而是在营建自己的势力范围。这种带有帝国主义扩张色彩的"中欧",最终将不会发展成为"泛欧"的。卡莱基的批评与警告绝非空穴来风,而是有着历史背景和现实根据的。一战后,中东欧地区确实存在着联合的呼声。奥匈帝国垮台后,在其原有的土地上成立了一系列新的民族国家,这些国家虽然获得了政治独立,却造成了该地区的经济分裂,及整体竞争能力的下降。针对这种情况,有人提出,奥地利、捷克和匈牙利应该联合起来,恢复原奥匈帝国的市场区域,然后再用一种松散的方式把德国包括进来。① 奥地利和生活在捷、匈的德意志少数民族特别欢迎这样的想法,当然还包括其他的东南欧农业国家,它们与工业化的德国存在着天然的贸易互补关系。还有人提出了奥、匈、捷、罗、南联合起来,建立"多瑙联邦"(Donauföderation)的主张。但这些想法都未能实现。新兴小国高筑关税壁垒,更愿发展自己的民族工业,重建前奥匈帝国经济圈的想法只能束之高阁了。奥地利不愿与捷、罗、南组成的小协约国为伍,因为它们属于法国领导下的大陆军事同盟,奥仍旧幻想着最终能够并入德意志帝国。② 匈牙利也与东欧邻国矛盾重重,"多瑙联邦"的计划也只有胎死腹中了。上述计划的失败,为德国酝酿"中欧"联合提供了活动的余地和现实的可能。

而德国国际地位的变化及外交政策的改变,也为其转向"中欧"联合创造了良好的条件。由于法国从莱茵兰撤军,德国进一步获得了平等的地位,扩大了外交上的自主空间。因为社会上日益表现出的反苏倾向,德国逐渐放弃了自《拉帕洛条约》以来的东方政策。卡莱基看到"今天的德国,除了共产党人以外,都对苏联表示失望。德国工业与苏联合作的希望破灭了。经济领域及它所支持的政治集团都是反苏的。他们意识到欧洲

---

① R. N. Coudenhove-Kalergi, Mitteleuropa, in: *Paneuropa*, 1930, Heft 2, S. 86.
② Ebenda.

联合抵御苏联的必要。社会民主党和共产党在选举中激烈竞争,社会民主党是反苏的。中央党和梵蒂冈的立场一致,也是反对布尔什维克的,民主派把布尔什维克当作它的死敌。右翼分子本来想和苏联结盟,共同反对法国,现在却把自己的注意力从东方转向了南方,从俄罗斯转移到了意大利身上,要求和这个法西斯国家结盟。今天的德国,也就外交部那几个官员和共产党人还对俄国感兴趣。"①卡莱基接着分析道,德国放弃东方政策后,本来可以向西转与法国人合作。但是,法德结怨太深,德国人一时在情感上还不能接受法国,所以就产生了两种替代的方向,即意大利和中欧。"意大利是民族主义者的方向,而中欧是民主主义者的方向,他们共同瓜分了《拉帕洛条约》的财产。"②

卡莱基提到的"中欧"联合观既有历史思想渊源,也有着鲜明的时代指向。在第一次世界大战期间,德国政治家弗里德里希·瑙曼提出了较为深入、全面的"中欧"联合思想。他认为,对于未来的世界政治来说,德国的生存空间实在是太小了。由于当时德国陷入了两线作战的境地,与法国和俄国同时开战,所以他主要设想了与奥匈帝国及巴尔干国家的联合,以此扩大德国的生存和权力空间。③ 一战以后,奥匈帝国解体了,在这一地区成立了新的民族国家,巴尔干半岛的局势也随之发生了变化。南斯拉夫、罗马尼亚、捷克成立了"小协约国",参加了法国的军事同盟,对德形成了包围之势。在这样的形势下,瑙曼的思想就变得很不现实了。但德国一直没有放弃"中欧"联合的情结和主张,只是在战后的时代背景下,它开始聚焦与奥地利的"合并"(Anschluss)问题。1918 年 11 月 12日,原奥匈帝国的德意志议员在维也纳召开会议,宣布成立"德意志奥地利共和国"。"德意志奥地利"的名称有两层含义:其一,这个共和国应该包括原帝国的所有德意志人地区。其二,这个共和国属于德意志帝国的组成部分。虽然绝大多数奥地利人支持赞同这项决议,但最终还是被协

---

① R. N. Coudenhove-Kalergi, Mitteleuropa, in: Paneuropa,1930,Heft 2, S. 87.
② Ebenda,S. 88.
③ Ebenda,S. 85.

约国否决了。① 此后德奥双方一直未放弃统一的愿望。在白里安提出"欧洲计划"后,德国外交部于 1931 年 3 月对外公布了"德奥关税同盟计划"(Der Plan einer deutsch-österreichischen Zollunion),该计划直接指向了德国和奥地利的合并和统一。② 面对国际上的质疑和反对③,德国宣称,这是一项基于双边经济联合的计划,是对白里安"欧洲"理想的重要贡献。正是因为有了这样的地区性和解,才能促进"泛欧"联合的最终实现。④

的确,部分拥护"中欧"联合的德奥人士,同时也赞同"泛欧"联合。⑤ 他们把"中欧"当作通向"泛欧"的必由之路,当作一个不可或缺的发展阶段。他们认为,"泛欧"联合应该建立在实力平衡的基础上。法国拥有庞大的殖民帝国,而德国仅仅是一个国家。如果单凭自身的力量与法国联合,必将沦为法国的附庸。因此,德国必须首先关注"中欧"联合,而这个"中欧",绝不应仅限于德奥合并,而是应该包括前奥匈帝国及巴尔干的广阔地区,"德国将成为莱茵河和阿尔卑斯山另一侧的欧洲生存空间的领袖"⑥。这些人把"中欧"视为德国的天然势力范围。他们希望通过打造地区联合体,来解决一战后出现的德意志少数民族问题。他们盼望着用先进的经济和技术,把德国和地区内国家紧密地联系在一起,使它们成为德国工业的销售市场。他们渴望着最终建立德国文化在"中欧"的领导地位。当德国领导下的"中欧"成为世界级的政治、经济力量后,就可以与法

---

① Karl Vocelka, *Österreichische Geschichte*, S. 97.

② Reinhard Frommelt, *Paneuropa oder Mitteleuropa. Einigungsbestrebungen im Kalkül deutscher Wirtschaft und Politik 1925—1933*, S. 83.

③ Tagung des Studienausschusses für die Europäische Union, Berlin, den 11. Juni 1931, in: AA R96454.

④ Ebenda.

⑤ 1926 年 10 月,维也纳的"奥德民族联盟"就曾向第一届"泛欧"大会提出申请,希望讨论德奥合并的问题。因为"'泛欧'想取消欧洲民族国家的边界,我们也想取消这一无用的、有害的、非自然的、不道德的、强行把一个民族分成两个国家的边界"。该同盟认为自己与"泛欧"的目标是完全一致的。Antrag des Österreich-Deutschen Volksbunds an den 1. Paneuropakongreβ in der Anschluβfrage, in: AA R70104.

⑥ R. N. Coudenhove-Kalergi, Mitteleuropa, in: *Paneuropa*, 1930, Heft 2, S. 88.

兰西及其殖民帝国,共同地建设"泛欧"了。这与"泛欧"联合设想的地理范围最终也是一致的,可谓殊途同归。① 卡莱基认为,这种想法是完全错误的,"只有法德和解才是通向'泛欧'的捷径和正道,所有的'泛欧'主义者都要为法德和解的事业而奋斗"。而追求"中欧"联合的道路,则暴露了德意志帝国主义和霸权主义的图谋,一定会在这一地区遭到抵制和困难。

不少怀有"中欧"设想的德国人,都把未来德国与"中欧"联合的关系,设想成历史上普鲁士与德意志统一的关系。卡莱基指出,这种比较是很不恰当的,只会招致斯拉夫人的反感和敌意。因为当时的普鲁士一家独大,左右着德国统一的进程,起到独一无二的领袖作用。这种想法体现了大国对小国的统治和霸权,而非国家共同体的平等原则。"正是这一点,让那些西斯拉夫民族很不舒服,它们更愿意投入俄罗斯的怀抱,而不是与德意志的霸权联合。"② 如果在联合的过程中,德国再牵扯上德意志少数民族的问题,"那么西斯拉夫人就会感觉到德国正在破坏他们的国家主权,并会马上联想起以前受到的剥削和压迫。如果真的是这样,那么该地区的民族和解与联合事业将毁于一旦"。卡莱基还认为,德国也无法复制德意志关税同盟的历史经验,用以实现与中东欧国家的经济联合。在历史上,关税同盟曾为德国统一奠定了坚实的经济基础,但基本的前提条件是德意志各邦经济发展水平大体相同。相比之下,"中欧"地区的经济发展极不平衡,如果进行经济上的紧密联合,很可能会导致一系列经济问题,甚至引发社会动荡。"在强大的工业国和贫穷的农业国之间设立关税同盟,将会非常难以操作。"③ 最后,卡莱基预见到了法国的干涉及其严重后果。"法国会反对德国建立'中欧',把它看成一个直接的威胁,会比反对'小奥地利'的合并,更加卖力气地反对这个'大奥地利'的合并方案。"④ 卡莱基所说的"大奥地利"是指原奥匈帝国及东南欧地区。这里的

---

① 卡莱基设想的"泛欧"联合包括欧洲国家及其非洲殖民地。
② R. N. Coudenhove-Kalergi, Mitteleuropa, in: *Paneuropa*, 1930, Heft 2, S. 88.
③ Ebenda, S. 90.
④ Ebenda.

一些国家已经与法国建立了军事同盟关系。如果德国实现了"中欧"联合,拉走法国的盟友,那么,法国就会认为,欧洲力量的天平已倒向德国一侧。"法国对德国的不信任感就会加强,它会毁灭《洛迦诺公约》取得的成就,不惜一切代价地投入英美的怀抱,或者决定与俄国结盟,共同抵御'中欧',就像一战前欧洲的形势那样。如果是这样的话,中欧联合即意味着新的战争。"①

卡莱基反对通过"中欧"联合推进"泛欧"建设。相反他建议,要通过建设"泛欧"来实现"中欧"的联合,也就是说,德国首先要与法国和解、联合,有了这个前提,才能实现与中东欧国家的紧密合作。"如果德国觉得自己在文化上和中欧的关系更加紧密,比与西欧的关系密切,如果德国想组织自己未来的出口市场,那就不能执行一项'中欧'的政策,而要执行'泛欧'政策。因为只有在'泛欧'的旗帜下,'中欧'才会失去强权政治的色彩。"②对此他解释道,中东欧地区的国家普遍担心德国的霸权统治,它们一方面尊重、仰慕德国的科学和艺术成就,另一方面又惧怕、仇视德国的机关枪。他们害怕参加由德国一家主导的区域联合进程,担心沦为德意志强权的附庸。如果法国参加这个联合的进程,就可以平衡德国的力量,小国也就能够放心、安心地参加"欧洲"建设了。而德国只有首先向西与法国和解、邀请法国参加"中欧"建设,才能表现出诚意,表示自己真的没有称霸野心了。卡莱基就此指出:"如果法国参加进来,那就已经是'泛欧'了。"③所以法德和解是第一位的,"泛欧"是最重要的、决定性的,"柏林所有通向华沙、布拉格、贝尔格莱德、布加勒斯特的道路,都必须首先要经过巴黎"。正是从这个意义上,卡莱基断言:"'中欧'不是通向'泛欧'的道路,而是一条错误的路、冤枉路。欧洲联合的光明大道从柏林直通巴黎。这就是我们的正道、我们的主张。"④

---

① R. N. Coudenhove-Kalergi, Mitteleuropa, in: *Paneuropa*, 1930, Heft 2, S. 90.
② Ebenda, S. 91.
③ Ebenda, S. 88.
④ Ebenda, S. 91.

尽管卡莱基深刻地认识到,只有法德和解,实现"泛欧"联合,才能长期地保证欧洲的和平,但局势并没有朝着他所希望的方向发展。1930年9月,就在各国冷落、搁置白里安的"欧洲计划"的同时,德国的纳粹党赢得了议会选举,成为国内的第二大党。次年9月,在法国和捷克的强烈反对下,德奥的"中欧关税同盟"计划流产失败了。[①] 1933年1月底,希特勒被任命为帝国总理,他决心用武力彻底打破《凡尔赛条约》的束缚。1938年3月,纳粹吞并奥地利,"泛欧"运动遭到禁止,卡莱基逃到法国。1940年夏,希特勒闪击西欧,卡莱基被迫流亡美国。他痛心地看到了,一切如自己在20年代初预言的那样,在错过了和解、联合的历史机遇后,欧洲各国掉入了第二次世界大战的深渊。

---

① Oswald Hauser, Der Plan einer deutsch-österreichischen Zollunion von 1931 und die europäische Föderation, in: *Historische Zeitschrift*, Band 179, 1955, S. 90.

结 论

　　德语区的"欧洲"思想在近现代欧洲联合思想史上占有举足轻重的地位。在德意志"欧洲"思想的天空中,可谓群星璀璨、光彩耀人,不仅近代哲学家莱布尼茨、康德、尼采等人具有"欧洲"思想,两战间卡莱基提出的"泛欧"联合思想更是独领风骚,为二战后欧洲一体化的正式启动奠定了坚实的思想基础。我们应该重视这段思想的历史,努力发掘其积极的精神内涵。不应该因为德国曾经发动第二次世界大战,特别是纳粹犯下了屠杀欧洲犹太人的罪行,就丑化、妖化德意志的历史,对这一地区崇高的、爱好和平的、讲求平等的"欧洲联合"思想视而不见,甚至有意无意地把它和德意志帝国主义、霸权主义的"中欧"思想混为一谈。我们应该充分地认识到,源自德语区的"泛欧"思想的重要性和独特性,把德意志精神和"欧洲"精神有机地结合起来。

　　卡莱基成长在第一次世界大战前后,这是一个大动荡、大转变的时代,尤其在他生活的中欧德意志地区,保留了大量的封建精神残余,民主的观念、自由的精神还远未深入人心。因此,卡莱基酝酿、形成、提出的"泛欧"联合主张,必然带有鲜明的时代烙印和显著的过渡时期的思想特点。卡莱基的"泛欧"联合思想萌发于贵族的家庭土壤和社会土壤,具体而言,贵族的家庭教育,为其提出"泛欧"联合主张奠定了"大洲共同体"的思想基础;来自社会的青年贵族教育,为卡莱基提出"泛欧"联合主张提供了"超民族国家"的思想前提;贵族进行的多元制帝国改革,为其提出"泛欧"联合主张输送了"多元一体"的思想方案；而帝国的解体和贵族统治的崩溃，为其提出"泛欧"联合主张提供了求存图变的思想动机。贵族的家庭环境和社会环境不仅孕育了卡莱基的"泛欧"联合思想，同时还培养、共生出保守贵族的政治价值观念。卡莱基认为民主是一种现代的、物质化的、大众的政体形式，贬斥民主是"数量原则"，是大部分庸人在统治社会。他向往的是未来的、精神化的、精英专制政体，渴望的是少而精的"质量原则"。

卡莱基在两次世界大战间宣传的"泛欧"联合主张，是上述思想的延续和发展，它既不同于一战前统治中欧地区的保守、专制的帝国观念，也有别于二战后才最终确立起来的自由、民主的欧洲一体化思想，而是糅合、兼具了两者中的某些因素。一战后，面对奥匈帝国的解体、欧洲的分裂及美、苏等"世界大国"的崛起，卡莱基提出联合欧洲的政治、经济，建立"欧洲合众国"，这无疑具有历史的进步性。卡莱基在与战后欧洲民主势力合作的同时，坚持保守贵族的政治价值观，认为欧洲统一的前景是"新贵族"的专制，而非西方意义上的自由民主制，这又明显地暴露出"泛欧"联合思想的历史局限性。然而，正是这些复杂的、不确定的过渡时期思想特点，成就了卡莱基的"泛欧"联合事业，使他能够集近代与现代、专制与民主、保守与激进、落后与进步于一身，能够团结、凝聚欧洲各国、各阶层的民众，开展如火如荼的"泛欧"联合运动，充分地发挥了承前启后的历史作用。

与同时期诸多的"欧洲"观念相比，"泛欧"思想有其自身的显著特点，它具有更为开阔的国际关系理论视野。卡莱基不是就欧洲论"欧洲"，而是通过讲述一战后世界多极化、区域化的结构性改变，强调了欧洲联合的必要性、必然性和紧迫性。通过考察"泛欧"与英国、美国、俄罗斯的关系，说明了未来"欧洲合众国"的政治前景及地理范围等重要问题。这些思想对于我们全面了解欧洲联合的现代精神起源、深入理解战后欧洲一体化的本质、准确把握当今欧洲联盟的发展趋势，具有极其重要的理论价值和现实意义。

卡莱基"泛欧"思想中的英国观,向我们清晰地展示了,两战间英国不加入欧洲联合的主要原因在自身,在于那些从漫长的历史岁月中逐步积累起来的、无可改变的结构性障碍。第一次世界大战后,英帝国由"世界帝国"逐步蜕变成为区域共同体组织。从往昔的帝国心态和全球战略利益出发,英国总是优先考虑与英帝国区域及美国的特殊关系。英国越是无法割舍往昔世界霸主的荣耀与情怀,就越重视帝国区域的延续与存在,也就越缺乏对欧洲大家庭的认同感。这些结构性的障碍决定了,英国不会是"欧洲"的积极参与者,恰恰相反,她很可能会扮演消极阻挠者的角色。因此,为了欧洲联合的顺利进行,有必要将英国排除在外。卡莱基的上述认识、论断具有相当的科学性和前瞻性,它不仅反映了两战间英欧关系的客观现实,对于我们理解二战后初期英国不愿意参加欧洲一体化,以及加入后的不情愿与三心二意也是大有裨益的。这里需要指出的是,战后以撒切尔夫人为代表的某些英国"疑欧"派政治家,对自身的结构性障碍视而不见,热衷把英国对"欧洲"的"不适"归咎于当代德意志的"霸权",这种做法实在令人对其动机产生诸多遐想。

在卡莱基的"泛欧"联合观念中,美国无疑是最突出、最重要的参照系。卡莱基重视美国、学习美国是有着广泛而深刻的时代背景的。一战后,国际关系格局发生了地覆天翻的变化,美国崛起,欧洲衰落,欧洲丧失了世界范围的霸权。这种反差、落差让欧洲人产生了强烈的自卑感和危机意识,美国的经济富裕让欧洲人自惭形秽,美国的政治强势使欧洲人焦虑不安。与此同时,欧洲人对自己的传统文化尚抱有一丝优越感,对欧洲的前途还存有一份信心。他们不甘心就此衰败下去,不相信尘埃已经落定、欧洲的命运不可逆转,不少有识之士开始检讨欧洲衰落的历史原因,并积极地找出路、想对策。正是在这种社会思潮的带动下,卡莱基开始思考欧洲的前途命运,探索欧洲联合的重大历史课题。对他来说,美国是个现成的好榜样:既然美利坚各民族联合起来,成立了美利坚合众国,取得了辉煌的历史成就,那么欧洲各民族国家也一定要联合起来,成立"欧洲合众国"。只有实现了政治、经济的统一,欧洲才能成为与美国比肩而立、并驾齐驱的"世界大国"。

卡莱基设想的"欧洲合众国"绝非照搬美利坚合众国的联邦模式。就"泛欧"联合的近期目标来讲,卡莱基把目光投向了美国领导下的"泛美"组织。他主张,"泛欧"联合应该学习"泛美"联合的经验,先成立一个区域性的国家间组织,然后再逐步扩大影响,向着欧洲邦联的目标前进。就"泛欧"联合的远景目标而言,卡莱基明确表示,不会复制美国的联邦模式,因为它不符合欧洲多民族国家、多民族矛盾的实际,更无法满足欧洲各民族权力平等的要求和高度自治的愿望。与此相对,他认为,瑞士的联邦模式最具参考价值,最能代表"欧洲合众国"的未来发展方向,因为它符合欧洲自身的历史特点,完美地诠释了欧洲各民族"多元一体"的政治、文化需求。只有在经济联合的问题上,卡莱基才主张复制北美大市场的模式。美国社会的富裕、强大让他认识到,一个统一大市场会创造出巨大的物质财富,一个商品、货币、人员、服务都能自由流通的经济共同体会带来无穷的社会活力。为此他呼吁,仿照北美大市场的模式,打破欧洲国家间的关税壁垒,实现"泛欧"经济联合,建立欧洲统一大市场。

卡莱基对美国不仅有书本上的认识,而且还有实地的访问、考察。卡莱基遍访美国社会各界人士,宣传"泛欧"思想,意在争取美国的援助和支持,推动欧洲联合发展。虽然他的"泛欧"联合主张未能引起美国政府的重视,但是赢得了美国公众舆论的同情与支持,为美国政府日后支持欧洲联合打下了思想舆论基础。他对美国人的欧洲观、"泛欧"观的实地调查,丰富了他的美国观,增强了他对"泛欧"联合事业的信心。卡莱基重视美国,研究美国,访问美国,不是为了崇美、媚美,梦想在欧洲全盘复制美国的发展模式,而是为了学习、借鉴美国的成功经验,创造性地提出"泛欧"联合主张。即便在经济联合的问题上,卡莱基也一再强调,欧洲的前途不是商业市场文明的,更不是要美国化。他坚信,欧洲具有独特的历史文化传统,拥有丰富的精神信仰,欧洲人一定要坚守自己的文化使命,"要利用一切成功的经验创造性地塑造新的生活形式"。从这个意义上来说,卡莱基绘制的"泛欧"联合蓝图不仅是对美国的学习与借鉴,更是对以美国为代表的现代物质社会的精神超越与升华。

如果说美国代表着积极的、受尊敬的、值得学习的榜样,那么俄罗斯在"泛欧"思想中则是消极的、遭歧视的、被排斥的对象。与一战前德语区保守的社会精英们不同,卡莱基没有孤立地看待欧俄关系问题。他构建了较为完备的理论体系,认识到世界上即将形成若干大区域,除了欧洲和俄罗斯以外,还有美洲、英帝国和东亚等。他是在一个多极化的世界中来认识、判断、把握"欧洲"和俄罗斯的关系的。在这样一个框架中,卡莱基看到了欧洲和俄罗斯分属两个独立的区域。特别是俄罗斯横跨欧亚大陆,地理面积巨大,人口众多,发展潜力不可限量,本身就拥有洲际的规模。如果与之联合,"欧洲"肯定会丧失自己的既有轨道,完全融化、消失在这片巨大的区域之中。这绝不是什么"大欧洲",而是一个名副其实的"大俄罗斯"。出于这样的原因,欧洲联合必须排除俄罗斯。但不联合并不等于说就要对抗,俄罗斯是唯一与"欧洲"接壤的区域联合体,两者拥有漫长的、无可改变的陆地边界。这就决定了"欧洲"不能与俄对抗,要尽量避免激怒俄国,应该与这个近邻发展和平、友好的合作关系。但是这种关系不是乞求来的,必须建立在"欧洲"的强大和双方实力均衡的基础上。如果欧俄关系平稳,"欧洲"就能获得和平发展的空间和机遇,如果与俄国发生正面冲突,那将是"欧洲"的巨大灾难。

卡莱基拒绝与俄罗斯联合,从根本上来讲,是由其历史文化观所决定的。与大部分欧洲人一样,他没有把俄罗斯视为欧洲文化的组成部分,认为俄经常表现出鲜明的非欧洲文化特征,至多算得上欧亚文化的混合体。虽然从17世纪以来,俄国就开启了近代化进程,但自彼得一世以来的改革未能由表及里,彻底改变俄国的文化属性。在俄国人的血液中,始终散发着源自亚洲的野蛮与暴力的基因。正是在这种历史文化观的支配下,卡莱基构建了反苏意识形态,表现出对红色苏联的恐惧和厌恶。他把苏联的社会主义视为亚洲的落后制度与实践,虽然他有时也羡慕苏联取得的工业化成就,但其内心深处对"亚洲共产主义"的否定和偏见并未改变。这种看法在欧洲具有相当的代表性和延续性。这也就决定了,虽然苏联的社会主义制度已经消亡,今天的俄罗斯也走上了西方的议会民主制道路,但"欧洲"会在一个新的历史时期,继续保持对俄罗斯的傲慢与偏见。

卡莱基的俄国观还说明了,俄欧关系不仅具有欧洲范围内的意义,对亚洲政治也会产生影响。俄国充分利用了居于亚欧大陆中央的地缘优势,时而向欧洲扩张,时而向亚洲疾进。无论在欧洲和亚洲,它都使用了分而治之的策略。在欧洲,它有时联合法国包夹德国,时而又联合德国对抗英法。在亚洲,它有时联合中国抗击日本的侵略,时而又与日本妥协交易,出卖中国的利益。更为重要的是其东西战略的互动互补关系,当欧洲的局势吃紧时,它就在亚洲采取战略收缩的态势。当欧洲的局势缓和时,它就开始对亚洲的战略进攻。我们应该了解、洞察、认清俄罗斯的欧亚双重战略,以及这种战略的互动特征,这对于我们加强自身建设,最大限度地实现国家利益具有重要的意义。

"泛欧"联合思想不仅有宏阔的国际关系理论,它还能从本区域的实际出发,思考欧洲长久和平的具体方案。一战后,卡莱基面对的是一个支离破碎、危机四伏的欧洲。在纷繁复杂的局面中,他敏锐地认识到,法德矛盾是欧洲政治的主要矛盾。法国出于对德国报复的恐惧,处心积虑地营建自己的大陆霸权体系,以此包围、遏制、削弱德国。德国的敌对情绪也因此变得激烈起来,欧洲面临着再次爆发战争的巨大危险。"泛欧"思想同时又是辩证的。在法德对抗日趋白热化的同时,卡莱基却预见了历史转机的出现,预言法德可能由此走向和解。他认为,问题的症结在法国,而解铃还须系铃人,法国应该首先做出和解的姿态。他还指出,一战后,法德两国同时成为了议会民主制国家,为两国的联合打下了坚实的政治基础。

"泛欧"思想还是深刻且富有远见的。1925年,法德等国签订了《洛迦诺公约》,德国承诺不再对法国提出阿尔萨斯-洛林的领土要求。不少政治家和社会精英认为,法德矛盾解决了,欧洲尘埃落定,开始走向缓和与和平。但卡莱基却看到了更深层的问题。他指出,法德的对抗并没有结束,他们只是就西部边界问题达成了妥协和取得了一致,而在欧洲东部,双方的矛盾依旧存在。德国与东欧国家的对抗,实质上是法德矛盾在东欧的延伸。要想阻止欧洲的战争,就必须扩建洛迦诺体系,实现整个欧洲的集体安全,或在更高的层面上推行欧洲联合。否则,战争的爆发是不可避免的。从后来二战的历史来看,不能不说他对欧洲政治的看法入木三分。

"泛欧"思想对两战间的欧洲政治产生了积极的影响。正是在卡莱基的不懈努力和大力推动下,早在第一次世界大战后,一些欧洲国家政府便开始尝试着用"欧洲"的视角来审视问题,借助"欧洲"的话语来谈论问题,酝酿"欧洲"的框架来解决问题。"欧洲"思想从一战前教士、政治家、知识精英们的乌托邦设想,上升成为两战间欧洲各国政府的、具体的外交方案,"欧洲"观念的发展实现了前所未有的质的飞跃。虽然两战间的"欧洲"计划最终流产失败了。但我们不能因此低估"泛欧"思想的历史作用。事实上,欧洲大国酝酿、提出、讨论"欧洲"计划这个事实本身,就是"泛欧"思想的伟大胜利。对于欧洲联合,各国有着不同的理解和解释,"泛欧"运动内部也存在着争论和斗争。卡莱基批判了德国的"中欧"思想,力主实现以法德为轴心的"泛欧"联合,这些都为二战后西欧一体化的启动扫清了思想障碍,奠定了理论和精神基础。

研究卡莱基的"泛欧"思想,对于我们打破西方世界的霸权理论、推进世界多极化认识,具有重要的帮助作用。长久以来,英美学者在构建近200年来的人类历史时,惯于把19世纪概括为"世界经济"的时代,将20世纪下半叶说成是"全球化"的时代,他们用"世界"来掩盖英帝国主义的霸权,借"全球"来美化美帝国主义的统治。"泛欧"联合思想无疑是对上述霸权学说和政治神话的强有力挑战,卡莱基没有盲目崇拜、追随英美的意识形态,而是站在大陆欧洲的立场上,用大陆欧洲的话语理论体系为欧洲联合疾呼,为世界多极化呐喊。不仅如此,卡莱基还把对外抵御英美世界霸权与对内实行欧洲联合结合起来,开辟了欧洲政治的新思路,提升了欧洲政治的新境界,为世界提供了多极化的思想理论基础,他不愧是德意志地区"欧洲"思想的杰出代表,现代欧洲联合思想的理论奠基人。

战后欧洲一体化持续发展了半个多世纪，取得了令人瞩目的伟大成就，这是人类历史的壮丽诗篇。每次失败与挫折，都加强了欧洲进一步联合的意志，坚定了欧洲走向统一的信念，对此，德意志地区的"欧洲"思想、"欧洲"精神发挥了中流砥柱的作用。在当下西方英语世界一片"疑欧""退欧"的声浪大潮中，打开两战间德意志地区"欧洲"思想的画卷，重温"现代欧洲联合思想之父"卡莱基的心路历程，对于我们认识欧洲一体化的发展规律，坚信欧洲统一的光明未来，具有极其重要的指示作用。

附 录

一、联合或毁灭

　　战争改变了世界格局,新的世界大国体系取代了旧有的列强体系。

　　英、美、俄、日四大帝国统治着世界,伦敦、纽约、莫斯科和东京成为新的世界中心。

　　如果欧洲在几十年前就统一起来,现在还是可以统治世界的。但它屡次错过了这样的机会。面对世界大国,欧洲各国孤立无援,它们注定要沦为世界政治中的弱者。但欧洲还有机会,把三亿文明之众及其土地资源,还有半个非洲(的黎波里、刚果、摩洛哥)的殖民地联合起来,成为第五个平等的世界大国。只有这样,欧洲才能捍卫自己的自由,一起参与世界统治。

　　如果欧洲不能联合起来,继续实行分裂和自我毁灭的政策,而与此同时,世界上的其他地区实行联合与建设性的政策,那么这样一个支离破碎的欧洲,就会像四分五裂的德意志那般,遭受极为悲惨的命运。

　　30年战争后,由于内部的分裂与不和,德意志一直处于贫穷、软弱和荒芜的状态。而它的邻国却联合发展成为强大、繁荣和富裕的民族国家。德意志小邦沦为大国政治博弈中的棋子,在此后二百年间,该地区成为列强角逐厮杀的战场。

欧洲目前在世界上的处境,就犹如过去德意志在欧洲的状况。世界大战后的欧洲,完全有可能像 30 年战争后的德意志地区那样,德意志的选帝侯们招来外国军队,打击他们的同胞兄弟。同样,欧洲各国也会招募亚洲人,攻击他们的同种弟兄。如果欧洲人不能很快地觉醒,那么就会沦为伦敦和莫斯科统治者手中的傀儡,他们会让亚洲和欧洲的敌人相互残杀,而自己坐收渔翁之利。

——R. N. Coudenhove-Kalergi: Paneuropa, in: *Vossische Zeitung*, 1922. 11. 15.

二、世界大国取代欧洲列强体系

新的世界大国体系取代了欧洲旧有的列强体系,在人与国家之间,出现了一个新的层面,即国家集团。威尔逊想建立一个国际性的、全世界的国联,他的努力无疑是失败了。但与此同时,世界上却出现了一系列区域性的多民族联盟。苏联变成了这样的联盟,它包括了俄罗斯人、白俄罗斯人、乌克兰人、格鲁吉亚人、鞑靼人、亚美尼亚人。不列颠帝国是一个多民族联盟,它由盎格鲁-撒克逊人、爱尔兰人、法国人、加拿大人、布尔人、阿拉伯人、印度人、马来亚人组成。泛美也是一个多民族的联盟,它包括了盎格鲁美国人、西班牙人、葡萄牙人、印第安人、黑人、混血人。最后是中国,它是一个多文化、多民族的大国,由南方人、北方人、西藏人、蒙古人、满洲人、新疆人组成。

欧洲以外的世界纷纷行动组织起来,各个地区都走向了统一,小国纷纷归附世界帝国。而欧洲却与此背道而驰,相比集体秩序,欧洲各国更看重自身的自由。当外部世界的一体化进程不断向前发展时,欧洲小国却要求完全的独立。他们根本就不考虑自己是否具有生存能力,是否具有经济上的竞争力。奥匈双元帝国、俄罗斯帝国西部、奥斯曼帝国的欧洲部分分裂成众多星罗棋布的小国。斯堪的纳维亚分裂成两个地区。在德国内部也有强大的分离势力,他们希望帝国分化瓦解成小邦国。没有人知道,欧洲的这种分裂局面何时才能结束。

欧洲的和平条约只照顾了欧洲各国的分离倾向,却没有考虑到它们彼此联合的需求。与战前相比,现在的欧洲少了一些列强,多了不少小国。和平条约未能把欧洲聚合起来,它的破坏要大于建设。

如果欧洲国家不能用联合的历史进程,来补充、修正一战后的民族解放运动,那么,在短时间内,它就会被崛起的世界大国分食掉。

欧洲应该向英国、美国和俄国那样,找到自由与组织之间的平衡,向内推行最大限度的自治,向外开展最大限度的联合。在这方面,英国和美国都有先例。英国因此成功地挽救了帝国,保住了自己的权力。而俄罗斯在革命后好像就要解体了,但它通过给予自治和加强联合的双重办法,挽救了这个多民族国家。

欧洲国家必须清楚,只谈彼此间的差异,不谈区域一体化,必将走向毁灭。欧洲的分裂必须用联合的政治加以平衡和补充。

——R. N. Coudenhove-Kalergi:*Paneuropa*,S. 20—22.

三、泛欧纲领

泛欧纲领要求统一欧洲大陆上所有民主国家的政治和经济,建立起一个强大的、能够独立生存的联邦。这个联邦帝国将结束欧洲内部四分五裂的悲惨局面。

这是一个和平主义的帝国主义纲领。

这个联邦帝国将结束欧洲内部周期性的战争,并为欧洲文化建设确定一个范围。

因罗马帝国的强盛,地中海国家曾长期享有和平,相应地,欧洲国家也会因为欧洲联合而避免战乱。

泛欧不是通过战争,而是通过联合形成的。它的目标不是掠夺,而是保证欧洲内外和平。

因为没有一个泛欧国家强大到足以压迫其他所有国家,所以民族的平等和自由成为泛欧联合的基础。

只能逐步地实现泛欧的理想,当今的世界也不是一天建成的。但千里之行始于足下,让我们现在就开启欧洲联合的伟业吧!

我们没有太多的时间来等待:只要俄罗斯克服了内部的政治、经济危机,那么它就拥有力量,把自己的生活方式强加给欧洲,并阻止欧洲联合。

必须利用20年代赋予欧洲自由联合的时机,否则有一天后代会责骂我们,因为我们纠缠一些琐事,而永远地错过了世界历史上的大好机遇。

泛欧纲领包括一系列的政治、经济要求:

最重要的政治要求是:

1. 缔结强制性的、包括英国在内的仲裁条约,并且由所有缔约国来保证执行。

2. 缔结泛欧军事条约,建立泛欧防务同盟。

3. 泛欧与英帝国缔结条约。

4. 缔结泛欧保证条约,以此确立、保障欧洲内部的边界。

5. 泛欧保护少数民族的权利。

6. 对外宣布泛欧门罗宣言。

7. 各大区域组织,而非民族国家成为国联的基本成员。

8. 国际裁军。

最重要的经济要求是:

1. 逐步消除欧洲内部的关税壁垒,建立泛欧关税同盟,在欧洲内部实现欧洲贸易自由。

2. 把泛欧建设成一个统一的经济区域。

3. 有计划地开发欧洲在西非的经济殖民地(法属非洲、利比亚、刚果、安哥拉),把它们变成欧洲的原材料基地。

4. 密切开展与俄罗斯的经济合作,参与其国家建设。

5. 更加团结、合理地扩建欧洲的水路及其他联系渠道。

——R. N. Coudenhove-Kalergi: Das Pan-Europa-Programm, in:
Paneuropa, Mai 1924, S. 3—5.

四、通向泛欧的几个阶段

应该用革命性的手段,来实现泛欧革命性的目标。

要让那些政党、政府、团体和担任领导职务的要人,都相信泛欧联合的必要性。为了这一伟大的目标,要一步步地争取他们的信任和支持。

实现泛欧的第一步是开启泛欧的宣传运动,以此赢得尽可能多的、尽可能重要的、尽可能有影响力的泛欧支持者。

第二步是把全欧洲的泛欧支持者组织起来,成立泛欧同盟。

第三步是召开泛欧会议。

第四步是按照国联第 21 条的精神,在国联内部成立一个欧洲集团组织。

第五步是按照泛美的模式,建立泛欧国家组织,并定期召开会议。

第六步是在泛欧国家间缔结强制性的仲裁、联盟和保证条约。只有消灭欧洲内部国家间的战略边界,只有满足了这个前提,才能通过泛欧自由贸易取消经济边界,才能通过泛欧的少数民族保护实现所有欧洲民族的解放。

泛欧运动的顶峰是,通过制定泛欧宪法,在未来把欧洲邦联变成泛欧联邦。这个联邦议会应该由 26 个联合国家的 26 位代表组成。其人民议会的 300 名代表,应该按每 100 万人产生 1 名代表的比例组成。

——R. N. Coudenhove-Kalergi: Etappen zu Pan-Eueuropa, in:
Paneuropa, Mai 1924, S. 6—7.

五、泛欧宣传

宣传是泛欧运动的进攻手段,因此必须以强大和猛烈的方式进行。

泛欧的支持者们不要低估反对派的力量,它们妄图阻止泛欧联合的伟大理想成为现实。但这只能让弱者丧失勇气,而强者会加倍地努力去实现自己的目标。

宣传工作要在所有的政治讨论中强调以下思想:

一、在欧洲的周边及欧洲以外地区,正在形成若干巨大的政治经济帝国,这就迫使世界上的其他国家联合起来,因为它们无论在政治上还是在经济上,都无法单独与这些巨大的复合体相抗衡。

把欧洲组织起来是世界组织化的必然结果。要想和这些政治托拉斯竞争,欧洲就必须联合成一个共同体,否则它在不远的将来,会面临被毁灭的危险。

二、铁路、汽车、航空、电报、电话、收音机等技术缩小了彼此间的距离,加强了欧洲国家及城市间的联系。联合的因素和各种矛盾都在增长。欧洲国家面临着抉择:相互间沦为敌人,还是成为盟友。

如果政治不能跟上技术进步的步伐,不能用政治上的亲近来补充、完善空间上的接近,那么,欧洲在短时间内一定会自我爆炸的。

三、今天欧洲的无政府状态会很快导致一场新的战争,或导致一项新的和平协议的诞生。

下一场欧战将会由于毒气技术的进步,变成一场灭绝战,也就说,是这场世界大战所根本不能相比的。它不仅意味着失败者被消灭,也意味着胜利者的自杀灭亡。

挑起这样的战争是疯狂的罪行,而阻止这场战争是每一个爱国主义者、世界主义者,甚至是利己主义的最高责任。

四、欧洲没有一个国家强大到能够长期抗拒俄罗斯的优势。波兰和罗马尼亚太弱小了,他们无力单独守卫欧洲东部敞开的边界。只要俄罗斯敢于尝试夺回失去的西部地区，那么，没有哪一个欧洲列强能够阻止俄国。由于奥匈帝国的解体和德意志帝国被解除武装，通往莱茵河和阿尔卑斯山的门户已经洞开。

只有泛欧联盟才能够保护共同的东部边界。只有它才能让俄国真正认识到，发动侵略战争是无法获胜的，并由此确保东部的和平。相反，分裂的欧洲一定会重蹈历史上的覆辙，就像分裂的希腊曾遭到马其顿人掠夺那样。

五、欧洲国家的关税迫使这一地区的经济走上了非理性的道路。它们阻碍了生产，并提高了消费的价格。

只有泛欧自由贸易，才能让欧洲在将来与巨大的、自成一体的、统一的美国区域经济竞争。欧洲面临着抉择，要么克服各种危机和犹豫不决，逐步发展成为统一的经济整体。要么走向破产和灭亡。

六、只要欧洲的政治局势没有改变，所有有关欧洲自由贸易的努力都是徒劳的。只要各国必须随时提防突然被邻国入侵和封锁，那么它一定会大力建设自给经济，并使用保护性的关税来促进民族工业的发展。

只有通过仲裁消灭欧洲的战争危险，才能让这些国家真正考虑自由贸易的问题。因此欧洲的经济问题只有与政治问题联系起来，才能够真正地加以解决。

七、只要俄国的政治经济结构与欧洲的截然不同，那么它就不可能成为欧洲邦联的一员。

英帝国不会加入泛欧联合，因为这样做会导致加拿大加入泛美同盟，并最终导致英帝国的解体。

英国不会加入泛欧同盟。因为那些自治领不会允许英国更加接近另外一个国家集团。

英欧应该是一种协约合作关系，而非联合关系。

不列颠和俄罗斯这两个世界帝国，在没有欧洲的情况下，都能够独立生存下去。

八、许多欧洲的边境都是不公正的。要想消灭这种不公正，要么改变边界,要么干脆消除边界。

从当下各民族的心态来看,要想改变边界,就会引发欧洲范围内的灭绝战争。与此相反,如果以泛欧联合的纲领为基础,彻底消除欧洲内部的民族国家边界,则是完全可能的。即通过强制性的仲裁协定来消除战略边界,通过自由贸易来消除关税边界,通过保护少数民族来消除民族边界。

九、国联是不能保证保护少数民族的。因为欧洲以外的世界强国不列颠和日本,会阻止任何一项有关民族平等的国际条约。就像英国人不会给予印度人平等权利一样,日本人也不会承认朝鲜的平等权利。

只有在欧洲的基础上,才可能更有效地保护欧洲少数民族。

十、美国在 100 年前颁布门罗宣言,阻止了欧洲列强干涉美洲内部事务。

而那些拉美国家却可以通过国联,对欧洲的内部事务指手画脚。

只有颁布泛欧门罗宣言,即提倡"欧洲人的欧洲",才能阻止来自国际上的干涉,才能结束这种不公正、不合理的局面。

泛欧宣传既要依靠辩论,也要倚靠权威的思想。

应在宣传中不断指出,但丁就曾梦想过成立欧洲合众国。夸美纽斯在其一生中都宣扬欧洲联合思想。法国的亨利四世及其首相苏利致力于实现这一理想。康德在其不朽的《永恒和平论》一文中,写下了他对共同体的全部思想。拿破仑在给儿子的遗嘱中也表示,"要用牢不可破的联邦式的纽带统一欧洲"。最后,马志尼在意大利,维克多·雨果在法国,尼采在德国,马萨里克在斯拉夫人中间,都宣传这种思想。同样在今天,对一个统一、美好的未来欧洲的信念,把欧洲各民族最杰出的人士联系团结在一起。

——R. N. Coudenhove-Kalergi: Die Paneuropäische Propaganda, in: *Paneuropa*, Mai 1924, S. 8—12.

六、新贵族的欧洲①

血统贵族的最高代表是大贵族，精神贵族的最高代表是天才。这两类贵族不仅不对立，而且还彼此兼容。就像罗马的凯撒，既是大贵族，又是最有天赋的罗马人。歌德是德国最具天才的诗人，同时也是大贵族。

欧洲的血统贵族和精神贵族，都有各自特定的类型：英国的血统贵族是绅士，而法国的精神贵族是浪漫艺术家。绅士的特点在于体格和心理方面，而艺术家是在智力和思想方面。绅士可能是笨蛋，艺术家也可能是个罪犯。上述类型的形成，可以称为人类的结晶现象：就像晶体总是在转变的过程中形成的，英法贵族的特点都与其自由主义传统有关。在皇帝治理下的德国，缺少形成这类特点的气候。对德国人而言，他们既缺少绅士的品格，也缺乏艺术家的气质，缺少两者兼有的优雅和灵活性。因为德国人在现实生活中没有找到适合自己的生活方式，所以他们在诗歌中创造了德意志风格的代表，身心方面的典型是年轻的齐格弗里德，精神方面的样板是年迈的浮士德。这两个人物都是浪漫、不符合时代潮流的。但在扭曲的现实中，浪漫的齐格弗里德沦为普鲁士的上尉军官，浪漫的浮士德成为教授知识分子。在19世纪的德国出现了两位人物，他们极具自己的风格，给德意志带来了巨大影响。俾斯麦是行动的英雄，歌德是思想的英雄。俾斯麦创建了帝国，但他更多地通过榜样的人格力量，推动了德意志民族特性的发展。歌德创作了浮士德，但他更多地倚靠威严的形象，赠与德国人精神财富，因为浮士德只是歌德人性的一个片段而已。德国人应避免矮化降低这两个鲜活的榜样人物，俾斯麦不是中士，歌德也不是教书匠。

我们现在所处的时代，是前后两个贵族时代的过渡期，前面的是封建武士贵族的时代，后面的是社会精神贵族的时代。封建贵族的时代正在

---

① 作者自拟标题。

走向消亡，而精神贵族的时代尚在形成之中。中间的这个过渡期叫民主时期。在现实中，这是一个被金钱支配的、伪贵族统治的时期。

　　与贵族相比较，财阀们只是发挥了贵族的政治影响。然而，财富只有用美来呈现，才会为人们所接受，只有作为美学文化的载体，它才是公正的。在这方面，新兴富豪们表现得既无品位，又丑陋不堪。他们的财富是没有成果、令人厌恶的。和美国的财阀相比，欧洲富豪既忽视了自己的美学使命，同时也放弃了自己的道德要求，因此，他们中间鲜有慷慨的社会慈善家。

　　大部分欧洲人相信数量原则，相信大众。但血统贵族和犹太人却特立独行，相信质量的原则。这两种人虽然互有差异，但他们都相信自己拥有更高的使命、更好的血统，而且相信人是分等级的。在这两个彼此不同的优秀人种中，只要封建的血统贵族尚未被宫廷腐化，犹太贵族还没有被资本腐蚀，他们都孕育着欧洲贵族的未来。

　　高级贵族的政治能力特别要追溯到混血的问题。跨民族的通婚拓宽了他们的视野，避免了近亲结婚带来的恶果。大部分的低级贵族都是近亲婚配的直接产物：智商不高，且意志薄弱。而现代高级贵族则高度结合了两方面的优点：智商高，且意志坚决。

　　犹太人是一个国际性的宗教共同体，而非一个地区性的人种，所以，犹太人是混血程度最高的一个民族。这个民族在最近一千年来对其他民族采取了封闭隔绝的政策，所以，它又是近亲通婚程度最高的民族。有些犹太人就像欧洲的高级贵族那样，既有坚强的意志，又有聪明和智慧。而另一些人则意志薄弱，且有智力缺陷。因此，在犹太民族中，可以看到某些对立共存的因素，诸如：神圣的自我牺牲精神和愚不可及的自私自利；纯粹的理想主义和极端的唯物主义。这里还有一个规律：一个民族的血统越混杂，就越难找出所谓的代表人物。因此也不可能去塑造一种统一的类型人。

　　社会主义革除了一批贵族。与此同时，在生产贵族和人的分化方面也达到了顶峰。它至今还未意识到，其最高使命是社会优生学方面的，即从不公正的不平等①,经过平等,再向公正的不平等演进,越过伪贵族的废墟,进化成真正的新贵族。

——Richard Nikolaus Coudenhove-Kalergi: Neuer Adel, in: *Vossische Zeitung*, 1922.4.28.

民主制是大众的统治,贵族制是精英的统治。这是两种对立的政治形式。完全民主不行,因为这样形不成统一的政见。绝对的贵族统治也不行,因为谁也不能保证,贵族就一定是民族精英。两种形式都有优点:民主制可以保证民意,防止压制和压迫。贵族制可以最好地领导人民。

实行民主的思想前提是:认为人和人之间是平等的,大部分人都是善良的、有智慧的,因此他们不需要领袖,只需要维护某种秩序,除了富裕和安全,他们没有什么其他的目标。施行贵族制的思想前提则是:人与人是不同的,应该按照他们的能力、贡献、需求来进行区分。大部分人是向恶的,且能力有限,只有一小部分人向善,且具有智慧,因此大众需要领导,向着更高的目标去发展。

民主制体现的是数量原则,而贵族制是一种质量原则。因此也就不难理解了,为什么欧洲的文化精英们,像柏拉图、歌德、尼采都反对民主。

民主制里面也蕴含着贵族统治的因素。也就是说,民主制也要选出社会精英来统治自己的国家。只要选举的前提正确,是可以选出精英来的。但是,在现代民主社会所标榜的普遍、平等、直接的选举中,并没有体现出这个原则。一群道德、智慧有限的民众去选择一个他们根本不认识的人。这种所谓的民主选举极容易造成对大众的误导和收买,造成那些政治煽动家和资本家当权。所谓平等的选举其实是不公正的。因为它给懒人和勤人,给没文化的人和受到良好教育的人以同等权力。所谓直接

---

① 卡莱基认为,资本主义由财富带来社会分化,这是不公正的不平等,未来的新贵族社会,由精神、品质、气质带来不平等,这是公正的不平等。

选举，除了让选民见识到候选人的口才以外，却对他本人缺乏基本的认识。选一个人，不去考察他的人格，而是听他的政见，这种选举会牺牲领导的质量。如果想改变这种状况，就必须牺牲普遍的、平等的、直接的民主，用新贵族的统治来取代民主制。

贵族统治的前提是先选出贵族。贵族是一少部分人。在精神和道德方面，他们是公民中的佼佼者，每个民族都有一批这样的人。核心问题是，怎样找到、鉴别出这些精英人士。

在人类的历史上，有三种方法可以解决这个问题，生育、教育和选择。在革命的年代，还有第四种方法，那就是在精神、体力和行动上胜出的人成为贵族。尽管这是个行之有效的办法，但无法让人接受，因为它的代价是巨大的。

生育的办法建立在这样一种认识前提上，即通过遗传可以继承某种优良的品质。然而这有悖于事实。在一脉相承的王朝统治中，很少看到一代又一代的君王遗传了什么优良的品质。而多个贵族家庭间的遗传，并由此产生的贵族寡头统治却可以持久，比如斯巴达、罗马、威尼斯这些贵族寡头政治国家，他们存在的时间都长于民主或者专制的体制。

生育遗传的缺陷可以用教育来弥补。在这方面，中国是个很好的榜样。各个阶层的精英都可以通过考试进入国家的最高统治阶层，通过考试来挑选最有智慧的人，用学者和知识精英来进行统治。我们在估量这一成就时，不要受中国现状的影响，即现代中国已经衰落了。而是应该看到，这样一个建立在科举考试上的制度，在世界上曾经孕育出最庞大、最幸福、最有文化的帝国，它的人民是最正派、最知足、最和平的民族。

天主教会也依靠教育贵族，即它的教阶制度来进行统治，该体制是非常成功的。

文艺复兴以后，知识精英参政逐渐多了起来。在近代，他们多在幕后操纵，而到了现代，则干脆走上了前台。今天的许多政治领袖都是作家，比如像威尔逊、克莱蒙梭、列宁、托洛茨基、拉特瑙、墨索里尼，这些人都能写。

用教育培养贵族,用考试制度筛选贵族的办法也有它的弊端。因为它忽视了品质、天资、能力等因素的作用。我们可以看到,学习好的人并非都是生活中的强者。再则,如果施行这种制度,就无法普及教育,未受教育的大众就会成为群盲。这不符合欧洲的社会公正原则。因此中国的科举考试制度不适合欧洲国家的国情。

要用一种间接选举制度代替直接选举制度。不让大众直接选出领袖,而由代理人间接选出,也就是委员会的体制。一开始,可以让村镇居民选举自己的领袖,这样可以保证大家都了解候选人。然后再由这些村镇领袖选举出省市的代表。最后,由省市代表选出中央委员会。通过层层选举的办法,可以保证把那些慵懒的选民排除在外。选出来的中央委员无论其财产多少,都应该代表全体人民的利益。像俄国那样就不好,只选一个无产阶级的苏维埃,这样做实质上是用一种不平等代替了另一种不平等。另外,妇女也要有选举权。

应该让有思想、受过良好教育的人组成精神贵族院,这个贵族院相当于上院,委员会相当于下院。这样的两院组合,等于"把中国和基督教的教育贵族原则,与欧洲的选举贵族原则有机地结合起来"。精神贵族院不是由普遍选举产生的,就像委员会不是由直接选举产生的一样。

并非每一个公民都享有选举和被选举的权力,在选举权方面要有所限制。选民要有中学的毕业文凭,或者能向一个专门委员会证明,他具有相当的历史、哲学文化知识。这样,即便是贫困的无产阶级也可以通过学习,通过获取免费提供的书籍,或是上一些课程,来获得选举权。候选人应该是广义上的作家,这样就可以用候选人的著作代替竞选讲演和竞选纲领,也可以用图书市场和健康的新闻体制来代替竞选讲台。为此应该改革现有的教育体制。让教育培养出更多具有天赋、拥有才华的领袖。同时也要普及初中等教育,让更多的人获得选举权。

只有用非民主原则选出这样的两院制,才能在社会上贯彻新贵族的原则。也就是把贵族和民主的优点结合起来。让那些有才能的、聪明的人统治社会,由那些劳动贵族和精神贵族来统治社会。这样可以避免社会上多数人对少数人的专政。

两院可以起到互助互补、相得益彰的作用。劳动方面的问题,比如经济问题,可以由委员会来处理。文化方面的问题,比如教育、艺术、新闻等可以由精神上院来处理。精神上院可以防止政治煽动,劳动下院可以抵制空洞的意识形态政治。所有的历史都是不断向前发展的,也都有其根源。精神上院继承了古老的封建贵族传统,下院继承了议会民主的传统。

历史是这样发展的,即具有高价值的少部分人,领导着具有低价值的多数人不断向前、向上。当世界有一天发展到大多数人都有文化、有教养的时候,真正的民主就会实现。然而民主不是目的,社会发展的目标是新贵族。

——R. N. Coudenhove-Kalergi: Neo-Aristokratie, in:
R. N. Coudenhove-Kalergi:
Krise der Weltanschauung, S. 66—75.

我对精神贵族的前途和必要性的看法没有改变。我的确在与欧洲的民主势力合作。如果一定要我选择,是在欧洲各国发动战争,推翻当下的资本主义民主制,然后再把大家联合起来,还是就目前的状况进行联合,那么我选择后者。

——Kurter Hiller contra Coudenhove: Zwei offene Briefe, in:
Paneuropa, 1929, Heft 7, S. 18—19.

法西斯国家经常把泛欧联合视为民主国家的主张,这是完全错误的。我的政治价值观不是民主主义的,而是新贵族的。

泛欧是个外交纲领,和政治体制没有关系。泛欧可以保持中立,但不能等待。不能说等到欧洲全民主了,或全部法西斯化了,再去联合。要把两种社会制度结合起来,建立具有统一经济、外交、军事的泛欧洲。

——R. N. Coudenhove-Kalergi: Paneuropa und Faschismus, in: *Paneuropa*, 1933, Heft1, S. 129,131.

七、学习瑞士的榜样

在欧洲的中心地区诞生了一种新的政治模式,它将不断向外扩大、延伸,最终形成"泛欧"。"泛欧"的实现,意味着瑞士模式征服了欧洲。更确切地说,像瑞士这样的联邦体制,将把全欧洲的德意志人、法兰西人和意大利人联合起来。

瑞士是欧洲联合的样板和微缩景观。它证明了不同语言、文化背景的欧洲人,能在一个联邦制国家内自由、平等地共同生活。它证明了,三个欧洲的核心民族德、法、意,能在一个民族共同体内,在保留各自语言和文化特性的基础上,作为公民彼此平等相待。它教会了我们,只要有良好的愿望,民族间的少数民族问题是可以解决的,而具有明显人口优势的民族也不会谋求霸权。它展示了,最强烈的欧洲个人主义与联合的要求并行不悖,最强大的州自主权也不会导致无政府主义。

如果没有瑞士,就不能证明"泛欧"是可行的。瑞士的存在证明了这种可能性。"泛欧"遇到的所有问题,瑞士都曾碰到过,无非是规模没有那么大,这里的人用天才的方法解决了这些难题。

因此欧洲应该感谢瑞士,每一个思考"泛欧"联合的人,都应该好好地研究瑞士联邦的结构。

瑞士的联邦法案是一个完美的奇迹,它是未来欧洲宪法的榜样。

"欧洲合众国"这个名字容易让人产生误会,以为"欧洲合众国"就是美利坚合众国的翻版。事实上,欧洲在政治方面能向美国学的并不多,只是在经济上有一些。对欧洲来说,北美是个统一大市场,一个世界上的自由贸易区,这样的经济大空间能为那里的人民带来巨大的好处。在政治上，北美教给欧洲人的是，他们组成了一个独特的、伟大的民族。那些来自不同民族的欧洲人，在北美的土地上能够互相帮助，和平共处。

除了这些泛泛的内容以外，欧洲从美国的政治中学不到什么东西。因为美利坚联邦形成的历史条件和欧洲截然不同。

美国不了解欧洲政治联合的困难：不同的语言、独立的国家、各异的宪法、历史的恩怨、浓重的地方主义等。美国在现实中已经形成了美利坚民族，由强有力的政府领导着，是一个统一的大国。除了这些事实以外，美国的联邦宪法更具形式和传统上的意义。欧洲不会模仿美国的联邦制，否则会严重威胁到"泛欧"运动的发展。

在实现欧洲联合的过程中，欧洲人不能效仿外国的例子，而是要学习欧洲大陆内部的成功经验。不要学习美利坚合众国，而要学习瑞士联邦。因为它成功地解决了困扰着欧洲的一系列的难题：法德和解的问题、法意和解的问题、意德和解的问题、宗教和民族平等的问题、少数民族的问题、关税同盟的问题、货币共同体的问题、州主权与联邦主权协调一致的问题、联邦军队和民兵体制的问题、税收独立和经济共同体的问题、各州宪法的相互矛盾性问题、多语种的问题、大州和小州平等的问题、联邦的领导问题。

那些"泛欧"的先锋们遇到的问题，在这里都可以找到答案。所有答案都能够强化欧洲的希望，并为"泛欧"联合的实现指引道路。

"泛欧"的支持者们应该特别重视瑞士的联邦宪法。瑞士的上院由每个省派两名代表组成。与各省的面积大小和人口多少无关。下院则打破省区的界限，在选民中直接产生，40000选民中产生一名代表。联邦政府由来自7个省的代表组成。联邦主席每年一换，由各省轮值来做。这些规定，"泛欧"可以原样照搬，基本不用做什么改动。在关税和税收方面，瑞士联邦也做得很有特色：所有的直接税都流入各省的金融部门，而共同的关税和间接税则归联邦所有。

——R. N. Coudenhove-Kalergi：Die Schweiz als Vorbild，in：
Paneuropa，1929，Heft 10，S. 1—3.

八、排除英国的欧洲①

英国的外交和法、德、意有所不同,其与自治领的关系决定了一切。让英国和欧洲大陆建立一种非常密切的联系,而不去巩固、发展其帝国内部和自治领的关系,这几乎是不可能的。英国的困境在于,它和欧洲大陆有着千丝万缕的政治、经济联系,英国不能忽视这一点,但与此同时,它又不愿冒失去加拿大的风险,采取一边倒的欧洲政策。当然,最后做决定的还是英国,但欧洲也可以帮助英国,找到解决问题的办法,让英国积极地参加欧洲建设,同时又不威胁其帝国。

—R. N. Coudenhove-Kalergi:Empire-Bewegung, in:
Paneuropa, 1930, Heft 8, S. 281-282.

把英国和爱尔兰并入泛欧,只有在英帝国崩溃之后才是可能的。如果加拿大和澳大利亚并入美国,印度和南非再宣布独立,英国就可以加入欧洲联邦了。就像哈布斯堡王朝倒台以后,德意志帝国欢迎德奥合并一样。即便是这样,也不能保证英国就一定会加入泛欧联合。在历史、地理上,英国和欧洲都有很近的关系。但是在语言、血缘和文化方面,它和美国有更亲密的联系。英国完全有可能跨过大西洋和美国联合,而不是越过英吉利海峡和欧洲联合。

—R. N. Coudenhove-Kalergi:*Paneuropa*, S. 43.

渥太华会议不仅决定了经济的历史,还决定了欧洲的历史。

---

① 作者自拟标题。

这次会议的成果明确了英国和欧洲的关系。这种不明不白的关系，一直是实现欧洲联合的障碍。就像百多年前，奥地利是德国统一的障碍一样。虽然整个德意志都认识到了统一的必要，但却迟迟未能行动起来，因为它缺乏明确的目标。奥地利帝国包括了大片的非德意志地区，它尚未决定是否加入德国。这个问题把德意志的统一拖延了半个世纪。直到俾斯麦找到了解决方案。他在统一德国的时候，把奥地利排除在外。同时，又与之建立了同盟关系作为补充。与此相同，英国是否要加入欧洲联邦的问题，长期以来也是不清楚的。

渥太华会议解决了这个问题。

英帝国经济区的成立，决定了英国不会参加泛欧联合。因为它不能在给加拿大优惠关税同时，又向罗马尼亚提供优惠税率。不能优待帝国的同时，又去优惠欧洲。亦不能优待欧洲的同时，又去优惠帝国。渥太华会议的召开，澄清了欧洲的西部边界问题，当然不是在敌对的意义上。欧洲应该和英国保持睦邻友好关系，建立一种亲密的协约关系。在其他方面，渥太华会议也决定了欧洲的未来。欧洲变成了26个独立的经济地区，而外部世界崛起了俄罗斯、美国和不列颠三大经济帝国。渥太华会议的成就迫使欧洲进行经济联合。

如果英国对自治领的粮食实行关税优惠，那么，欧洲的工业国就应该对自己的东欧客户，实行优惠的粮食进口税。如果帝国自治领对英国的工业品执行优惠关税，那么，西欧的工业国就应该要求东欧的农业国执行同样的优惠关税。在这种被迫的联动关系的带动下，不列颠经济联盟诞生后，就会出现一个欧洲经济联盟，因为欧洲的市场无法超然于世外。随着海外出口市场的萎缩，欧洲必须适应世界潮流的变化，把自己的内部市场及所属殖民地整合成为一个经济大空间。

为了建立这样一个欧洲经济大空间，有必要创造相应的政治前提。就像英帝国能够阻止其成员国之间爆发战争一样，建立欧洲经济同盟的同时，也提出了欧洲政治谅解与和解的问题。特别是法德和解的问题。

——R. N. Coudenhove-Kalergi: Paneuropa, Ottawa, in: *Vossische Zeitung*, 1932. 07. 22.

九、排除俄国的欧洲[①]

对欧洲来说,俄国是个危险,法国就不是。法国有 4 千万人,而俄国拥有 1 亿 6 千万人,这种对比关系让俄国占有绝对优势。

——R. N. Coudenhove-Kalergi: Deutschlands Europäische Sendung, in: *Paneuropa*, 1924—1925, Heft 7/8, S. 13.

把俄国纳入欧洲联邦的想法是有害的。这样做,看看地图就知道结果了,只能导致俄罗斯的霸权。

——R. N. Coudenhove-Kalergi: Der russisch-europäische Friedensschluss, in: *Paneuropa*, 1935, Heft 5, S. 130.

欧洲不是岛屿,而是与亚洲大陆相连的半岛,所以其东部边界一直处于变化之中。在古代,就是罗马帝国的东部边界。中世纪时,是基督教会的东部边界。自彼得一世以来,俄罗斯成为了欧洲的一部分,所以乌拉尔山就成了欧洲的东方边界。再往东就是俄罗斯的亚洲殖民地了。然而,这条界线连同殖民地在 1918 年都消失了。俄罗斯不再限于东到乌拉尔,而是一直延伸到中国边界和太平洋沿岸。如果我们联合俄罗斯,那么欧洲就会从直布罗陀一直延伸到白令海峡。这对自由的欧洲来说是不可忍受的,因为它迟早会落入俄罗斯霸权的手中。

---

① 作者自拟标题。

——R. N. Coudenhove-Kalergi：*Ein Leben für Europa*，
S. 355—356.

苏联加上它在欧洲和亚洲的卫星国，其人口约 3 亿 5 千万，面积 2 千 5 百万平方公里。而未来的欧洲合众国拥有 3 亿 6 千万人口，4 百万平方公里土地。两者人口相差不多，而后者的土地面积却只有前者的 1/5，这说明欧洲的人口密度是苏联的 5 倍。欧洲应该为自己感到自豪。

——R. N. Coudenhove-Kalergi：*Weltmacht Europa*，S. 59.

欧洲不要忘记，自己与俄国拥有一条漫长的、按照非自然地理条件形成的、在战略上根本守不住的边界。因此必须与俄国保持和平关系，这一点对欧洲特别重要。而对英美就有所不同，因为它们不与俄罗斯接壤。泛欧不要为了英美的利益与俄国发生冲突，而要和俄国建立良好的经济、文化合作关系。在这方面，欧洲的西斯拉夫人可以发挥积极的作用。

——R. N. Coudenhove-Kalergi：Weltherrschaft，in：
Paneuropa，1927，Heft 2，S. 14.

十、法德和解与欧洲联合[①]

成立欧洲合众国的最大障碍，就是千年来两个人口众多的泛欧民族——法德间的对立。

——R. N. Coudenhove-Kalergi：*Paneuropa*，S. 119.

---

① 作者自拟标题。

就像 150 年前德国推翻了法兰西帝国一样,这次法国推翻了德意志帝国。在历史上第一次,两个国家都成了共和国。而这两个共和国都是由失败引起的。波拿巴和霍亨索伦王朝,都试图通过压制对方夺取欧洲大陆的霸权,两者在争霸的过程中都皇冠落地,让他们的人民受到屈辱,并促使其对手崛起。世界历史的这一刻终于到来了,两个民族都已从王朝统治下解放出来,不再受到统治者野心的驱使,最终走向了和解。他们共同努力,争取欧洲的重建、联合和崛起。从过去来讲,只要有相互对立的王朝在进行统治,法国和德国的联合就是不可能的。只要法国是共和国,德国是王朝,这也是不可能的。当两个国家都实现了共和,联合就有可能了。

——R. N. Coudenhove-Kalergi:*Paneuropa*,S.121.

如果法国能够深刻地认识到,要消灭德国,就得冒自我毁灭的风险,那么她就会离开这条错误的道路,走一条和解之路。这条路的目标就是泛欧:即与民主和平的德国紧密合作;在合理赔款的基础上实现和解;用关税同盟联合德国的煤与法国的铁,建立泛欧的煤钢工业;签订仲裁和保证条约;共同抵御俄国;共同抵御反动派;裁军;共同振兴欧洲的经济和金融;建立泛欧联邦。

——R. N. Coudenhove-Kalergi:*Paneuropa*,S.128.

参考文献

一、原始档案

德国柏林联邦档案馆

Ressortbesprechung im Auswärtigen Amt über die Europapläne Briands am 19. Juni 1930，BA R43I / 616

„Aufbau der deutschen Wirtschaft", 9. Juli 1940，BA R 43II / 311

德国柏林外交部档案馆

Handakten Direktoren，Trautmann，Akten betreffend Pan-Europa，1. 6. 1930－21. 7. 1930（R35871）

Büro des Reichsministers，Akten betreffend den Bund der Vereinigten Staaten von Europa（4/1923－5/1930），Bd. 1（R28629）

Büro des Reichsministers，Politik 4，Akten betreffend die paneuropäische Union（7/1926－3/1932）（R70104）

Büro des Reichsministers，Politik 4，Paneuropa，Bd. 1，12/1926－1/1931（R83528）

Völkerbundakten，Allgemeines B3，Paneuropäische Bewegung（Coudenhove u. a.），Bd. 1，3/1923－12/1927（R96434），Bd. 2，1/1928－12/1931（R96435），Bd. 3，1/1932－2/1936（R96436）

Völkerbundakten, Paneuropa, Allgemeines, Politische und wirtschaftliche Annährung der europäischen Staaten, Bd. 1, 5/1929—12/1929 (R96443), Bd. 2, 1/1930—5/1930) (R96444), Bd. 11, 5/1931—12/1932 (R96454)

Völkerbundakten, Paneuropa, Europäische Organisationen, Ähnliche Bestrebungen, Bd. 1, 6/1929—6/1934 (R96462)

德国多特蒙德西威斯特法伦经济档案馆

R. N. Coudenhove-Kalergi an Herrn Paul Reusch, 12. Juli 1932, GHH 400 101 320/98

奥地利维也纳国家档案馆

Paneuropabewegung 1930 (Denkschrift Briands vom 1. Mai 1930 über die Errichtung einer europäischen Union, Entwurf eines Paneuropapakts durch Coudenhove-Kalergi), AdR/AA/NPA 277, 15/54

Paneuropa Bewegung 1930 (Weißbuch betreffend den Vorschlag Briands und die Antwort der europäischen Staaten 1930. Erste Tagung der Studienkommission in Genf Dezember 1930, Zweite Tagung in Genf Jänner 1931), AdR/AA/NPA 278, 15/54

Vorschlag Coudenhove zur Einberufung einer europäischen Sicherheitskonferenz, 1928, AdR/AA/NPA, 355, 15/54

Englische Anregung bezüglich Zollunion der sechs Donaustaaten 1932, AdR/AA/NPA, 356

Personalia, Kalergi, AdR/AA/NPA, 368

维也纳大学档案馆

Immatrikulationsbücher 379, 389, 398, 415, 419

Rigorosenakt Nr. 4364V

二、已发表的文献材料

Akten zur deutschen Auswärtigen Politik 1918—1945. Serie B: 1925—1933. Bd.

VIII, 1. 1—30. 4. 1928; Bd. XI, 1. 1—31. 5. 1929; Bd. XV, 1. 5. —30. 9. 1930; Bd. XVII, 1. 3. —30. 6. 1931; Bd. XX, 1. 3. —15. 8. 1932

Erdmann, Karl Dietrich / Mommsen, Wolfgang (Hg.), *Akten der Reichskanzlei*, Das Kabinett Müller II, 28. 6. 1928 bis 28. 3. 1930, Boppard am Rhein: Boldt, 1970; Die Kabinette Brüning I u. II, 30. 3. 1930 bis 10. 10. 1931, 10. 10. 1931 bis 1. 6. 1932, Boppard am Rhein: Boldt, 1982.

Schücking, Walther / Wehberg, Hans, *Die Satzung des Völkerbundes. Kommentiert von Walther Schücking und Hans Wehberg*, 2. umgearbeitete Auflage, Berlin: Vahlen, 1924.

Forschungsinstitut der Deutschen Gesellschaft Für Auswärtige Politik e. V. (Hg.), *Europa: Dokumente zur Frage der europäischen Einigung*, 3 Bde., München: Oldenbourg, 1962.

Klöss, Erhard (Hg.), *Von Versailles zum Zweiten Weltkrieg: Verträge zur Zeitgeschichte 1918—1939*, München: Deutscher Taschenbuch-Verlag, 1965.

Lipgens, Walter (Hg.), *Documents on the History of European Integration*, 4 Bde., Berlin: de Gruyter, 1984—1989.

Lipgens, Walter (Hg.), *Europa-Föderationspläne der Widerstandsbewegungen 1940—1945. Eine Dokumentation*, München: Oldenburg, 1968.

Michalka, Wolfgang / Niedhart, Gottfried (Hg.), *Deutsche Geschichte 1918—1933: Dokumente zur Innen- und Außenpolitik*, Frankfurt am Main: Fischer-Taschenbuch-Verlag, 2002.

Opitz, Reinhard (Hg.), *Europastrategien des deutschen Kapitals 1900—1945*, Köln: Pahl-Rugenstein, 1977.

Schumann, Wolfgang / Nestler, Ludwig (Hg.), *Weltherrschaft im Visier: Dokumente zu den Europa- und Weltherrschaftsplänen des deutschen Imperialismus von der Jahrhundertwende bis Mai 1945*, Berlin: Deutscher Verlag der Wissenschaften, 1975.

Stirk, Peter M. R. / Weigall, David (ed.), *The Origins and Development of European Integration: A Reader and Commentary*, London: Pinter, 1999.

Stirk, Peter M. R. / Weigall, David, *An Introduction to Political Ideas*, London: Pinter Publishers, 1995.

Welch, David, *Modern European History*, 1871—2000: *a Documentary Reader*, New York: Routledge, 1999.

三、卡莱基专著

R. N. Coudenhove-Kalergi, *Adel*, Leipzig: Der neue Geist, 1922.

R. N. Coudenhove-Kalergi, *Ethik und Hyperethik*, Leipzig: Der neue Geist, 1923.

R. N. Coudenhove-Kalergi, *Krise der Weltanschauung*, Wien: Paneuropa Verlag, 1923.

R. N. Coudenhove-Kalergi, *Paneuropa*, Wien: Paneuropa Verlag, 1923.

R. N. Coudenhove-Kalergi, *Praktischer Idealismus. Adel-Technik-Pazifismus*, Wien: Paneuropa Verlag, 1925.

R. N. Coudenhove-Kalergi, *Held oder Heiliger*, Wien: Paneuropa Verlag, 1927.

R. N. Coudenhove-Kalergi, *Die europäische Seele*, Zürich: Lesezirkel Hottingen, 1929.

R. N. Coudenhove-Kalergi, *Friede*, Wien: Paneuropa Verlag, 1930.

R. N. Coudenhove-Kalergi, *Revision*, Wien: Paneuropa Verlag, 1930.

R. N. Coudenhove-Kalergi, *Europäischer Pakt-weltpolitische Umgruppierung*, Wien: Paneuropa Verlag, 1930.

R. N. Coudenhove-Kalergi, *Los vom Materialismus*, Wien: Paneuropa Verlag, 1931.

R. N. Coudenhove-Kalergi, *Paneuropa-ABC*, Wien: Paneuropa Verlag, 1931.

R. N. Coudenhove-Kalergi, *Stalin & Co.*, Leipzig: Paneuropa Verlag, 1931.

R. N. Coudenhove-Kalergi, *Gebote des Lebens*, Leipzig: Paneuropa Verlag, 1931.

R. N. Coudenhove-Kalergi, *Revolution durch Technik*, Wien: Paneuropa Verlag, 1932.

R. N. Coudenhove-Kalergi, *Europa erwacht!*, Zürich: Paneuropa Verlag, 1934.

R. N. Coudenhove-Kalergi, *Österreichs europäsiche Sendung*, Wien: Paneuropa Verlag, 1934.

R. N. Coudenhove-Kalergi, *Judenhaß von heute*, Wien: Paneuropa Verlag, 1935.

R. N. Coudenhove-Kalergi, *Totaler Staat -Totaler Mensch*, Leipzig: Paneuropa Verlag, 1937.

R. N. Coudenhove-Kalergi, *Kommen die Vereinigten Staaten von Europa?*, Glarus: Paneuropa Verlag, 1938.

R. N. Coudenhove-Kalergi, *Grusade for Pan-Europe*, New York: Putman, 1943.

R. N. Coudenhove-Kalergi, *Kampf um Europa. Aus meinem Leben*, Zürich:

Atlantis-Verlag, 1949.

R. N. Coudenhove-Kalergi, *Die europäische Nation*, Stuttgart: Deutsche Verlags-Anstalt, 1953.

R. N. Coudenhove-Kalergi, *Vom ewigen Krieg zum großen Frieden*, Göttingen: Musterschmidt, 1956.

R. N. Coudenhove-Kalergi, *Eine Idee erobert Europa*, Wien: Desch, 1958.

R. N. Coudenhove-Kalergi, *Geschichte der Paneuropabewegung 1922—1962*, Wien: Brüder Rosenbaum, 1962.

R. N. Coudenhove-Kalergi, *Die Wiedervereinigung Europas*, Wien: Herold, 1964.

R. N. Coudenhove-Kalergi, *Ein Leben für Europa*, Köln: Kiepenheuer & Witsch, 1966.

R. N. Coudenhove-Kalergi, *Für die Revolution der Brüderlichkeit*, Zürich: Verlag Die Waage, 1968.

R. N. Coudenhove-Kalergi, *Weltmacht Europa*, Stuttgart: Seewald, 1971.

四、卡莱基文章(《泛欧》杂志部分)

PANEUROPA

1. Jahrgang 1924

April 1924

Das Pan-Europäische Manifest!, 3—19

Mai 1924

Das Pan-Europa-Programm, 3—5

Etappen zu Pan-Europa, 6—7

Die Paneuropäische Propaganda, 8—12

Die Pan-Europa-Bewegung, 13—15

Die Paneuropäische Union, 16—18

Die Zeitschrift „Pan-Europa", 19

Das Pan-Europa-Zeichen, 20

Juni 1924

Rede von Coudenhove-Kalergi an die französische Kammer, 3—23

Hefte 4/5

Pazifismus, 3—29

November 1924

Pan-Europa und der Völkerbund, gesprochen am 8. Oktober 1924 am 23. Internationalen Weltfriedenkongreß in Berlin, 3—23

Heft 7/8 1924—25

Deutschlands Europäische Sendung. Ein Gespräch, 7—58

Heft 9/10

Weltpolitik 1924—25, 5—40

2. Jahrgang 1925/1926

    Heft 4

    Genf 1925, 3—29

    Doppelheft 8/9

    Amerika, 3/14

    Heft 10

    Europa und die Welt, 3—16

    Drei Jahre Paneuropa, 17—25

    Doppelheft 11/12

    An die europäische Jugend 3—8

    Paneuropäische Union, 34—36

    Paneuropa von der Bewegung zum Kongreß, 36—46

    Doppelheft 13/14

    I. Paneuropa Kongreß, 1—78

    Heft 15

    Nachwort zum Kongreß, 1—4

3. Jahrgang 1927

    Heft 1

    Krieg oder Frieden

    Heft 2

    Weltherrschaft, 1—16

    Heft 3

Europäische Parteien, 1—18

Heft 4

Alarm, 1—5

Europäischer Paß, 24—26

Heft 5

Abrüstung, 1—16

Heft 6

Britisch-russischer Bruch, 1—2

Ehrenpräsident Briand, 2—3

Der Budapester Überfall, 3—5

Zweiter Kongreß, 5

Heft 7

Für ein paneuropäisches Locarno!, 1—5

Zum europäischen Paß, 20—22

Heft 8

Völkerbund 1927, 1—15

Zum paneuropäischen Locarno, 16—17

Heft 9

Immoralismus des Staates, 1—6

Presse, Friede, Rüstungsindustrie, 7—9

Heft 10

Kriegs- und Friedenbündnisse, 1—6

Maximilian Harden 7—8

4. Jahrgang 1928

Heft 1

Die europäische Nationalbewegung, 1—12

Heft 2

Frankreichs Sicherheit. Deutschlands Gleichberechtigung, 1—12

Heft 3

Der anonyme Diktator 1—21

Heft 4

Offener Brief an alle Paneuropäer, 1—3

Weltfriede, 4—19

Emil Mayrisch, 10—21

Heft 5

Erdbeben!, 1

Stresemann, der Europäer (zum 50. Geburtstag), 2—6

Heft 6

Offener Brief an Hermann Müller, 1—3

China und Europa, 4—10

Zwei Führer (Paul Goehre und Iwan Schischmanow), 11—13

Heft 7

Anschluβ, 1—19

Heft 8

Macht und Recht, 1—11

Krieg und Revolution, 1—9

Heft 10

Chronik der Paneuropa-Bewegung, 1—10

5. Jahrgang 1929

Heft 1

Für eine paneuropäische Konferenz, 1—2

Neue Kurs, 3—12

Die geistige Grundlage Paneuropas, 13—21

Heft 2

Afrika, 1—19

Heft 3

Reparationskonferenz und Europakonferenz, 1—4

Militärische oder wirtschaftliche Sicherheit?, 5—11

Heft 4

Offener Brief an Herbert Clark Hoover, 1—2

Atlantis, 3—9

Heft 5

208　欧洲合众国

　　Jeanne d'Arc, 1—9

　　Heft 6

　　Entscheidung, 1—5

　　England und der Friede, 6—9

　　Europäische Völkerbundsektion, 10—11

　　Heft 7

　　Briands Vorschlag und Deutschland, 1—7

　　Vor neuen Aufgaben, 8—13

　　Zwei offene Briefe: Kurt Hiller contra Coudenhove, 14—21

　　Heft 8

　　Paneuropa in Genf, 5—10

　　Heft 9

　　Herriot für Paneuropa, 1

　　Zum Vortrag Herriots, 2—13

　　Deutschtum und Judentum, 14—17

　　Paneuropa-Hyme, 23

　　Heft 10

　　Die Schweiz als Vorbild, 1—5

6. Jahrgang 1930

　　Heft 1

　　Was will Briand?, 1—8

　　Europa und der Vertikan, 9—11

　　Heft 2

　　Worauf warten wir? 41—44

　　Bücherverbrennung, 44—47

　　Heft 3

　　Präsident Masaryk (zum 80. Geburtstag), 81—85

　　Mitteleuropa, 85—91

　　Antieuropa, 91—95

　　Nietsche als Paneuropäer, 95—101

Heft 5

Entwurf für einen paneuropäischen Pakt, 149—165

Weltpolitische Umgruppierung, 166—171

Heft 7

Der 17. Mai 1930, 183—185

Berliner Paneuropa-Tagung, 201—271

Heft 8

Paneuropa-Tag, 275

Europa an Briand, 276—278

Völkerbund kontra Paneuropa?, 278—281

Empire-Bewegung, 281—282

Europas Kornkammer, 283—284

Heft 9

Revision, 309—315

Freiheit und Sicherheit, 316—320

Heft 10

Friede, 339—346

Peitsche, Hunger, Prämie, 347—353

7. Jahrgang 1931

Heft 1

Europa-Konferenz, 1—5

Die Sowjetunion und wir, 7—12

Die Türkei und wir, 13—14

Dokument. An die Studienkommission für die Europäische Union Völkerbund Genf, 15—18.

Heft 2

Brüning-Hitler, 35—45

Revision der Bündnispolitik, 47—51

Osteuropa, 52—53

Pan-Indien, 53—54

Dokument. Resolution der Europäischen Studienkommission. Genf, Jänner 1931,

60—62

Heft 3

Wirtschaftskrise, 67—74

Kriegsschuld?, 75—82

Heft 4

Paneuropa-Tag, 17. Mai, 97

Deutsch-Österreichische Zollunion, 98—117

Zur Kriegsschuldfrage, 120—128

Heft 5

Europa erwache! (Zum Paneuropa-Tag), 129—132

Moralische Abrüstung, 132—138

Zur Kriegsschuldfrage, 154—155

Heft 6

Deutsch-Polnische Verständigung, 163—176

Heft 7—8

Stalin & Co, 195—246

Heft 9

Korridor-Debatte, 251—255

Japans Monroe-Doktrin, 256—263

Empire-Wahlen, 263—266

Deutsch-Französische Entente, 266—269

Heft 10

Revision der Katastrophe, 281—285

Rhein und Donau, 285—290

Louis Loucheur, 291—292

Aus „Gebote des Lebens", 308—310

8. Jahrgang 1932

Heft 1

Russisch-Europäischer Friede, 1—7

Reparationen und Kolonien, 7—11

Heft 2

Zurück zu den 14 Punkten!, 33—40

Europäische Armee, 41—46

Paneuropakonferenz der Nachfolgestaaten, 61—64

Heft 3

Briand, 65—67

Heft 4

Briands Vermächtnis, 93—110

Heft 5

Donau-Union, 127—135

Heft 6

Europa Kongreß, Basel 1932, 159

Brünings Sturz, 160—163

Versailles und Wilson, 164—178

Ostasien, 179—187

Heft 7

Europa-Kongreß 1932, 191—193

Nationalismus, 194—198

Ottawa, 199—204

Agonie des Völkerbundes, 205—211

Seipel und Schober, 212—214

Heft 8/9

Europa-Kongreß 1932, 223—234

Kongressreden, 235—272

Europäische Partei, 273—275

Resolutionen des Europa-Kongresses, 276—291

Ergebnisse des Europa-Kongresses, 291—294

Heft 10

Europäisches Plebiszit, 295

Der konstruktive Plan, 296—299

Valerie Benedict, 300

9. Jahrgang 1933

Heft 1

Das Plebiszit, 1—11

1932, 12—29

Kriegsschulden, 19—22

Heft 2

Was nun?, 35—41

Der 30. Januar, 42—47

Die neue Großmacht, 48—53

Der amputierte Völkerbund, 54—55

Heft 3

S. O. S. , 65—69

Die deutsche Frage, 69—75

Heft 4

Europäisches Menschenrecht, 97—103

Mussolini-Pakt, 103—110

MacDonald-Plan, 110—112

Vatikan und Völkerbund, 113—115

Zur Revisionsfrage, 115

Heft 5

Paneuropa und Faschismus, 129—133

Vertrauen, 133—136

Österreichs Europäische Sendung, 136—144

Zum Viererpakt, 144—148

Heft 6

Europäische Armee, 161—171

Die Schweiz in Gefahr, 172—178

Weltwirtschaftskonferenz, 178—180

Heft 7

Block der Kleinstaaten, 193—198

Zur Revisionsfrage, 220—224

Heft 8

Der Deutsch-Europäische Konflikt, 225—248

Heft 9/10

Paneuropäische Wirtschaftskonferenz. Wien, 2. bis 5. Dezember 1933, 253—315

Heft 1934

Coudenhove-Kalergi-Plan zur Reform des Völkerbundes, 1—7

Zusammenbruch des Internationalismus, 8—17

Wien, 33—34

Balkanpakt, 34—38

Europäische Luftlotte, 38—41

Zum Führerprinzip, 50—52

Das europäische Wirtschaftsbüro, 52

Paneuropäische Wirtschaftskonferenz 16.—18. Mai, Wien, 53—55

Antwort auf eine Rundfrage, 55—62

10. Jahre „Paneuropa", 65—69

Rom, 69—71

Kriegsgefahr in Ostasian, 71—79

Die paneuropäischen Wirtschaftshefte, 93

Paneuropa-Wirtschaftskonferenz 16.—18. Mai in Wien, 94

Bankrott der Abrüstung, 97—99

Europäische Rasse, 99—101

Hirota-Doktrin, 102—105

Falsche Geographie, 105—110

Griechisch-Türkische Freundschaft, 111—112

Die paneuropäische Wirtschaftskonferenz in Wien, 124—125

Der Märtyrer Europas, 129—132

Rußland in Genf, 132—138

Der europäische Goldblock, 138—143

Wien europäische Bundeshauptstadt, 143—146

1. Paneuropa-Wirtschaftstagung 157

Ein Jahr Paneuropa-Wirtschaftsoffensive, 157—158

Das Paneuropa-Wirtschaftsprogramm, 158—160

Heft 1935

Pax Romana, 1—3

Österreichs Sieg, 3—7

Geburt einer Nation, 33—36

Wandlung des Dritten Reiches, 36—39

Der Kampf um Wladiwostok, 39—41

Amerika und der Weltgeschichtshof, 41—42

London, 42—43

Thomas G. Masaryk zum 85. Geburtstag: Der größte Europäer, 65—69

IV. Paneuropa-Kongreß, 69

Nationalkultur und Weltkultur, 69—72

Paneuropa-Kongresse, 94—97

Europa mobilisiert, 97—101

Europa organisiert sich, 126—129

Der russisch-europäische Friedenschluß, 129—130

Die Gründung der paneuropäischen Wirtschafts-Zentrale in Wien, 159—160

Die Paneuropa-Kundgebung „ Der europäische Geist", 248—262

Die Kundgebung „Zusammenschluß oder Zusammenbruch", 262—270

Der abessinische Konflikt, 277—281

Europa ohne Elend, 281—288

Paneuropäischer Agrarkongreß September 1936, 288—290

Donau-Europa, 309—312

Der Rassenmythos, 312—318

Wo liegt die Ostgrenz Europas?, 318—322

Heft 1936

Präsident Edvard Benes, 1—3

Die europäische Mission der Frau, 3—18

Kollektive Sicherheit, 29—32

Österreich und Europa (Dollfuß Verehrung), 32—42

1. Tagung der europäischen Wirtschaftszentrale, Wien, 27. , 28. Jänner 1936, 42—48

Paneuropäische Donaukonferenz, Wien, 29. Jänner 1936, 50—57

Donaueuropa-Paneuropa-Völkerbund, 61—64

Wer ist der Angreifer?, 64—66

England mit dem Kontinent, 66—69

Unteilbarkeit des Friedens?, 69—71

Zur Locarno-Krise, 85—93

Hodza in Wien, 93—94

Der neue Dreibund, 94—95

Briefwechsel zwischen dem türkischen Gesandten A. G. Üstün (Wien) und R. N. Coudenhove-Kalergi, 95—97

Frankreichs Paneuropa-Plan 8. April 1936, 109—115

Europas Piemont, 115—118

London und Rom, 118—119

Europa am Scheideweg, 141—142

Reform des Völkerbundes 142—143

Europäische Großraumwirtschaft, 143—154

1. Paneuropäische Agrarkonferenz, 3—5

Agrar-Europa, 9—14

Polen und Europa, 205—210

Abessinische Bilanz, 210—216

Krise der Demokratie?, 216—222

Heft 1937

1937: Krieg oder Frieden?, 1—5

Nachfolgestaaten statt Donaustaaten, 5—9

Die vierte Weltreligion, 10—15

Europäische Dekadenz?, 15—17

Deutsch-europäische Verständigung?, 37—40

Zur Hitler-Rede, 40—42

Berlin-Prag, 43—46

England, 46—47

Moskauer Prozeß, 48—49

Jüdische Siedlungsfragen, 49—55

Kundgebung Abendländische Kulturgemeinschaft, 65—66

Djibuti, 93—97

Britische Aufrüstung, 97—98

In Memoriam Locarno, 99—100

Der Balkan als Vorbild, 121—126

Paneuropäische Schulfragen, 126—130

Kreuz oder Hakenkreuz, 153—161

Paneuropa-Konferenz 1937, 161—162

Paneuropa-Union Deutschland, 185—187

Die Europäische Schweiz, 187—189

Die fünf Stände, 189—197

Der Judenstaat, 197—201

Paneuropäische Schulkonferenz, 207—210

Paneuropäische Rohstoffkonferenz, 210—212

In Memoriam Masaryk, 217—219

Revolution der Brüderlichkeit, 219—224

Masarky: Der größte Europäer, 245—261

Athen und Sparta, 262—268

五、报刊材料

5.1《福斯报》(*Vossische Zeitung*)

1922. 4. 28, R. N. Coudenhove-Kalergi, Neuer Adler

1922. 10. 18, R. N. Coudenhove-Kalergi, Europas Erlösung

1922. 11. 15, R. N. Coudenhove-Kalergi, Paneuropa

1922. 12. 3, Russland und Europa

1922. 12. 3, Föderalismus und europäische Union

1922. 12. 15, Apologie der Technik

1923. 1. 2, Mussolini und „Paneuropa"

1924. 1. 1，Literarische Umschau

1924. 3. 5，J. E. ，Frieden oder Krieg - Der Rettungsweg für Europa

1924. 3. 25，R. N. Coudenhove-Kalergi，Panamerika-Paneuropa

1924. 4. 13，R. N. Coudenhove-Kalergi，Paneuropa

1924. 8. 7，R. N. Coudenhove-Kalergi，Appell an Frankreich

1924. 8. 9，R. N. Coudenhove-Kalergi，England，Europa und der Garantiepakt

1924. 10. 8，Paneuropa und Völkerbund. Aussprache auf dem Friedenskongreß

1924. 10. 9，Die Diskussion über Paneuropa

1924. 10. 12，Hugo Rachel，Paneuropa

1924. 10. 12，Verraux über Coudenhove

1924. 10. 19，G. Schloß，Paneuropa und Völkerbund

1924. 10. 26，Ellen A. Beidler：Genfer Paneuropa

1924. 10. 26，R. N. Coudenhove-Kalergi，Herriots Pan-Europa-Rede

1924. 11. 1，Paneuropa

1924. 11. 2，Paneuropa und Realpolitik

1924. 11. 8，England und Europa

1924. 11. 9，R. N. Coudenhove-Kalergi，Ein Monat Paneuropa：von der Idee zur Bewegung

1924. 11. 15，W. H. Edwards，Von außengesehen

1924. 11. 19，W. H. Edwards，Der Wiederaufbauwille

1924. 12. 24，Donau Verlag-Ida Roland

1924. 12. 28，Ida Roland show in Berlin

1925. 1. 25，Der tragische Held

1925. 2. 14，Paneuropäische Union

1925. 2. 14，Die neuen Führer. Hitler und Ludendorff abgesägt

1925. 3. 6，Mario Passarge，Italiens Paneuropa

1925. 3. 6，Paneuropa

1925. 4. 14，Jugendkulturtagung in Halle

1925. 4. 28，R. N. Coudenhove-Kalergi，Paneuropa und Österreich

1925. 5. 30，Paneuropa-Vortrag Coudenhove-Kalergi

1925. 5. 21，R. N. Coudenhove-Kalergi spricht am Sonnabend

1925. 6. 6, Graf Coudenhove-Kalergi in Berlin
1925. 6. 7, Coudenhove-Kalergi über Paneuropa
1925. 6. 13, Wiederbau-Problem
1925. 6. 28, Plebiszit in Bessarabien
1925. 6 . 21, Paneuropa und England
1925. 6. 28, Georg Bernhard, Pakt und Weltpolitik
1925. 7. 7, Hellpach für die Großdeutsche Idee
1925. 7. 17, Blick in die Zeitschriften
1925. 7. 22, Roland Schacht, Paneuropa des Films
1925. 8. 6, Paneuropa im Völkerbund
1925. 9. 5, Für Paneuropa
1925. 9. 6, Kriegsgefahr für Europa
1925. 9. 9, Völkerbund und Paneuropa
1925. 9. 19, Die Idee des Paneuropa bei Leibnitz
1925. 10. 5, Koch über Locano
1925. 10. 10, Coudenhoves Amerika-Reise
1925. 11. 10, Konrad Engelmann, Paneuropa oder Untergang
1925. 11. 11, Coudenhove in Amerika
1925. 11. 29, Rudolph Edgar Schröder, Die Gefahr aus Osten
1925. 11. 21, Vermenschlichung der Technik. Vortrag des Professors Guarbini
1925. 12. 9, Bronislaw Huberman, Mein Weg zu Paneuropa
1925. 12. 12, Paneuropa oder Kleinstaaterei? Die Lebensfrage für die europäische Wirtschaft
1925. 12. 24, Deutschlands Eintritt in den Völkerbund
1925. 12. 24, Coudenhove in Amerika
1926. 1. 9, Der Paneuropa-Gedanke marschiert
1926. 1. 22, Coudenhove-Kalergi in Paris
1926. 1. 24, Otto Ernst Hesse, Ein Erbe am Rhein
1926. 3. 3, R. N. Coudenhove-Kalergi, Amerika - Das Ergebnis einer Reise
1926. 3. 15, R. N. Coudenhove-Kalergi, Krise des Völkerbundes
1926. 4. 1, Amerika über Pan-Europa
1926. 4. 3, Karl Lahm, Zollunion mit Reiche

1926. 4. 6，Amerika und Paneuropa
1926. 4. 6，Mitteleuropäische Schiedsverträge
1926. 5. 11，Europäische Kriegsgefahr
1926. 5. 15，Goverment Credits for Export and Home Trades
1926. 5. 16，Hugo Rachel，Der Weg zu Paneuropa
1926. 6. 14，Paneuropa in England
1926. 6. 20，Paneuropa in Belgien
1926. 6. 22，Paneuropa-Kongreß
1926. 6. 29，Demokratische Sommerschule in Franken
1926. 7. 3，Pan-Europa in Frankreich
1926. 7. 25，Bund für europäische Verständigung
1926. 7. 26，Julius Wolf，Auf dem Wege nach Pan-Europa
1926. 7. 30，Bild in die Zeitschriften
1926. 8. 1，Zersplitterungsgefahr
1926. 8. 1，Der erste Paneuropa-Kongreß
1926. 8. 1，Konrad Engelmann，Zersplitterungsgefahr
1926. 8. 1，Erklärung der Paneuropäischen Union
1926. 8. 1，Der erste Paneuropa-Kongreß
1926. 8. 5，Über Paneuropa zum Anschluss
1926. 8. 12，Paneuropa in Wien. Ein Kongreß der Völker
1926. 8. 15，Nürnbergs Verfassungs-Tag
1926. 8. 15，Paneuropa contra Europa
1926. 8. 23，Coudenhove an Bethlen
1926. 8. 29，R. N. Coudenhove-Kalergi，Einladung
1926. 9. 3，Anmeldung zum Paneuropa-Kongreß
1926. 9. 8，Julius Elbau，Der Künstliche Kontinent
1926. 9. 11，Funkstunde am Freitag，17. September
1926. 9. 14，Paneuropa in Wien
1926. 9. 15，Coudenhove spricht im Rundfunk
1926. 9. 22，Raditsch auf dem Paneuropa-Kongreß
1926. 9. 24，Der Weg der Weltwirtschaft

1926. 9. 28，Auftakt zum Paneuropa-Kongreß
1926. 9. 29，Wilhelm Ostwald，Zwischen Völkerbund und Paneuropa
1926. 10. 2，Emil Ludwig，Union der Republiken，zum ersten Paneuropa-Kongreß
1926. 10. 3，Die Anschlussfrage auf dem Paneuropa-Kongreß
1926. 10. 4，Erster Paneuropa-Kongreß
1926. 10. 5，Paneuropa
1926. 10. 6，Das geistige Paneuropa
1926. 10. 6，Ausklang des Paneuropa-Kongresses
1926. 10. 8，Julius Elbau，Werdens Europa
1926. 10. 10，Richard Lewinsohn，Das Weekend zum Romsey
1926. 10. 10，Ein Paneuropa Manifest vor 100 Jahren
1926. 10. 10，Coudenhove. Der bekannteste Europäer
1926. 10. 14，Der internationale Gewerkschaftsbund gegen das Stahlkartell
1926. 10. 25，Max Cohen-Renß，Europäische Politik，Auch in Nachwort zum Paneuropa-Kongreß
1926. 10. 31，Hocheuropäisch
1926. 10. 31，Paneuropa-Union und Vökerbund
1926. 11. 28，Mein Bekenntnis zu Paneuropa
1926. 11. 30，Paneuropa oder Mark Brandenburg
1926. 12. 29，Film，Paneuropa
1927. 1. 4，Karl Lahm，Deutsch-Österreichische Gemeinschaft
1927. 1. 19，Begleitmusik
1927. 2. 2，Löbe spricht in München
1927. 2. 8，Zollunion Lettland-Estland
1927. 2. 27，Simons über Paneuropa
1927. 3. 22，Der zweite Paneuropa-Kongreß
1927. 4. 19，Für Deutschlands europäische Sendung
1927. 4. 25，Paneuropa in Budapest
1927. 5. 4，Paneuropa in Paris
1927. 5. 5，Der Weg zur Abrüstung
1927. 5. 22，Wem gehört der Name Paneuropa，Coudenhove als Kläger

1927. 5. 22，Francis Delaisi spricht in Berlin. Paneuropas Wirtschaftsgrundlage

1927. 5. 28，Paneuropa in München

1927. 7. 2，Golin Roβ，Möglichkeiten deutscher Kolonialpolitik

1927. 7. 7，Heinrich Schnee，Von deutscher Kolonialpolitik

1927. 7. 9，Der Bruder des Paneuropa-Führers bestohlen

1927. 7. 13，Exekutionsarmee der Welt-Internationale. Ein Vorschlag der spanischen Diktatur

1927. 8. 1，Eröffnung der Hamburger Kunstausstellung

1927. 8. 2，Paneuropa in Deutschland

1927. 8. 6，Vertagung des Paneuropa-Kongresses

1927. 8. 11，Das Urteil im Paneuropa-Prozess

1927. 8. 20，Europäisches Konzert

1927. 8. 20，R. N. Coudenhove-Kalergi，Für ein paneuropäisches Locarno

1927. 9. 15，Die Ufa und Amerika. Paneuropa als neuer Kurs

1927. 10. 14，Paneuropa in der Schweiz

1927. 10. 30，Prima vista

1927. 11. 5，Paneuropa und der 9. November

1927. 11. 8，Weltwirtschaftliche Entwicklungstendenz

1927. 11. 25，Die Verwirklichung Paneuropas

1927. 12. 4，Alle Europäier sind Vettern

1927. 12. 9，England und Paneuropa

1927. 12. 14，Vereine, Vorträge und Veranstaltungen

1927. 12. 16，Paneuropa

1927. 12. 17，Alfred Otto Palitzsch，Held oder Heiliger

1927. 12. 19，Coudenhove spricht，überfüllte Paneuropa-Rundgebung

1928. 1. 11，Paneuropa im Schwimmsport

1928. 2. 9，Coudenhove spricht vor Studenten

1928. 2. 9，Reichsreform in Anwaltverein

1928. 2. 14，Wiener Völkerbundphantasien

1928. 2. 26，Justus Ferdinand Laun，Keine Antwort

1928. 2. 27，Kalergi spricht

1928. 3. 7, Europa und die Wahlen
1928. 3. 8, Coudenhove appalliert an die Wähler
1928. 4. 29, R. N. Coudenhove-Kalergi, Die Frage an Europa
1928. 5. 13, Wir geben Auskunft
1928. 6. 14, Die Internationale der Friedenkämpfer. Tagung in Warschau
1928. 6. 16, Blick in die Zeitschriften
1928, 7. 21, Hin zum Weltbund
1928. 8. 23, Internationaler Filmkongress in Berlin
1928. 8. 24, Paneuropa des Films
1928. 9. 20, Gerhart von Schulze Gaeberni, Durch Weltwirtschaft zum Weltfrieden
1928. 11. 16, Zusammenschluss der Paneuropa-Organisationen
1928. 12. 06, Falsche Gerüchte um Paneuropa
1928. 12. 07, Friede in Pan-Europa
1928. 12. 30, Prima vista
1929. 1. 10, Paneuropa in Oldenburg
1929. 1. 17, Ein Paneuropa-Institut. Vortrag Coudenhove-Kalergis
1929. 1. 20, Hotels oder Sehenswürdigkeiten
1929. 2. 10, Was unsere Kinder lesen sollten
1929. 3. 20, Grete Ujhely, Diskussion
1929. 3. 22, Außenpolitische Umschau
1929. 3. 30, R. N. Coudenhove-Kalergi, Paneuropa an Amerika
1929. 5. 2, Unter der Paneuropa-Flagge
1929. 5. 18, Politische Tagesnachrichten. Coudenhove-Kalergi in Paris
1929. 6. 13, Kunst, Wissenschaft, Literatur
1929. 7. 12, Briands Pan-Europa
1929. 7. 16, R. N. Coudenhove-Kalergi, Briands europäische Initiative
1929. 8. 1, Wie 1914...
1929. 8. 3, Mobilmachung der Europäer
1929. 8. 14, R. N. Coudenhove-Kalergi, Gegen den Bürgerkrieg
1929. 8. 24, Französischer Paneuropa-Vorstoß
1929. 8. 28, Ein Wilna-Litauer plädiert in Genf

1929. 8. 30，Der Kongreß der Minderheiten
1929. 9. 7，Julius Elbau, Was will Briand
1929. 9. 10，Paneuropa-Eine Frage der Demokratie
1929. 9. 10，Begleitmusik zu Stresemann. Freundliche Töne in Paris und in London
1929. 9. 25，Herriot spricht in Berlin
1929. 9. 29，Unsere Europa-Arbeit
1929. 10. 2，Neuorganisation der Friedensgesellschaft
1929. 10. 5，Hans Tehrer, Primat der Innenpolitik
1929. 10. 10，Herriot am Grabe Stresemanns
1929. 10. 10，Europa ohne Autozoll?
1929. 10. 14，Tardieu für Paneuropa
1929. 10. 15，Immer neuer Schwindel
1929. 10. 29，Koch-Weser über Außenpolitik
1929. 11. 8，Hans Tehrer, Die Idee. Mitteleuropa
1929. 11. 23，Professor Balentin über Paneuropa
1929. 12. 15，Macht und Geheimnis der Jesuiten
1930. 1. 1，Nach Osten, Ein Appell Höpker-Aschoff
1930. 1. 10，Hans Tehrer, Deutschland und Mitteleuropa
1930. 1. 28，Schweizer Friedenspolitik
1930. 2. 1，Das Recht der Minderheiten
1930. 2. 1，Paneuropa und die Landwirtschaft
1930. 2. 8，R. N. Coudenhove-Kalergi, Worauf warten wir?
1930. 2. 15，Julius Becker, Achtung! Zollabrüstung droht! Europas Wirtschaftsordnung
1930. 2. 18，Young-Plan, und was nun? Eine Programmrede Koch-Wesers
1930. 3. 1，Mitteleuropäischer Wirtschaftsblock. Tagung in Breslau
1930. 3. 9，Skandal um Coudenhove
1930. 3. 25，Gibt es einen Weg zur Abhilfe?
1930. 4. 20，Colin Roß, Der Zug nach dem Süden
1930. 4. 24，Colin Roß, Pan-Indien
1930. 4. 28，R. N. Coudenhove-Kalergi, Eurpäischer Staatenbund. Entwurf für einen paneuropäischen Pakt

1930. 5. 14, Die internationale Paneuropa-Konferenz
1930. 5. 14, Berliner Kalender
1930. 5. 15, Ida Roland spricht bei der Paneuropa-Kundgebung
1930. 5. 16, Coudenhove über Briands Europa-Vorschlag
1930. 5. 17, Politik vorm Mikrophon
1930. 5. 18, Auftakt zum Paneuropa-Kongreß
1930. 5. 19, Pan-Europäer in der Singakademie
1930. 5. 20, Thomas Mann, Die Bäume im Garten
1930. 5. 20, Ausklang der Pan-Europa-Konferenz
1930. 5. 21, Moskau lehnt Briand ab
1930. 5. 25, Paneuropäer in Berlin
1930. 5. 26, Herriot kritisiert Briands Memorandum
1930. 6. 3, Paneuropa der Kreditversicherung
1930. 6. 5, Paneuropa-Zentrale in Genf
1930. 6. 6, Tardieu bläst zum Sammeln
1930. 6. 7, Wilhelm Schulze, Amerika zu Briands Plan. USA und USE
1930. 6. 11, Immanuel Birnbaum, Pendeln zwischen Rom und Paris
1930. 6. 12, Goldene Brücken zu Briand
1930. 6. 19, Frankreich und die Kleine Entente. Paneuropa oder U. E. E. J. C. ?
1930. 6. 19, Deutschland und Paneuropa. Masaryk über das Briand-Memorandum
1930. 6. 24, Paneuropa nicht ohne Anschluss. Die Forderungen des deutsch-österreichischen Volksbundes
1930. 6. 25, Paneuropa und Kleine Entente
1930. 6. 26, Dernburgs außenpolitische Ausblicke
1930. 6. 27, Hans Tehrer, Politik des aber
1930. 6. 27, Im Zeichen des Europa-Paktes, Tagung des europäischen Zollvereins
1930. 6. 29, Europa in zwei Lagern?
1930. 7. 2, Dreibund im Nahen Orient
1930. 7. 2, Hollands Stellung zu Paneuropa
1930. 7. 5, Hollands Antwort an Briand
1930. 7. 6, Hollands Bedenken gegen Paneuropa

1930. 7. 6，Wien will abwarten
1930. 7. 8，Europa-Antwort vor dem Ausschuß
1930. 7. 8，Paris lehnt die italienische Antwort ab
1930. 7. 8，Der Korridor
1930. 7. 9，Mussolinis Bündnis-Angebote. In Berlin und Paris
1930. 7. 10，Vorzeitige Moskauer Kritik
1930. 7. 11，Warschauer Zustimmung zum Europa-Vorschlag
1930. 7. 13，Paneuropa-Diskussion
1930. 7. 15，Wettlauf um Italien?
1930. 7. 16，Deutschlands Paneuropa-Antwort. Wirtschaftliche Verständigung führt zur politischen Entspannung
1930. 7. 16，Anleihesperre für Österreich
1930. 7. 18，Hans Tehrer，Italiens Note
1930. 7. 18，Willkommen，Europaflieger!
1930. 7. 25，Hans Tehrer，Paneuropa in Grün
1930. 8. 6，Briands Paneuropa-Bericht in Genf
1930. 8. 7，Paneuropa vor dem Völkerbund. Briands Schlußbericht in Arbeit
1930. 8. 10，Paneuropa vor 50 Jahren
1930. 8. 17，61 Jahre Paneuropa
1930. 8. 19，Die Staatspartei in Berlin
1930. 8. 31，Ein Vorentwurf für Paneuropa
1930. 9. 5，Sabotage-Akt gegen den Reichskredit. Gefährliche Wahlmache
1930. 9. 5，Hans Tehrer，Land in Bewegung
1930. 9. 7，Memel hofft auf Deutschlands Fürsprache
1930. 9. 7，Briands Taktik in Genf
1930. 9. 10，Simons über Paneuropa in Amerika
1930. 9. 12，Kanada würdigt Paneuropa
1930. 9. 12，Kriegshetze ist Landesverrat
1930. 9. 13，Schober für regionale Wirtschaftsentente
1930. 9. 16，Curtius，Grandi und Bethlen in Wien. Schobers Südost-Pläne
1930. 9. 17，Pressehaus in Genf

1930. 9. 18，Golf um Pan-Europa. Coudenhove spricht
1930. 9. 18，Was wird aus Paneuropa?
1930. 9. 19，Hans Tehrer, Das Ausland und die Wahlen
1930. 9. 20，Carl Misch, Es klappert die Mühle
1930. 9. 21，Curtius im Rundfunk
1930. 9. 22，Unterredung Briand — Coudenhove-Kalergi
1930. 9. 23，Die Stimme der Jugend
1930. 9. 23，Rund um die Moderne Schule
1930. 9. 25，Berliner Kalender. Interessante Tagesveranstaltungen
1930. 10. 1，Warum Schober ging
1930. 10. 14，Stimme der Jugend
1930. 10，15，Schachts amerikanische Reden
1930. 10. 24，F. W. Oertzen, Der Balkan in der Krise
1930. 10. 24，Die Internationale der Bauern
1930. 10. 29，Allerlei Flug
1930. 10. 29，Paneuropa der Bauer. Beginn der Prager Konferenz
1930. 10. 31，Scheidung der Geister
1930. 11. 7，Ostgetreide-Westkapital
1930. 12. 12，F. W. von Oertzen, Deutschland steht allein
1930. 12. 13，Belgrads Vorstoß nach Athen
1930. 12. 21，Ungarns einziger Ausweg
1930. 12. 25，Ernst Streeruwitz, Der einzige Weg
1931. 1. 17，Ein Weg zu Europa. Vorschläge Coudenhoves an die Genfer Konferenz
1931. 1. 18，Julius Elbau, Der Weg vorwärts
1931. 1. 21，Peter Reinhold, Weg zur Abrüstung
1931. 2. 2，Vereitelter Dolchstoß gegen Deutschland
1931. 2. 11，Stöhrs Verzicht.
1931. 2. 15，Masaryk-Festschrift II. Band
1931. 3. 3，Musik Nachrichten
1931. 3. 10，Sowjetunion und die Mächte
1931. 3. 14，Franz Klein, Wiener Kongreß 1931

1931. 3. 18, Coudenhove spricht über Paneuropa
1931. 3. 18, Mitteleuropa-Tagung in Wien
1931. 3. 20, Werdenes Paneuropa
1931. 3. 21, Keine Zollgrenze mehr! Was der Österreich-Vertrag bringt
1931. 3. 22, Mißtrauen in Paris
1931. 3. 22, Prag wird protestieren
1931. 3. 23, Curtius appeliert an Frankreich. Ein Weg zu den Vereinigten Staaten von Europa
1931. 3. 24, Keimzelle Europas
1931. 3. 25, Duisberg fordert Zins-Abbau
1931. 3. 26, Wir können nicht warten. Zwei Stimmen zum Wien-Berlin-Vertrag
1931. 3. 26, Hendersons Eingreifen, Übertreibung in Paris und London
1931. 3. 27, Für Heinrich Mann
1931. 3. 31, Entschiedene Abwehr Schobers. Der Leidensweg des Zoll-Projekts
1931. 4. 2, Der Stein ist im Rollen. Briand will positive Vorschläge machen
1931. 4. 4, Hans Zehrer, Beitreten?
1931. 4. 5, Hedwig Pringsheim-Dohm: Ein Blumenstrauß von Liszt
1931. 4. 7, Colin Ross, Europa 1931. Grenzen, überall Grenzen
1931. 4. 7, Englandfahrt am 8. Mai. Fühlungnahme über die offizielle Einladung
1931. 4. 11, Europa massive Zoll-Mauern
1931. 4. 15, Curtius an Europa. Erörterung der Zollverhältnisse beantragt
1931. 4. 24, Beneschs Echo bei den Deutsch-Böhmen
1931. 4. 24, Von der Zoll-Allianz zur Zoll-Union
1931. 4. 25, Karl Brockhausen: Deutschlands Berufung
1931. 4. 30, Sind Wir schon Reif?
1931. 5. 5, Leopold Ziegler, Rudolf Pannwitz
1931. 5. 6, Griechisch-türkische Zusammenarbeit
1931. 5. 7, Schober bleibt fest
1931. 5. 7, Spanische Stimme für Wiener Vertrag
1931. 5. 7, Nationalisten gegen Briand. Vorfeld-Kämpfe um Elysee
1931. 5. 8, Hans Zehrer, Vorstoß und Gegenstoß

1931. 5. 17, Der französische Europa-Plan
1931. 5. 20, Coudenhove fordert europäische Zollunion
1931. 5. 21, Colin Ross, So geht es nicht!
1931. 6. 22, Österreichs deutscher Kurs. Die neue Regierung Buresch-Schober
1931. 6. 24, Zollunion und Paneuropa auf dem Rotarier-Kongreß
1931. 6. 25, Zollunion und Paneuropa auf dem Rotarier-Kongreß
1931. 7. 2, Colin Ross, Anti-Europa
1931. 7. 9, Englischer Vorstoß gegen Zollunion
1931. 7. 22, Das Mondkalb
1931. 7. 28, Zollunion mit Deutschland
1931. 8. 17, Lösung des Korridor-Problems? Ein Projekt des Grafen Coudenhove-Kalergi
1931. 8. 26, Das Coudenhove Korridor-Projekt. Eine Lösung, die keine ist.
1931. 9. 13, Soll die Musik verdorren?
1931. 9. 20, Hugenbergs Stettiner Rede
1931. 10. 29, Huberman wirbt
1931. 11. 3, Ein polnischer Versuch
1931. 11. 22, Coudenhove-Kalergi für den Nobelpreis vorgeschlagen
1931. 12. 4, Die Polnische Gefahr für Ostpreußen
1931. 12. 15, Weltvoll Waffen um Deutschland. Cröner-Interview für die amerikanische Presse
1931. 12. 22, Zurück zu den vierzehn Punkten!
1932. 1. 9, Karl Lahm, Dreierlei Mitteleuropa
1932. 2. 27, Zurück zu Wilsons 14 Punkten! Für Revision von Versailles
1932. 2. 29, Panbaltija. Wirtschaftlicher Dreibund im Baltikum?
1932. 3. 11, Hilfer für die Donau. MacDonald Urheber der Aktion?
1932. 5. 26, Europa-Kongress 1932
1932. 6. 19, Literarische Nachrichten
1932. 7. 22, Ottawa
1932. 8. 11, Görings Paneuropa
1932. 8. 20, Andreas Michalokopulos: Balkan-Union und Paneuropa
1932. 8. 31, Einberufung des Paneuropa-Kongresses

1932. 9. 24，Ein Brief an Herriot
1932. 9. 24，H. R. Knickerbocker，Kommt Europa wieder hoch? Bericht einer Reise durch die Wirtschaftskrise
1932. 9. 28，Jakob Wassermann bei Paneuropa
1932. 9. 29，Konflikt Herriots mit Coudenhove
1932. 9. 30，Das bessere Europa
1932. 10. 1，Europäische Partei begründet. Die Parole von Basel
1932. 10. 2，Das zweite Paradies
1932. 10. 4，Coudenhoves Aufruf
1932. 10. 10，Kunst, Wissenschaft, Literatur
1933. 2. 1，Deutschlands europäische Sendung
1933. 3. 14，Paul Frischauer，Prinz Eugen und Leibniz
1933. 4. 1，Frankreich-Völkerbund-Saar
1933. 5. 31，Ein völkischer Paneuropa-Bund
1933. 6. 8，Poensgen über internationale Eisenkartell
1933. 12. 3，Paneuropa-Konferenz in Wien
1933. 12. 14，Graf Teleki im Kulturbund

5.2 《柏林日报》(*Berliner Tageblatt*)

1926. 3. 30，*Wilhelm Heile，Klein-Europa oder Pan-Europa*
1926. 5. 22，*L. Quidde，Vereinigte Staaten von Europa*
1930. 5. 18，*Briands Staatenbund*
1930. 5. 18，*Paneuropa-Presse-Empfang*
1930. 5. 19，*Josef Schwarz，Europa-Konferenz*
1930. 5. 19，*Die Paneuropa-Kundgebung*

5.3 《德意志日报》(*Deutsche Tageszeitung*)

1930. 5. 15，Paneuropa-Tagung in Berlin
1930. 5. 19，Briands Europa-Bund
1930. 5. 19，Reklametrommel für Paneuropa

1930. 5. 20，Die Paneuropa-Konferenz in Berlin

5.4 《科隆报》(*Kölnische Zeitung*)

1926. 10. 11，Der 1. Paneuropäische Konferenz

1926. 10. 17，Das wirtschaftliche Paneuropa

1926. 10. 18，Deutschland und Europa

5.5 《日耳曼妮娅报》(*Germania*)

1924. 10. 9，Paneuropa und Völkerbund

1924. 10. 10，Paneuropa und seine Kritiker

1925. 11. 15，Locarno

1926. 10. 29，Mitteleuropa oder Paneuropa

1930. 5. 22，W. H. Briands Europa

1930. 7. 15，Briands Paneuropa und Fragebogen

六、二战前的著作

Artur, Sommer, *Friedrich Lists System der politischen Ökonomie*, Jena: Fischer, 1927.

Brinkmann, Carl, *Weltpolitik und Weltwirtschaft der neuesten Zeit*, Berlin: Junker und Dünnhaupt, 1936.

Briand, Aristide, *Frankreich und Deutschland*, Dresden: Reissner, 1928.

Borgius, Walther, *Der Paneuropa-Wahn*, Berlin: Neue Gesellschaft, 1928.

Bureau of the American Republics, *International Union of American Republics*, Washington: Press of W. F. Robert, 1901.

Coudenhove-Kalergi, Heinrich Graf, *Das Wesen des Antisemitismus*, Leipzig: Reinhold, 1923.

Daitz, Werner, *Der Weg zur völkischen Wirtschaft*, München: Verlag der deutschen Technik, 1938.

Fried, Alfred Hermann, *Pan-Amerika*, Zürich: Füssli, 1918.

Hantos, Elemér, *Mitteleuropäische Kartelle im Dienste des Industriellen Zusammenschlusses*, Berlin: Hirzel, 1931.

Haushofer, Karl, *Der Kontinentalblock: Mitteleuropa-Euroasien-Japan*, München: Eher, 1941.

Haushofer, Karl (Hg.), *Die Großmächte vor und nach dem Weltkriege*, Leipzig: Teubner, 1930.

Haushofer, Karl, Die weltpolitische Machtverlagerung seit 1914 und die internationalen Fronten der Pan-Ideen. Fernziele der Großmächte, in: Haushofer, Karl / Trampler, Kurt (Hg.), *Deutschlands Weg an der Zeitenwende*, München: Hugendubel, 1931.

Haushofer, Karl / Obst, Erich / Lautensach, Hermann / Maull, Otto, *Bausteine zur Geopolitik*, Berlin: Vowinckel, 1928.

Haushofer, Karl, *Weltpolitik von heute*, Berlin: Zeitgeschichte-Verlag, 1934.

Heiman, Hanns (Hg.), *Europäische Zollunion: Beiträge zu Problem und Lösung*, Berlin: Hobbing, 1926.

Herriot, Edouard, *Vereinigte Staaten von Europa*, Leipzig: List, 1930.

Hitler, Adolf, *Hitlers Zweites Buch: Ein Dokument aus dem Jahr 1928*, Stuttgart: Deutsche Verlags-Anstalt, 1961.

Hitler, Adolf, *Mein Kampf*, München: Eher, 1943.

The Bureau of the American Republics, *International Union of American Republics*, Washington: Press of W. F. Roberts, 1901.

Naumann, Friedrich, *Mitteleuropa*, Berlin: Reimer, 1915.

Sartorius, Heribert, *Panbritannien und Paneuropa: Ein kritischer Vergleich*, Emsdetten: Lechte, 1934.

Schmitt, Carl, *Völkerrechtliche Großraumordnung mit Interventionsverbot für raumfremde Mächte*, Berlin: Deutscher Rechtsverlag, 1941.

Schulze, Georg, *Was ist, was will Paneuropa?* Berlin: Deutsche Verlagsgesellschaft M. B. H., 1932.

Sombart, Werner, *Händler und Helden*, München: Duncker & Humblot, 1915.

Thiele, Walter, *Die Idee der Großraumwirtschaft in Geschichte und Politik*, Dresden: Dittert, 1938.

Treichel, Walter, *Autarkie als wirtschaftspolitisches Ziel*, Leipzig: Schroll, 1934.

Uhrmacher, Hildegard, *Großraumwirtschaft*, Bleicherode am Harz: Nieft, 1938.

Wilhelm, Heile, Deutschland und Mitteleuropa, in: *Die Hilfe: Zeitschrift für Politik, Literatur und Kunst*, 1922, Nummer 7, S. 98—100.

Wilhelm, Heile, Vereinigte Staaten von Europa, in: *Die Hilfe: Zeitschrift für Politik, Literatur und Kunst*, 1922, Nummer 18, S. 274—276.

七、二战后的研究（论文部分）

Abelshauser, Werner, „Mitteleuropa" und die deutsche Außenwirtschaftspolitik, in: Buchheim, Christoph (Hg.), *Zerrissene Zwischenkriegszeit: Wirtschaftshistorische Beiträge: Knut Borchardt zum* 65. *Geburtstag*, Baden-Baden: Nomos, 1994, S. 263—286.

Baier, Stephan, Die Geschichte der Paneuropa-Bewegung, in: Coudenhove Kalergi, Richard, *Paneuropa*, Wien: Paneuropa Verlag, 1923, Nachdruck Augsburg 1998.

Barraclough, Ceoffrey, Europa, Amerika und Russland in Vorstellung und Denken des 19. Jahrhunderts, in: Schieder, Theodor und Kienast, Walther (Hg.), *Historische Zeitschrift*, Band 203, München 1966, S. 280—315.

Boyce, Robert W. D., Britain's Frist "No" to Europe: Britain and the Briand Plan, 1929—1930, in: *European Studies Review*, 1/1980, S. 17—46.

Burgard, Oliver, Das gemeinsame Europa. Warum die politische Initiative für eine Europäische Union nach dem ersten Weltkrieg scheiterte, in: *Die Zeit*, 13. 1. 2000.

Duchhardt, Heinz, Europabewußtsein und politische Europa-Entwicklungen und Ansätze im frühen 18. Jahrhundert am Beispiel des Deutschen Reiches, in: Buck, August (Hg.), *Der Europa-Gedanke*, Tübingen: Niemeyer, 1992, S. 120—132.

Erdmann, Karl Dietrich, Der Europaplan Briands im Licht der englischen Akten, in: *Geschichte in Wissenschaft und Unterricht*, 1950, S. 16—32.

Fahrwinkel, Heike, Locarno-Impuls europäischer Interessen? Die Haltung des Reichsverbands der Deutschen Industrie zu europäischen Fragen in der Locarno-Ära, in: Bosmans, Jac (Hg.), *Europagedanke, Europabewegung und Europapolitik in den Niederlanden und Deutschland seit dem Ersten Weltkrieg*, Münster: Lit, 1996.

Fraenkel, Ernst, Idee und Realität des Völkerbundes im deutschen politischen Denken, in: *Vierteljahrshefte für Zeitgeschichte*, 1/1968, S. 1—14.

Gehler, Micheal, Deutsch-französische Union oder Achse Berlin-Moskau-Peking? Richard Coudenhove-Kalergi, Fritz Erler, Ernst Friedlaender und die deutsche Frage 1955/1956, in: König, Mareike (Hg.), *Die Bundesrepublik Deutschland und die europäische Einigung 1949—2000. Politische Akteure, gesellschaftliche Kräfte und internationale Erfahrungen*, Stuttgart: Steiner, 2004.

Gehler, Michael / Ziegerhofer, Anita, Richard Coudenhove-Kalergi und die Paneuropa-Union. Von den Anfängen bis in die Gegenwart, in: Rill, Robert / Zellenberg, Ulrich (Hg.), *Konservativismus in Österreich. Stömungen, Ideen, Personen und Vereinigungen von den Anfängen bis Heute*, Graz: Stocker, 1999.

Giesen, Bernhard, Europäische Identität und transnationale Öffentlichkeit. Eine historische Perspektive, in: Kaeble, Hartmut / Kirsch, Martin / Schmidt-Gernig, Alexander (Hg.), *Transnationale Öffentlichkeiten und Identitäten im 20. Jahrhundert*, Frankfurt: Campus-Verlag, 2002, S. 76—84.

Gillingham, John, Coal and Steel Diplomacy in Interwar Europe, in: Wurm, Clemens A. (Hg.), *Internationale Kartelle und Außenpolitik*, Stuttgart: Steiner, 1989.

Gillingham, John, Zur Vorgeschichte der Montan-Union: Westeuropas Kohle und Stahl in Depression und Krieg, in: *Vierteljahrshefte für Zeitgeschichte*, 34. Jahrgang 1986, S. 381—405.

Girault, Renè, Das Europa der Historiker, in: Hudemann, Rainer u. a. (Hg.), *Europa im Blick der Historiker*, *Historische Zeitschrift*, 1995, Beiheft, 21, S. 55—91.

Gruner, Wolf D., Europäischer Völkerbund, weltweiter Völkerbund und die Frage der Neuordnung des Internationalen Systems 1880—1930, in: Clemens, Gabriele (Hg.), *Nation und Europa. Studien zum internationalen Staatensystem im 19. und 20. Jahrhundert. Festschrift für Peter Krüger zum 65. Geburtstag*, Stuttgart: Steiner 2001, S. 307—330.

Grunewald, Michel, Eine konservative Stimme in der deutschen Staatskrise. Der Ring und sein Werben für den „Neuen Staat "(1928—1933), in: Grunewald, Michel und Bock, Manfred Hans (Hg.), *Der Europadiskurs in den deutschen Zeitschriften* (1871—1914), Bern: Lang, 1999, S. 481—508.

Hagemann, Walter, Die Europaidee bei Briand und Coudenhove-Kalergi. Ein Vergleich, in: *Aus Geschichte und Politik. FS zum 70. Geburtstag von Ludwig Bergsträsser*, Düsseldorf: Droster, 1954, S. 153—166.

Hauser, Oswald, Der Plan einer deutsch-österreichischen Zollunion von 1931 und die europäische Föderation, in: *Historische Zeitschrift*, Band 179, 1955, S. 45—92.

Holl, Karl, Europapolitik im Vorfeld der deutschen Regierungspolitik. Zur Tätigkeit proeuropäischer Organisation in der Weimarer Republik, in: *Historische Zeitschrift* 219, 1974, S. 33—94.

Howard, Michael, Die deutsch-britischen Beziehungen im 20. Jahrhundert: Eine Hassliebe, in: Mommsen, Wolfgang J. (Hg.), *Die ungleichen Partner- Deutsch-Britische Beziehungen im 19. und 20. Jahrhundert*, Stuttgart: Deutsche Verlags-Anstalt, 1999.

Hudemann, Rainer / Kaelble, Hartmut / Schwabe, Klaus (Hg.), *Europa im Blick der Historiker: europäische Integration im 20. Jahrhundert: Bewusstsein und Institutionen*, München: Oldenbourg, 1995.

Junker, Detlef, The United States, Germany, and Europe in the Twentieth Century, in: Moore, R. Laurence / Vaudagna, Maurizio (Hg.), *The American Century in Europe*, Ithaca, New York: Cornell University Press, 2003, p. 94—113.

Krüger, Peter, Der Europagedanke in der Weimarer Republik: Locarno als Kristallisationspunkt und Impuls, in: Bosmans, Jac (Hg.), *Europagedanke, Europabewegung und Europapolitik in den Niederlanden und Deutschland seit dem Ersten Weltkrieg*, Münster: Lit, 1996.

Lipgens, Walter, Europäische Einigungsidee 1923—1930 und Briands Europaplan im Urteil der deutschen Akten, in: *Historische Zeitschrift*, Band 203, München 1966, S. 316—363.

Loth, Wilfried, Regionale, nationale und europäische Identität. Überlegungen zum Wandel europäischer Staatlichkeit, in: Loth, Wilfried / Osterhammel, Jürgen (Hg.), *Internationale Geschichte: Themen-Ereignisse-Aussichten*, München: Oldenboug, 2000, S. 357—369.

Malettke, Klaus, Konzeptionen kollektiver Sicherheit in Europa bei Sully und Richelieu, in: Buck, August (Hg.), *Der Europa-Gedanke*, Tübingen: Niemeyer, 1992, S. 83—107.

Osterhammel, Jürgen, Die Wiederkehr des Raumes. Geopolitik, Geohistorie und historische Geographie, in: *Neue Politische Literatur* 43 (1998), S. 374—397.

Osterhammel, Jürgen, Raumbeziehungen. Internationale Geschichte, Geopolitik und historische Geographie, in: Loth, Wilfried / Osterhammel, Jürgen (Hg.), *Internationale Geschichte: Themen-Ereignisse-Aussichten*, München: Oldenbourg, 2000, S. 287—308.

Posselt, Martin, Die deutsche-französische Beziehungen und der Briand-Plan im Spiegel der Zeitschrift Paneuropa, 1927—1930, in: Antoune Fleury (Hg.), *Le Plan Briand d'Union fédérale européene*, Bern: Lang, 1998, S. 31—35.

Posselt, Martin, Die Paneuropa-Idee des Grafen Richard Coudenhove-Kalergi, in: *Annals of the Lothian Foundation* 1, 1992, S. 221—234.

Posselt, Martin, Richard Coudenhove-Kalergi, Paneuropa und Österreich 1940—1950, in: Gehler, Michael / Steininger, Rolf (Hg.), *Österreich und die europäische Integration 1945—1993*, Wien: Böhlau, 1993, S. 367—404.

Riedmiller, Josef, Sind die Russen Europäer?, in: *Merkur. Deutsche Zeitschrift für europäisches Denken*, Heft 9 / 10, 35. Jahrgang, September / Oktober 1981, S. 905—914.

Salewski, Michael, Europäische Sicherheitspolitik, in: *Historische Mitteilungen*, 5. Jahrgang 1992, Heft 2, S. 185—194, Stuttgart 1992.

Schmale, Wolfgang, Europäische Geschichte als historische Disziplin, in: *Zeitschrift für Geschichtswissenschaft*, 46. Jahrgang 1998, S. 389—406.

Schöndube, Claus, Ein Leben für Europa. Richard Graf Coudenhove-Kalergi, in: Janesen, Thomas / Mahncke, Dieter (Hg.), *Persönlichkeiten der Europäischen Integration*, Bonn: Europa Union Verlag, 1981, S. 27—70.

Wagner, Helmut, Der „Kontinentalismus" als außenpolitische Doktrin der USA und ihre historischen Analogien in Europa, in: *Aus Politik und Zeitgeschichte*, B 22/70, S. 23—29.

Weisenfeld, Ernst, „ Europa-Vom „ Gleichgewicht" zur Solidarität, in: *Merkur. Deutsche Zeitschrift für europäisches Denken*, Heft 3, 35. Jahrgang, März 1981, S. 229—236.

White, Ralph T. , The Europeanism of Coudenhove-Kalergi, in: Stirk, Peter ed. , *European Unity in Context: The Interwar Period*, London: Pinter Publisher, 1989, pp. 23—40.

Wiedemer, Patricia, The Idea behind Coudenhove-Kalergi's Pan-European Union, in: *History of European Ideas*, Vol. 16, 1993, pp. 827—832.

Wurm, Clemens, Deutsche Frankreichpolitik und deutsch-französische Beziehungen in der Weimarer Republik 1923/24 — 1929: Politik, Kultur, Wirtschaft, in: Schwabe, Klaus und Schinzinger, Francesca (Hg.), *Deutschland und der Westen im 19. und 20. Jahrhundert, Teil 2: Deutschland und Westeuropa*, Stuttgart: Steiner, 1994.

Wurm, Clemens A. , Die deutsche und die britische Stahlindustrie in Europa und die internationalen Stahlkartelle der Zwischenkriegszeit: Kooperation, Abgrenzung, Vorbild, in: Ritter, Gerhard A. / Wende, Peter (Hg.), *Rivalität und Partnerschaft: Studien zu den deutsch-britischen Beziehungen im 19. und 20. Jahrhundert*, Paderborn: Schönningh, 1999, S. 163—187.

Wurm, Clemens A. , Politik und Wirtschaft in den internationalen Beziehungen. Internationale Kartelle, Außenpolitik und weltwirtschaftliche Beziehungen 1919—1939, in: Wurm, Clemens A. (Hg.), *Internationale Kartelle und Außenpolitik*, Stuttgart: Franz Steiner, 1989, S. 1—31.

Wurm, Clemens A. „Une Europe des Ententes"? Die internationalen Stahlkartelle 1929—1939, in: Schirmann, Sylvain (Hg.), *Organisations internationales et architectures européennes 1929—1939, Actes du colloque de Metz 31 mai — 1 er juin* 2001，Metz 2003，S. 285—302.

八、二战后的研究(专著部分)

Albonetti，Achille，*Vorgeschichte der Vereinigten Staaten von Europa*，Bonn：Lutzeyer，1961.

Bachem-Rehm，Michaela (Hg.)，*Teilungen überwinden：europäische und internationale Geschichte im 19. und 20 Jahrhundert*，München：Oldenbourg，2014.

Berding，Helmut (Hg.)，*Wirtschaftliche und politische Integration in Europa im 19. und 20. Jahrhundert*，Göttingen：Lutzeyer，1984.

Bosmans，Jac (Hg.)，*Europagedanke，Europabewegung und Europapolitik in den Niederlanden und Deutschland seit dem Ersten Weltkrieg*，Münster：Lit，1996.

Bruch，Rüdiger vom (Hg.)，*Friedrich Naumann in seiner Zeit*，Berlin：De Gruyter，2000.

Conze，Vanessa，*Richard Coudenhove-Kalergi. Umstrittener Visionär Europas*，Zürich：Muster-Schmidt Verlag Gleichen，2004.

Conze，Vanessa，*Das Europa der Deutschen：Ideen von Europa in Deutschland zwischen Reichstradition und Westorientierung (1920—1970)*，München：Oldenbourg，2005.

Clemens，Gabriele / Reinfeldt，Alexander / Wille，Gerhard，*Geschichte der europäischen Integration：ein Lehrbuch*，Paderborn：Schöningh，2008.

Dedman，Martin J.，*The Origins and Development of the European Union 1945—95：A History of European Integration*，London：Routledge，1996.

Erdmenger，Katharina，*Neue Ansätze zur Organisation Europas nach dem Ersten Weltkrieg (1917—1933)：Ein neues Verständnis von Europa?* Bonn：Pro Universitate Verlag，1995.

Elvert，Jürgen，*Mitteleuropa! Deutsche Pläne zur europäischen Neuordnung (1918—1945)*，Stuttgart：Steiner，1999.

Friedländer，Erich，*Wie Europa begann*，Köln：Europa Union Verlag，1965.

Frommelt，Reinhard，*Paneuropa oder Mitteleuropa. Einigungsbestrebungen im*

Kalkül deutscher Wirtschaft und Politik 1925—1933, Stuttgart: Deutsche Verlags-Anstalt, 1977.

Gollwitzer, Heinz, *Europabild und Europagedanke: Beiträge zur deutschen Geistesgeschichte des 18. und 19. Jahrhunderts*, München: Beck, 1964.

Graml, Hermann, *Europa zwischen den Kriegen*, München: Deutscher Taschenbuch-Verlag, 1969.

Graml, Hermann, *Zwischen Stresemann und Hitler: Die Außenpolitik der Präsidialkabinette Brüning, Papen und Schleicher*, München: Oldenbourg, 2001.

Grebing, Helga, Der „deutsche Sonderweg" in Europa 1806—1945, Stuttgart 1986.

Haas, Ernst B., *The Uniting of Europe. Political, Social, and Economic Forces 1950—1957*, London: Stevens, 1958.

Hansen-Kokorus, Renate (Hg.), *Sibirien-Russland-Europa, Fremd- und Eigenwahrnehmung in Literatur und Sprache*, Hamburg: Verlag Dr. Kovač, 2013.

Hohls, Rüdiger / Schröder, Iris / Siegrist, Hannes (Hg.), *Europa und die Europäer*, Stuttgart: Steiner, 2005.

Heater, Derek, *The Idea of European Unity*, Leicester: Leicester University Press, 1992.

Helbig, Klaus / Jahn, Manfred / Schneider, Horst, *Von der Europa-Idee zum friedlichen europäischen Haus: Darstellungen; Dokumente; Materialien*, Dresden: Pädag. Hochsch. „Karl Friedrich Wilhelm Wander", 1990.

Hudemann, Rainer / Kaelble, Hartmut / Schwabe, Klaus (Hg.), *Europa im Blick der Historiker: europäische Integration im 20. Jahrhundert: Bewusstsein und Institutionen*, München: Oldenbourg, 1995.

Italiaander, Rolf, *Richard Nikolaus von Coudenhove-Kalergi: Begründer der Paneuropa-Bewegung*, Freudenstadt: Euro-Buch Verlag, 1969.

Jacobsen, Hans-Adolf (Hg.), *Karl Haushofer: Leben und Werk*, 2 Bde., Boppard am Rhein: Boldt, 1979.

Kadelbach, Stefan, *Europa als kulturelle Idee*, Frankfurt: Nomos, 2010.

Kaelble, Hartmut, *Auf dem Weg zu einer europäischen Gesellschaft: eine*

Sozialgeschichte Westeuropas 1880—1980, München 1987.

Kaelble, Hartmut, Der historische Vergleich: eine Einführung zum 19. und 20. Jahrhundert, Frankfurt: Campus-Verlag, 1999.

Kaelble, Hartmut, Europäer über Europa: die Entstehung des europäischen Selbstverständnisses im 19. und 20. Jahrhundert, Frankfurt: Campus-Verlag, 2001.

Kahrs, Horst / Meyer, Ahlrich / Esch, Michael G. / Kimpel, Ulrich / Dieckmann, Christoph, Modelle für ein deutsches Europa: Ökonomie und Herrschaft im Großwirtschaftsraum, Berlin 1992.

Kiersch, Günter, Internationale Eisen- und Stahlkartelle, Essen: Rheinisch-Westfälisches Institut für Wirtschaftsforschung, 1954.

Killy, Walther (Hg.), Deutsche Biographische Enzyklopädie, Bd. 2, München: Saur, 2001

Kindleberger, Charles P., A Financial History of Western Europe, Oxford: Oxford University Press, 1993.

Kindleberger, Charles P., Die Weltwirtschaftskrise 1929—1939, München: Deutscher Taschenbuch-Verlag, 1984.

Kindleberger, Charles P., Manias, Panics and Crashes: A History of Financial Crises, New York: Wiley, 1996.

Kindleberger, Charles P., The World in Depression, 1929—1939, Berkeley: University of California Press, 1975.

Klußmann, Jörgen / Timmermann, Heinz (Hg.), Sicherheits, Frieden und Konfliktbearbeitung im Verhältnis zwischen Russland und Europa, Bonn: Evangelische Akadamie im Rheinland, 2006.

Knipping, Franz, Deutschland, Frankreich und das Ende der Locarno-Ära, 1928—1931: Studien zur internationalen Politik in der Anfangsphase der Weltwirtschaftskrise, München: Oldenbourg, 1987.

Krieger, Erhard, Große Europäer heute, Frankfurt am Main, 1964.

Krüger, Peter, Versailles. Deutsche Außenpolitik zwischen Revisionismus und Friedenssicherung, München: Deutscher Taschenbuch-Verlag, 1986.

Lipgens, Walter, Die Anfänge der europäischen Einigungspolitik, Bd. 1: 1945—

1947, Stuttgart: Klett, 1977.

Lipgens, Walter, *Die Anfänge der europäischen Einigungspolitik*, *1945—1950*, Stuttgart: Klett, 1977.

Lipgens, Walter ed. , *Documents on the History of European Integration*, Vol. 1, *Continental Plans for European Union*: *1939—1945*, Berlin: de Gruyter 1985.

Lipgens, Walter ed. , *Documents on the History of European Integration*, Vol. 2, *Plans for European Union in Great Britain and in Exile*: *1939—1945*, Berlin: de Gruyter,1986.

Loth, Wilfried, *Der Weg nach Europa. Geschichte der europäischen Integration*, *1939—1957*, Göttingen: Vandenhoeck & Ruprecht, 1996.

Loth, Wilfried, *Documents on the History of European Integration*, Vol. 3, *The Struggle for European Union by Political Parties and Pressure Groups in Western European Countries*: *1945—1950*, Berlin: 1988.

Loth, Wilfried, *Documents on the History of European Integration*, Vol. 4, *Transnational Organizations of Political Parties and Pressure Groups in the Struggle for European Union*, *1945—1950*, Berlin: de Gruyter, 1991.

Loth, Wilfried, *Europas Einigung*: *eine unvollendete Geschichte*, Frankfurt am Main: Campus Verlag, 2014.

Loth, Wilfried, *Theorien europäischer Integration*, Opladen: Leske + Budrich, 2001.

Mann, Golo, *Deutsche Geschichte des 19. und 20. Jahrhunderts*, Frankfurt am Main: S. Fischer, 1958.

Matern, Rainer, *Karl Haushofer und seine Geopolitik in den Jahren der Weimarer Republik und des Dritten Reiches*: *Ein Beitrag zum Verständnis seiner Ideen und seines Wirkens*, Karlsruhe Universität, Fakultät für Geistes- und Sozialwissenschaften, Dissertation, 1978.

Michaleva, Galina (Hg.), *Russlands Regionen auf dem Weg nach Europa*? Bremen: Forschungsstelle Osteuropa, 2005.

Mitrany, David, *The Functional Theory of Politics*, London: London School of Economics & Political Science, 1975.

Mommsen, Wolfgang J. (Hg.), *Der lange Weg nach Europa*: *Historische Betrachtungen aus gegenwärtiger Sicht*, Berlin: Edition. q, 1992.

Müller, Helmut M., *Deutsche Geschichte in Schlaglichtern*, Leipzig: Brockhaus, 2002.

Münkler, Herfried, *Die Deutschen und ihre Mythen*, Berlin: Rowohlt, 2009.

Neulen, Hans-Werner, *Europa und das 3. Reich: Einigungsbestrebungen im deutschen Machtbereich 1939—1945*, München: Universitas Verlag, 1987.

Niedhart, Gottfried / Junker, Detlef / Richter, Michael W. (Hg.), *Deutschland in Europa. Nationale Interessen und internationale Ordnung im 20. Jahrhundert*, Mannheim: Palatium, 1997.

Niess, Frank, *Die europäische Idee. Aus dem Geist des Widerstands*, Frankfurt am Main: Suhrkamp, 2001.

Osthammer, Jürgen, *Die Verwanderung der Welt-eine Geschichte des 19. Jahrhunderts*, München: Beck, 2009.

Oliver, Burgard, *Das gemeinsame Europa-von der politischen Utopie zum außenpolitischen Programm: Meinungsaustausch und Zusammenarbeit pro-europäischer Verbände in Deutschland und Frankreich, 1924—1933*, Frankfurt am Main: Verlag Neue Wissenschaft, 2000.

Peter, Rolf, *Russland im neuen Europa: Nationale Identitäten und außenpolitische Präferenzen*, Hamburg: Literatur Verlag, 2006.

Pegg, Carl Hamilton, *Evolution of the European idea: 1914—1932*, Chapel Hill, NC: the University of North Carolina Press, 1983.

Posselt, Martin, *Richard Coudenhove-Kalergi und die Europäische Parlamentarier-Union. Die Parlamentarische Bewegung für eine „europäsiche Konstituante" 1946—1952*, Phil. Diss, Graz, 1987.

Rosamond, Ben, *Theories of European Integration*, Basingstoke: Hampshire, 2000.

Rödder, Andreas, *Stresemanns Erbe: Julius Curtius und die deutsche Außenpolitik 1929—1931*, München: Schöningh, 1996.

Predöhl, Andreas, *Das Ende der Weltwirtschaftskrise*, Reinbek bei Hamburg: Rowohlt, 1962.

Rudolf, Hans Ulrich / Oswalt, Vadim (Hg.), *Taschen Atlas: Deutsche Geschichte*, Gotha: Klett-Perthes, 2004.

Salewski, Michael, *Geschichte Europas*, München: Beck, 2000.

Schelting, Alexander von, *Russland und Europa im russischen Geschichtsdenken, auf der Suche nach der historischen Indentität*, Ostfildern vor Stuttgart: Edtion Tertium, 1997.

Schöberl, Verena, „*Es gibt ein großes und herrliches Land, das sich selbst nicht kennt... Es heißt Europa*." *Die Diskussion um die Paneuropaidee in Deutschland, Frankreich und Großbritannien 1922—1933*, Berlin: Lit, 2008.

Schmale, Wolfgang, *Geschichte Europas*, Wien: Böhlau, 2001.

Schröter, Harm G. und Wurm, Clemens A. (Hg.), *Politik, Wirtschaft und internationale Beziehungen: Studien zu Ihrem Verhältnis in der Zeit zwischen den Weltkriegen*, Mainz: von Zabern, 1991.

Siebert, Ferdinand, *Aristide Briand 1862—1932: Ein Staatsmann zwischen Frankreich und Europa*, Zürich: Rentsch, 1973.

Simon, Gerhard, *Russland in Europa? Innere Entwicklungen und internationale Beziehungen-Heute*, Köln: Böhlau, 2000.

Stirk, Peter M. R., *A History of European Integration since 1914*, New York: Pinter, 1996.

Stirk, Peter M. R. and Weigall, David ed., *Origins and Development of European Integration*, New York: Pinter, 1999.

Tielker, Wilhelm, *Europa—die Genese einer politischen Idee: von der Antike bis zur Gegenwart*, Münster: Lit, 1998.

Trubeckoj, Nikolaj Serjeevic, *Russland-Europa-Eurasien: ausgewählte Schriften zur Kulturwissenschaft*, Wien: Verlag der Österreichischen Akadmie der Wissenschaften, 2005.

Tschubarjan, Alexander, *Europakonzepte-Von Napoleon bis zur Gegenwart*, Berlin: Edition q, 1992.

Tussing, Werner, *Die internationalen Eisen- und Stahlkartelle. Ihre Entstehung, Entwicklung und Bedeutung zwischen den beiden Weltkriegen*, Köln: Wienand, 1970.

Vocelka, Karl, *Österreichische Geschichte*, München: Beck, 2005.

Weidenfeld, Werner (Hg.), *Die Identität Europas*, Bonn: Bundeszentrale für Politische Bildung, 1985.

Wilson, Kevin / Dussen, Jan van der (Hg.), *The History of the Idea of Europe*, London: Routledge, 1995.

Winkler, Heinrich August, *Der lange Weg nach Westen*, 2 Bde., München: Beck, 2000.

Wurm, Clemens A., *Die französische Sicherheitspolitik in der Phase der Umorientierung 1924—1926*, Frankfurt am Main: Lang, 1979.

Wurm, Clemens A. ed., *Western Europe and Germany, The Beginnings of European Integration 1945—1960*, Oxford: Berg, 1996.

Zenkovskij, Vasilij V., *Russland und Europa, die russische Kritik der europäischen Kultur*, Sankt Augustin: Academia-Verlag, 2012.

Ziegerhofer-Prettenhaler, Anita, *Botschafter Europas: Richard Nikolaus Coudenhove-Kalergi und die Paneuropa-Bewegung in den zwangziger und dreißiger Jahren*, Wien: Böhlau, 2004.

九、中文参考书目

［德］卡尔·迪特利希·埃尔德曼：《德意志史》，第4卷，高年生等译，北京：商务印书馆，1986年。

北京大学历史系编写组：《沙皇俄国侵略扩张史》，北京：人民出版社，1979年，上、下册。

［英］J. P. T. 伯里编：《新编剑桥世界近代史》，第10卷，中国社会科学院世界历史研究所组译，北京：中国社会科学出版社，1999年。

［美］C. E. 布莱克、E. C. 赫尔姆赖克：《二十世纪欧洲史》，山东大学外文系英语翻译组译，北京：人民出版社，1984年，上、下册。

［奥］埃里希·策尔纳：《奥地利史——从开端到现代》，李澍泖等译，北京：商务印书馆，1981年。

［俄］M. H. 波克罗夫斯基：《俄国历史概要》，贝璋衡、叶林等译，北京：三联出版社，1978年。

陈乐民：《"欧洲观念"的历史哲学》，北京：东方出版社，1988年。

丁建弘：《德国通史》，上海：上海社会科学出版社，2003年。

［德］弗里茨·费舍尔:《争雄世界——德意志帝国 1914—1918 年的战争政策目标》,何江、李世隆等译,北京:商务印书馆,1987 年,上、下册。

郭华榕、徐天新:《欧洲的分与合》,北京:京华出版社,1999 年。

洪邮生:《英国对西欧一体化政策的起源和演变 1945—1960》,南京:南京大学出版社,2001 年。

胡谨、郇庆治、宋全成:《欧洲早期一体化思想与实践研究》,济南:山东人民出版社,2000 年。

计秋枫、洪邮生、张志尧:《欧洲统一的历程与前景》,南京:南京大学出版社,2000 年。

［英］J. M. 凯恩斯:《预言与劝说》,赵波、包晓闻译,南京:江苏人民出版社,1997 年。

［英］C. W. 克劳利编:《新编剑桥世界近代史》,第 9 卷,中国社会科学院世界历史研究所组译,北京:中国社会科学出版社,1992 年。

［俄］瓦·奥·克柳切夫斯基:《俄国史教程》,第 1 卷,张草纫、浦允南译,北京:商务印书馆,1992 年。

［德］弗里德里希·李斯特:《政治经济学的国民体系》,北京:商务印书馆,1997 年。

李世安、刘丽云等:《欧洲一体化史》,石家庄:河北人民出版社,2003 年。

刘祖熙:《改革和革命——俄国现代化研究》,北京:北京大学出版社,2001 年。

罗志刚:《中苏外交关系研究 1931—1945》,武昌:武汉大学出版社,1999 年。

［美］杰弗里·曼科夫:《大国政治的回归——俄罗斯的外交政策》,北京:新华出版社,2011 年。

［法］让·莫内:《欧洲第一公民——让·莫内回忆录》,孙慧双译,成都:成都出版社,1993 年。

［英］C. L. 莫瓦特编:《新编剑桥世界近代史》,第 12 卷,中国社会科学院世界历史研究所组译,北京:中国社会科学出版社,1988 年。

李嘉谷:《中苏关系 1917—1926》,北京:社会科学文献出版社,1996 年。

齐世荣、廖学盛编:《20 世纪的历史巨变》,北京:学习出版社,2005 年。

［法］皮埃尔·热尔贝:《欧洲统一的历史与现实》,丁一凡、程小林、沈雁南译,北京:中国社会科学出版社,1989 年。

沈志华主编:《中苏关系史纲》,北京:社会科学文献出版社,2011 年。

［德］奥斯瓦尔德·斯宾格勒:《西方的没落》,吴琼译,上海:上海三联书店,2006 年。

［德］奥斯瓦尔德·斯宾格勒:《决定时刻——德国与世界历史的演变》,吴琼译,上海:上海人民出版社,2009 年。

［美］斯塔夫里阿诺斯:《全球通史——1500年以后的世界》,吴象婴、梁赤民译,上海:上海社会科学出版社,1995年。

［俄］苏科院历史所编:《苏联民族—国家建设史》,赵常庆等译,北京:商务印书馆,1997年,上、下册。

［俄］列夫·托洛茨基:《"不断革命"论》,紫金如、蔡汉敖等译,北京:三联书店,1966年。

［英］F. H. 欣斯利编:《新编剑桥世界近代史》,第11卷,中国社会科学院世界历史研究所组译,北京:中国社会科学出版社,1987年。

徐景学主编:《西伯利亚史》,哈尔滨:黑龙江教育出版社,1991年。

徐天新:《斯大林模式的形成》,北京:人民出版社,2013年。

赵怀普:《英国与欧洲一体化》,北京:世界知识出版社,2004年。

中国欧洲学会欧洲一体化史分会(编著):《欧洲一体化史研究:新思路、新方法、新框架》,广州:世界图书出版广东有限公司,2012年。